·白青山财经系列·

典藏版
第6集

白青山 著

股市奇人 鉴股密码

民间股神

深圳出版社

图书在版编目（CIP）数据

民间股神：典藏版. 第6集，股市奇人 鉴股密码 /
白青山著. --深圳：深圳出版社，2023.9
ISBN 978-7-5507-3822-5

Ⅰ.①民… Ⅱ.①白… Ⅲ.①股票投资－经验－中国
Ⅳ.①F832.51

中国国家版本馆CIP数据核字(2023)第091371号

民间股神：典藏版·第6集　股市奇人　鉴股密码
MINJIAN GUSHEN: DIANCANG BAN · DI 6 JI　　GUSHI QIREN　JIANGU MIMA

出 品 人　聂雄前
责任编辑　涂玉香
责任校对　李　想
责任技编　陈洁霞
封面设计　元明设计

出版发行　深圳出版社
地　　址　深圳市彩田南路海天综合大厦（518033）
网　　址　www.htph.com.cn
订购电话　0755-83460239（邮购、团购）
设计制作　深圳市斯迈德设计企划有限公司（0755-83144228）
印　　刷　深圳市汇亿丰印刷科技有限公司
开　　本　787mm×1092mm　1/16
印　　张　23.5
字　　数　334千
版　　次　2023年9月第1版
印　　次　2023年9月第1次
定　　价　78.00元

谨以此书　献给那些

在中国证券市场上
奋力搏击的
万千投资者

1 | 2
  | 3
4

图 1：采访彭大帅（左）

图 2：采访李扬（左）

图 3：重访李扬（右）

图 4：采访张卫东（左）

5	6
7	8

图 5：采访何学忠（左）

图 6：采访安阳（右）

图 7：《民间股神》第 5 集深圳首发式

图 8：《民间股神》第 5 集交流签售会

难忘那,
23年的流金岁月……

——写在《民间股神》（典藏版）出版之际

这是《民间股神》（典藏版）的总序言，也是我发自内心，向热爱《民间股神》的千万读者吐露我23年来采写《民间股神》系列心路历程的告白书！

当凝聚着万千投资者多年企盼和我23年的艰苦历程，伴随着沪深股市风雨在证券一线采写的《民间股神》（典藏版）由深圳出版社精心编辑并面市时，我驻足南海之滨，面对波涛汹涌的大海，激越的心潮如海浪一般翻滚着，久久不能平静……

23年了，弹指一挥间！

自1999年1月开始采写第一本《民间股神》至今，我在中国证券采访一线整整耕耘了23个春秋了。

当年，我从一个脱下"战袍"的新华社军事记者、解放军大校，到如今已近耄耋之年的"老兵"，在这条原本陌生的、充满荆棘和"硝烟"的征途上，已艰难奋进了23年！23年的流金岁月啊！

那是一条多么坎坷的路！它充满着无数的艰辛，洒满了我辛劳的汗水，也留下了我终生难忘的记忆——

23年前的1999年年初，我刚脱下"戎装"准备安享军休生活，时任新华社江苏分社的一位朋友，见我还"年轻"，想让我发挥余热，便邀请我到新华社主办的《经济早报》（现《现代快报》）当编审。那时，恰逢沪深股票市场最低迷的时刻，熊途漫漫，千万股民伤痕累累。好友邀请我为报纸上的证券专版撰写稿件，以激励投资者，并专门为我开辟一个专栏《走进大户室》，每周写一个专访，报导一位投资高手。为了给迷茫中的股民寻觅到一些股市赚钱制胜的本领，我，一个曾上过前线的战地记者，背负着广大投资者的希望与信任，在中国证券这片新生的沃土上，开始了默默而艰难的耕耘之旅。从那时起，我决意把自己的"夕阳红"岁月全部挥洒在这条艰难的"淘金"路上。

当时，许多采访对象大都还比较保守，不愿出名，更不愿把自己炒股制胜的"绝招"和"看家本事"公布于众——那可是他们多年来用金钱和智慧换来的宝贵经验啊。

我已记不得多少次碰壁，多少次采访遭拒绝。那种尴尬、难受的滋味，并不亚于保险公司的跑单员上门推销被人拒之门外的境况。有多少次，我真的想打退堂鼓了。但，新兴的证券业对我的吸引力实在太大了。一想到千千万万可敬可爱的投资者在股海搏杀的艰难情景，想到我采写的《民间股神》出版后，他们爱不释手、争相阅读的感人场面，我的内心就禁不住在震颤！我多么想为他们多做点事，若能通过自己的努力，从成功的高手那里多淘到一点"真经"奉献给他们，纵有千难万难，也是我一个老新闻工作者最大的快乐和追求。

就这样，怀揣着这种信念，我一直默默地坚守在中国证券一线进行采访。一年又一年，不论风急浪险，我从未间断。

回首往事，8300多个昼夜，我的一颗心，无时不环绕着沪深股市在跳动。没有星期天，没有节假日，23个中秋佳节，我没有一个是与家人团聚的。为了取得高手的"真经"，我与他们同吃同住同操作，常常一"泡"就是一两个月，有的甚至跟踪数年，艰辛与困苦时时伴随着我。几乎每出一集书，我都累得住一次医院。记得《民间股神》第4集出版首发后，我出国探亲期间，日积月累的疲劳一下子暴发了，让我躺在床上起不来，原定的旅游之行变成了无奈的养病之旅……

"都古稀之人了，这样卖命，图啥？"不少人这样问我。

"中国股民太苦了。为了多给他们送点'经'，我累点，也认了，因为值得！"

基于此，23年来，我迎着困难，足迹踏遍大江南北：从鸭绿江畔到西北黄土高坡，从东海之滨到南疆的金融之都，我竭力寻觅着一个又一个的民间高手，真诚地和他们交朋友，亲眼见证他们博弈股海创造的"奇迹"，分享他们的快乐。同时，我也为我在艰苦采访中能给千万投资者提供更多的操盘技艺而感到欣慰。"民间股神"系列，多次获得"全国优秀畅销书"等奖项，这是千万投资者对我长年付出的一种回报。一位热心的读者在一封感谢信中这样写道："念君辛苦，故为君作诗《可爱青山》一首，望继续为中国股民服务。"

民间高手多如是，潜入江湖无处寻；

神龙见首不见尾，默默操盘默默赢；

幸有青山发宏愿，不忍散户血淋淋；

心诚所至群英动，惊天绝技世方闻。

深圳的廖先生在微信上说："白老师，您好！今天一口气读完您的《民间股神之冰海奇迹》至凌晨，真是受益匪浅。书里既有技术分析的高手，又有价值投资少年，更有征战华尔街的中国选手，真的是丰富多彩、精彩纷呈，实在是沪深股市的一本难得的经典之作，特别是对价值投资理念和具体方法的分享，您用生动活泼，深入浅出并附以成功实战图表的形式展示出来，让股民朋友们深切体会到价值投资的魅力，真正给广大股民上了生动的一堂启蒙课，可谓功德无量。我实在佩服白老师深邃的思想，感谢您的辛勤付出！"

成都一个姓王的读者，也曾给我发微信："白老师，您好！前几天刚拜读完您的'股神'系列，也看了您的《股票投资高手100招》。虽然已经时隔多年，但放在今日来说，依然让人受益匪浅。10多年了，市场在变，热点在变，轮回在变，而这些博弈的智慧却从来没有变过。您在书中如同朋友一般讲述，隐含了大道至理。透过书本，我真心能感受到您在落笔写书时的真诚与真心，以及您对市场的一腔热忱和无比眷念。感谢您的书写，记录了这个时代。感谢您的付出，成就了经典。祝您身体健康，万事如意！祝经典永流传！"

…………

千万读者的拥戴，无时不在激励着我。可以说，他们的热爱和呼唤，是支撑我多年坚持前行的唯一动力。2007年《民间股神》第3集出版之后，有不少读者来信说，他们希望我能把已出版的几集书中关于民间高手炒股的绝技提炼精编一下，以方便他们学习应用。但由于紧张的采访一直没有停歇，直到2008年《民间股神》第4集出版后，我趁着赴美探亲的半年时间，才开始做这件事。然而不久，在世界金融风暴中惨烈下跌的股市和无数伤痕累累的投资者的呼唤，再次把我召回了寻找熊市高手的采访一线。这一拖，几年又过去了。我在2013年春节后下决心着手完成自己和读者多年的心愿时，却意外地病了，而且，这一病，似乎"无法回头"了。

3月，本是最美丽的季节，然而，我却在2013年的3月同时被几家医院确诊得了"重症"。短短20天，我3次躺在了手术台上。老伴一直向我隐瞒真相，但我从她脸上无法掩饰的泪痕，读懂了一切。

人生如梦。没料到前几天还赴深圳风风火火采访的我，这么快就进入了人生的"倒计时"。无影灯下，我眼里盈满泪水：不知能否再醒来？是否能平安逃出死神的魔掌？

多年未了的夙愿——尚未整理完的书稿，成了我当时最大的一桩憾事！

…………

老天似乎明白我的心，也眷顾着我，让我与死神擦肩而过。当重新获得自由后，我似飞出笼的小鸟，又欢快地翱翔在证券一线采访的蓝天里。为了把市场变化新形势下高手们的经验奉献给广大读者，我珍惜生命的一分一秒，飞深圳，赴上海，到杭州，奔茂名……在搁笔几年之后，先后出版了《民间股神：传奇篇》《民间股神：绝招篇》《民间股神：冠军篇》和《民间股神：短线交易系统》，并于2018年和2020年又相继出版了《寻找中国巴菲特》（"民间股神"系列第8集）和《民间股神之冰海奇迹》（"民间股神"系列第9集）。

与此同时，由于"民间股神"系列前4集近年一直没有再版，几乎处于绝版状态，许多读者无法买到并学习，他们不断打来电话询问，想系统学习民间高手的智慧与操作技艺。为满足读者的要求，深圳出版社与我沟通，希望对已出版的各集内容进行修订，出版一套《民间股神》（典藏版），尽快奉献给广大读者。

十多年过去了，我再次叩响昔日采访过的高手的"家门"，并在重访沟通中，请他们尽量增补一些近年来的新理念、新案例和新技艺，以满足读者多年的殷殷盼望。

如今与读者见面的这套《民间股神》（典藏版），收录了我从23年来采访过的数百位民间高手中，精选出的近60位各路证券英杰的传奇故事。其中有痴迷巴菲特投资理念、业绩创造千倍甚至万倍奇迹的价投成功高手，也有追逐强势股的短线"擒龙"猎手和众多投资者津津乐道的"涨停王""黑马王"，以及"波段王"等股林各路绝顶"杀手"。书中真实地再现了他们在股海风云中博弈的翔实过程，展现了众英杰一招一式的神奇操盘技艺，其精彩纷呈，令人难忘。

在近两年的修订过程中，作为作者的我，尽力寻访当年的民间高手。尽管如此，由于时间逝去已久，加上通信方式的不断变化，书中高手已无法全部联系到，不能在此次修订时做到对全部高手都增补新的内容，这是让我略感遗憾的一点。另外，也有少数采访过的高手在《民间股神》出版之后，经历了一些变故，遭到了一些挫折。但，考虑到他们当年在股市风浪中博弈的"撒手锏"如今依然有效，不少投资者在实战中仍然在应用他们当年独创的一些操盘绝技，为尊重历史，在修订过程中，我们仍将其保留在册，以飨读者。

如今，当你捧读这套《民间股神》（典藏版）图书时，面对众多的证券英杰，许多读者可能感到真有点"目不暇接"。"白老师，您采访了这么多股林高手，究竟哪位的'武艺'最为高强？"23年来，我不知听到多少读者这样问我。我听后，只能笑答："通向成功的方法，各人有各人的秘招绝技。而适合你的，应该说，就是最好的。"

在这里，就涉及一个"我们向高手学什么"以及"如何学习"的问题。其实，这个问题，在之前出版的各集图书的《序言》和《后记》以及多次的"投资报告会"中，我曾不止一次重点提及。

如果说，众多高手都有什么共同特征的话，我认为有4点最为突出：一是他们都有一个正确的投资理念；二是都有一套自己独特的盈利模式；三是都有一种执着追求、永不言败的精神；四是都有一个投资的好心态。

在23年的漫长岁月里，我和书中采访的对象同吃同住同操作，天天"泡"在一起，少则二三十天，多则追访数月甚至长达几年时间。如果问，高手们最让我感动的是什么？我的亲身感受是：不仅是他们在股市博弈中创造的那惊人的"辉煌"，更是他们在任何"势道"中，都表现出的对股市的那份执着追求。尤其是在极其艰难惨烈的逆境中，他们往往以坚强的毅力和韧性，经受着常人无法忍受的考验，甚至在失败面前，他们也从不言败。记得当年《金陵晚报》记者在了解到我采写《民间股神》的历程后，发表了一篇对我的长篇专访，大标题就是《失败造就民间股神》。那正是我的心声。

股市风雨飘摇，险浪滔滔。没有人会一帆风顺，也没有人不曾经历过失败。对于战绩卓著的高手，也是如此。在采访中，他们从不讳忌失败。在他们看来，成功是财富，失败同样是一笔难得的巨大财富！

投资是一辈子的事。也许有的人过去经历了失败才走向了成功；也许有的人走向成功后，会再次遭受挫折。这一点并不奇怪，因为市场是无情的，是无时无刻不在变化的。高手们要做到一劳永逸保持成功，都是一件很难的事，更何况普通投资者了。

关键是面对失败，投资者应持有什么样的态度。我以为，重要的是，"步子乱了时，要停下来调整好再走！"在投资失利时，应该冷静地审视自己的投资理念是否正确，投资方法是否适合自己和适应时代的潮流。切不可在向高手学习时，抱着急功近利的心态，一门心思想着走捷径，想学个一招一式来实现一夜暴富的幻想。多年来，就曾有不少投资朋友在经历挫折后向我吐露出这种"急切扳回损失"的心态。其实，凡事欲速则不达。如果没有端正好心态，没有正确的投资理念支撑，只图快速致富，只会适得其反。有高手说，投资是一个做人和修炼心性的过程，我们只有付出巨大努力，不断追求，长期修炼，才会一步步走向成功！

…………

一晃，23年过去了。取"经"之途，路遥坎坷，一言难尽。年复一年采访时的一幕幕，一桩桩，如在眼前，那么令我难忘。那是流金的岁月啊！也是无悔的岁月！

"路曼曼其修远兮，吾将上下而求索。"如今，时代在变迁，金融改革在向深度发展，市场也正在走向国际化。未来十年将是中国财富管理行业全面提速、走向成熟的关键阶段；银行、资管、保险、券商、信托、第三方财富管理平台等机构纷纷基于自身资源参与竞争。随着 A 股市场制度的不断完善及注册制的推广普及，机构参与市场占比和趋势将逐渐加大，对大中小投资者而言，有限的交易经验将面临巨大挑战！以往的绝招和经验，也因市场格局、大数据时代的来临已经或即将面临是否有效的考验！总而言之，投资者要与时俱进，顺势而为，不断探索出适应新形势的投资道路！这里，我真诚希望投资者们顺应时代发展的趋势，多层次、多维度探索，找到属于自己的盈利模式，资产天天收大阳！

在《民间股神》（典藏版）隆重出版之际，我要再次向我书中采访过的民间高手们真诚地说声"谢谢"！是你们无私的奉献和超人的智慧，铸就了《民间股神》的灵魂，也是多年来这套书得以长销的一个重要原因。同时，我要向一直厚爱着我的千万读者表示真诚的感谢！没有你们的鞭策和激励，我走不到今天。在23年的流金岁月里，有你们的企盼，有你们的支持和无尽的关爱！尽管在漫长的日子里我做了一些事，吃了不少苦，但一切都是值得的。

由于自己能力和涉猎的范围有限，所采写作品可能不尽完美，会有不少瑕疵和错误，还望广大读者多多指正。

伟大强盛的中国在飞速发展，中国的资本市场正迎来无限的生机。在此，我向《民间股神》的忠实读者和千万投资朋友庄重承诺：我，作为在中国投资界采访一线上耕耘了23年的"老兵"，一定会"老骥伏枥，壮心不已"，把自己的毕生心血，毫不保留地挥洒在中国证券这块沃土上，把更多的精彩献给千万读者，献给股市更加美好的春天！

白青山

2022年12月于深圳

激情，来自春天的呼唤

——写在本集图书出版之际

当《民间股神》第5集刚刚出版之际，我和书中写的几位在熊市中业绩翻倍的高手在出版社的组织下，先后在深圳、广州、北京、沈阳、武汉等地举行新书首发式和投资报告会，走近曾经在"寒冬"中受伤的投资者。那激情涌动、热情洋溢的感人情景，掌声雷动的人群，座无虚席甚至连通道都挤满人……至今，仍历历在目。

一晃，一年过去了。又一个春天展现在我们面前。

从2009年春到2010年春，在经历了世界金融海啸之后，伴随着中国经济的复苏，沪深股市率先走出低谷，展开了一波波澜壮阔的可喜升势。

这一年，沐浴在春风中的中国证券市场，朝气蓬勃：先是新股重新恢复发行；继而创业板"开锣"，成功登陆A股市场；接着，股指期货隆重推出，宣告了沪深股市历经20年的单边市场的结束……

一场场深刻的变革，一个个重大的历史事件，使中国证券市场迎来了历史性的变化和无限的生机，也给中国证券市场的千万投资者带来了前所未有的机遇与挑战！

在一个个新生事物面前，人们思考着如何应对，也呼唤和期盼着涌现更多的证券英杰，成为他们可效仿的榜样。

这是中国千万投资人的心声，也是时代的昭示和春天的呼唤！

我已记不清有多少投资者在学习《民间股神》第5集中熊市高手经验的

同时，也在热盼着第6集能早日出版。

新疆一位叫凌云的读者来信写道："尊敬的白老师：您好，我是《民间股神》的忠实读者，您写的5本《民间股神》，我全部买下并细细研读数十遍，受益匪浅，不胜感激。不知老师的《民间股神》是否还会继续出，下一本何时面市？望能适时通知一下，因为您的新书总是太抢手，稍微晚一点就买不到了。说实话，我认为老师的书是在股票操作方面写得最真实、最可信和最实用的书。"

读者孙艺华来信说："白老师，你好！我是在书店偶然发现《民间股神》这本书的，刚看了几眼就被书中的内容所吸引，于是就毫不犹豫把它买了下来。书中您所披露的股市高手的炒股秘招对于我们这些小股民来讲是非常有用的，我觉得您为我们这些小股民写了一部实实在在的好书。我以前也看过好多股市方面的书，它们大多不是内容太深奥，就是内容互相重复，反正没有一本像您写的这样既实用又通俗易懂。只可惜我晚了三年才看到，不过现在看到也不算晚。我非常庆幸看到了这样一本好书！不知《民间股神》第6集何时出版？我现在已经看完了您写的前5集，感觉您写得非常精彩，非常实用。您写这本书也一定遇到不少困难，特别是高手们的炒股秘招，您是费了不少心思才能呈献给我们读者的吧？您就是投资者的福星！在此向您的辛勤劳动表示诚挚的敬意！希望能尽早看到您写的后几集。"

还有一位上海的读者发来短信说："白老师，2月28日向您电话请教《民间股神》第6集上海何时有售。说实话，关于股市的书我已有很多了，最喜欢的就是您所著的《民间股神》系列。我还另外买了两套送给挚友。烦请告诉我第6集何时有售，我企盼着。"

…………

正是背负着千万投资者的这种热情的期盼、呼唤和对时代的责任感，随着一个个新生事物萌生，我于2009年底至2010年春，开始了新的采访征途。

创业板登陆不久，带领众多散户激战"吉峰农机"获翻倍收益的彭大帅首先进入了我的视线。在凤凰山麓贴身采访他的一个多月中，我目睹了注册会计师出身的他精心选股、叱咤创业板的情景。我还和他一起走访了创业板中的新能源龙头"新宙邦"。在跌宕起伏的股海中，他睿智的眼光和不畏挫折的博弈精神令我难忘。

2010年2月，股指期货推出前夕，我踏遍大江南北，终于寻觅到了在期指市场鏖战13年，战功卓著的李扬。他以"蚂蚁啃大象、小刀锯大树"的精神，实现了用8000元两年大赚200万元的传奇，令人惊叹，堪称"中国股指期货实战第一人"。

随着价值投资时代的到来，价值投资的理念不断深入人心，价值投资的典型层出不穷。上海的何学忠和深圳的张卫东便是守望价值投资的两位突出的代表人物。何学忠以一个优秀企业家的眼光和巴菲特式的价值投资理念，潜心寻找和深度挖掘被市场严重低估、未来极具高成长性的小盘股，并以"老板"的姿态战略性建仓，连续多年获得小投入、大产出的惊人收益，成为上海滩一名耀眼的投资明星。

张卫东在变化莫测、涨跌无常的股票市场，则以一个理学博士的执着，不仅潜心寻找和发现了股市的变动基因，而且建立了一套完整的投资理论模式，并用神奇的投资公式指导实践，还探索世界最前卫的"量化投资"，成绩斐然，被人们称为"股市基因解码人"。

在过去的日子里，曾有不少投资者问我："你笔下的民间高手那么厉害，请问他们成功的核心秘诀是什么呢？"我总是不假思索地回答："是他们都经历过失败！从某种意义上说，是失败造就了民间股神。"

在采访中，"新股猎豹"安阳在股海"重挫"中崛起的故事，一直震撼着我。我是饱含激情写下他的传奇人生的。他从一位省级劳模，拼搏到千万富翁。然而，他怎么也料想不到，在追梦股海时，却遭遇了重挫，多年的心血和汗水化为乌有。但在失败面前，他不言放弃，啼血奋发，涅槃重生。十多年来，他一步一个脚印，潜心研究股市涨跌规律，预测大盘的精准率高达95%以上；他独创了完整的操作体系，尤其是制胜新股的百战绝技更胜人一筹。2010年3月，在采访他的20多天中，我碰巧赶上了他在深圳举办的高级实战班。我亲历他带领学员们狙击新股的实战现场,发现其成功率竟高达100%。他的百战绝技,实在令人瞠目!

股海潮起潮涌,证券英雄频现。4个月的奔波,4个月的昼夜笔耕,难以写尽我心中的激情,也难以抒写完沪深股市不断涌现出的众多精英。

本书记述的5位民间证券高手从创业板中淘金、在期指战场上以小博大、在守望价值中拥抱低价股、在炒"新"中快速获利所展现出的绝技和操盘艺术,是奉献给投资者的一份礼物,也是献给沪深股市新时代的一幅动人画卷!

在中国经济复苏振兴的今天,在中国证券的历史性机遇的面前,我们期盼着股市的日益繁荣,期盼着更多股林高手的涌现。

让我们怀着饱满的激情,和着时代的旋律,一同企盼并去追逐中国证券征途上那更加灿烂的明天!

白青山

2010年5月于深圳　初稿

2022年12月　修订

第1章 "选股大王"淘金创业板
——记善于从创业板中挖掘暴涨黑马的"散户大王"彭大帅 /003

在17年的股海投资生涯中，他，靠着注册会计师独到的智慧与眼光，以价值投资和趋势投资相结合的理念与方法，在新股天地里精心地播种耕耘，硕果累累。尤其是在2001年至2005年的熊市，以及在2008年至2009年的牛熊市转换中，均创出了10倍以上的佳绩。

他的新股掘金的奥秘是什么？他那浸染着"血色"的辉煌，又会给人们带来怎样的启迪？

第2章　股指神枪手
——记操盘手李扬用8000元两年大赚200万元的传奇 /069

　　从1997年至2010年，他专注于香港恒生指数期货的交易，磨就了一把鏖战期指的利剑。在2007年8月至2009年8月，他亲历了"港股直通车"引发的暴涨暴跌、次贷风暴、法兴事件和雷曼兄弟破产等重大事件，在股指期货市场上勇敢地抓住一次又一次机会，创造出了用8000元赚取200万元的奇迹，交易成功率高达70%以上，被誉为"股指神枪手"。

第3章　股市基因解码人
——揭秘张卫东制胜股市的神奇投资公式 /147

在变化莫测、涨跌无常的股票市场，他以理学博士的眼光和执着的探究精神，潜心寻找和发现股市的变动基因，并建立一套完整的投资理论模式，以及多因子投资框架，用神奇的投资公式指导实践，绩效卓著，被人们称为"股市基因解码人"。

第4章　草根巴菲特
—— 记上海企业家何学忠从价值洼地挖掘未来成长飙股的故事
/ 233

　　他，以一个优秀企业家的眼光和巴菲特式的价值投资理念，潜心寻找并深度挖掘被市场严重低估、未来极具成长性的小盘股，并以"老板"的姿态战略性建仓，连续多年获得"小投入，大产出"的惊人收益，成为上海滩一名耀眼的投资明星！

第5章　啼血籍杜鹃
——记"新股猎豹"安阳从股市重挫中崛起，制胜股海的传奇 /273

　　他，从当年的"知青"，成长为"省级劳模"，再拼搏到"千万富翁"，继而追梦股海折翼重挫。然而，在失败面前，他不言放弃，啼血奋发，涅槃重生。

　　十多年来，他潜心研究股市涨跌规律，预测大盘的准确率高达95%；他独创的完整操作体系，尤其是制胜新股的百战绝技更胜人一筹。2010年3月，他在深圳举办的高级实战班上，狙击新股的成功率高达100%，令人惊叹！

　　本文首次披露的如何准确判断指数趋势、六大实战盈利套路、新股炒作的九大秘诀，正是他的"独门暗器"……

彭大帅：

> "如果不知道自己是吃几两饭的，那么股票市场是寻找答案最好的地方。"

在17年的股海投资生涯中，他，靠着注册会计师独到的智慧与眼光，以价值投资和趋势投资相结合的理念与方法，在新股天地里精心地播种耕耘，硕果累累。尤其是在2001年至2005年的熊市，以及在2008年至2009年的牛熊市转换中，均创出了10倍以上的佳绩。

他的新股掘金的奥秘是什么？他那浸染着"血色"的辉煌，又会给人们带来怎样的启迪？

投资简历

个人信息

彭树祥，别名：彭大帅。男，1958 年 10 月 12 日生，湖南人，大专文化。

入市时间

1993 年。

投资风格

坚持价值投资与趋势投资相结合，抓住新股上市时被市场严重低估的品种，快速出击，满仓操作，获取暴利！

投资感悟

赚大钱简单，赚小钱复杂。股市是我的提款机！

第1章

△

"选股大王"淘金创业板

——记善于从创业板中挖掘暴涨黑马的"散户大王"彭大帅

我是通过网络认识彭大帅的。

2009年12月，随着网上一篇文章《吉峰农机翻版郁金香泡沫，散户500万半月变1000万》的发表，这个带领散户44元买入吉峰农机，88元胜利出逃的"大帅"，也开始进入了我的视线。

"这个散户大帅真个了得！"这是他给我的第一印象。

"也许是运气好，侥幸碰上一匹黑马的吧？"当时我之所以这么揣摩，是因为多年来在采访中，我遇到过不少这样的事。有一个年轻人，有一天偶然逮到了一只涨停的股票，便立即兴奋地致电我，隆重地推荐自己，并自封为"天天涨停"。后来一问，他才入市两个月。

但，当我怀着疑惑的心情，循着"吉峰农机"这个典型案例的足迹，进入彭大帅的博客后，我才发现，他这次带领散户创造的半月翻倍的辉煌，并非偶然。我往前翻，还有宏达新材、上海莱士、世联地产、东方雨虹……一串串，堪称绝美！

难怪，他的博客点击率像乘火箭般，开博仅一年多就蹿得那么高，进入了"百名名博"！

难怪有人称他为"选股大王"，甚至有人称他为"散户大王"呢！

引子：我为什么要写一个"小散"？

彭大帅，本名彭树祥，是个地地道道的散户，而且是一个普通得再普通不过的"小散"。

在中国那浩瀚的股海里，他甚至都很难称得上"一滴水"。

他并没有千万、亿万元的资金，更没有创造出什么惊天动地的股市神话。

那么，一定有读者会问：作为《民间股神》系列畅销书作者的我，放着沪深股市那么多顶尖高手不写，为何突然间"笔锋一转"，去写一个名不见经传的"小散"彭大帅呢？

问得好。

我真想见一见这位"散户大王"，领略一下"大帅"的风范。然而，真正见到他时，我却有点失望。

那是2009年岁末在广州举办的一次"彭大帅投资报告会"上，我悄无声息地作为一个"老股民"进入会场，坐在后排一个角落里。

下午两点半，彭大帅出现在讲台上。的确，他虽个子不高，但帅气十足，讲话声音很大，充满底气，甚至不用麦克风坐在后排的人也能听到。这一看，他还真有点大帅风度呢。

我静静地听着。一开始，他还真是有板有眼地讲，有讲稿，有课件，还配有幻灯片。可没过五分钟，这位大帅就"不着调"了，讲稿和课件全甩在了一边。

"我不会用电脑，讲稿是朋友帮我写的，课件是我当老师的老婆昨晚熬了一夜帮我整的……"

他突然"实话实说"，令我吃惊！"我不懂技术，也不会看图！我炒股只用两只眼！"他又一句石破天惊的话出口，我竟蒙了。"这网络可真会吹牛，把一个连电脑都不会的家伙，都吹成神了！"我有点坐不下去了。我不想看到他在挤满会场、翘首盼他"传经"的投资者面前"丢丑"的场面。

"白老师，再听一会儿吧！"引我来听课的朋友见我想要离开，劝慰道。"这大帅，真是的，我给他写了几十页的稿子不用，还把我给'卖'了。"那位帮他写稿的朋友显得有点无奈和尴尬。

会场一下子沉寂了。静极了。

"大家请看——"没想到，这时的彭大帅却对着麦克风大呼一声。

只见，此刻的屏幕上，没有大盘走势，也没有 K 线图形，倒是出现了一个清晰的"账户"。

"这是我的交易账户。大家看，姓名'彭树祥'，是我的真名。我不会搞虚的，我就来讲讲我的每一笔交易是怎么做的吧！"

他突然整出来的这个"非常行动"，令我一时惊愕不已。这个"大帅"，可真够另类的，真是一个怪杰！

眼前这一幕，是我采访"民间股神"十年间不曾看到过的。在采访无数高手时，他们向我私下展示账户的不少，可从没有见过胆敢把自己的真名实姓账户在大庭广众之下公开展示的。

是实力？还是傻？

不。是诚恳，是真诚。

这时，我开始被他对中小投资者心贴心的真诚打动了。

接下来，更吸引我的是，彭大帅手把手地教大家"用眼睛炒股"。他不听消息，不跟庄走。他制胜的绝活，便是他身为注册会计师所独有的价值投资和趋势投资相结合的盈利模式。

制胜股市，只看价值，不看技术！这是一种颠覆性的理念，也是他屡战屡胜的根本所在。

"其实，和痴迷于技术相比，和那些费尽心机到处寻买软件，找'绝活'的人相比，价值投资结合趋势投资，真的是证明了：赚大钱很简单，赚小钱很复杂，赔钱倒是很艰难的事。"

整整一个下午，他滔滔不绝，互动交流，台上台下，融成一片。到晚饭时间了，散户们还围着他不肯离去。人们都被他独特的赚钱方式所吸引、所震撼了。

本场报告还有一个"亮点"，就是"大帅"主动献"丑"。"传经"过程中，他轻描淡写地谈"成功"，却真诚地大肆地讲"失败"，警示投资者引以为戒，令众人啧啧称道。

"股市有许多遗憾，我的成功，包含有太多的失误在里面。"彭大帅在讲成功时，毫不避讳自己的失利。一次次，一件件，他都讲得很仔细。

真诚，感染着我和在场的每一个人。我决意深入了解眼前这位性格怪异的"散户大王"。

2009年末至2010年初，我来到他隐居的凤凰山麓一所宁静豪宅里，对他进行了为时两个月的专访。他带领众多散户博弈股海的一件件感人的事儿，令人振奋，令人难忘……

新"郁金香"传奇

仅仅21个交易日，吉峰农机似一匹脱缰的野马，自上市之日起，一路狂奔不止，股价从最低的28.50元，直冲96.50元的高峰，以238.59%的惊人涨幅在创业板中独占鳌头，竟将17世纪荷兰郁金香泡沫活生生地呈现在了21世纪的A股市场！

在这个疯抢"郁金香"的神话里，在吉峰农机（300022）股价涨幅已高达60%，常人视之为"烫手山芋"，以为风险极大之时，他却以"大帅"风范，带领百余名"小散"，火中取栗，以44元高价追进，88元胜利出逃。15个交易日，500万元迅速变成了1000万元。

他成功的启迪和奥妙究竟是什么？是冒险？是运气？还是对价值投资的准确把握？

激情燃烧的"世纪奇观"

2009年10月30日，是个普通的日子，但对于沪深股市来说，却是个大喜的日子。这一天，亿万投资者翘首以待的创业板正式登陆 A 股市场。上午9点25分，首批获准上市的28家创业板公司的董事长齐聚深交所，共同敲响上市钟声，宣告十年磨一剑的中国创业板市场正式拉开帷幕。

为了这一天，亿万投资者不知期待了多少日子。他们期盼着具有高成长性的创业板企业能早日在沪深股市亮相，给更多的投资者带来福音。

然而，在上市之前，各路市场人士对在创业板上市的股票并不十分看好。很多人认为，虽然创业板质地优秀，成长性好，但发行的市盈率均较高，投资风险大，因而，不会有太大的盈利机会。

专业人士的看法并非无道理。为了保护投资者利益，创业板开户时，证券营业部还专门对每个投资者进行风险测评，让开户人亲笔填写并签署"创业板市场投资风险揭示书"。这表明，创业板的开通，虽给投资者带来了机遇，但蕴含的风险也是巨大的。

注册会计师出身的彭大帅，虽是个小散，却对众多专业人士的看法不予苟同。他详细地阅读了首批上市的28家创业板公司的招股说明书，虽然也感到创业板的股票发行价偏高，投资存在一定的风险，但却更多地认为，如果真正看懂了创业板的投资价值，机会将远远大于风险。

"当年登陆美国纳斯达克的创业板股票，不是曾创造过2000倍的市盈率吗？以至于股神巴菲特也踏空了这个独特的市场。这就是创业板的魅力！"采访中，彭大帅对我说，"从一开始，我就坚定地认为，创业板的上市，是个赚大钱获暴利的极好机会！"

激战前夕，他没有一点彷徨，更多的是期待。他踌躇满志，用心地做好一切迎战的准备。他把28家首批上市创业板企业的招股说明书，仔仔细细地精读了一遍又一遍，之后，又对吉峰农机等几只重点看好的股票进行了深入研究。

就在创业板开锣的前一天夜里，彭大帅按照他的选股原则，最后选中了具有中长期跟踪投资价值的潜力品种"八大金刚"，在他于2009年10月29日晚8时写的一篇题为《激动人心时刻——明天创业板交易钟声敲响，机会与风险同在》的博文中公布于世。"八大金刚"的排序依次为：吉峰农机、探路者（300005）、南风股份（300004）、红日药业（300026）、机器人（300024）、网宿科技（300017）、亿纬锂能（300014）、硅宝科技（300019）。

10月30日开盘前一小时，彭大帅就坐在了电脑前，打开证券软件，点击电脑键盘上的F10，再次阅读重点关注的几家公司的有关资料。同时他提前打开了电脑旁一台小电视机，锁定中央电视台经济频道对创业板上市盛况的转播。

9点25分，全国上亿的股民见证了沪深股市这一历史性的时刻——创业板在启航的锣鼓声中，开出了28个大红盘！这真是激动人心激情燃烧的"世纪奇观"！

9点30分始，28只"3"字开头的创业板股票红彤彤、亮灿灿，争芳斗艳。彭大帅锁定的"大哥大"吉峰农机，开盘价32.25元，开盘涨幅81.7%，跃居涨幅榜前列。大盘运行了15分钟后的上午9点45分，当第一目标吉峰农机的股价最低探至28.50元、换手率已经接近50%的情况下，第一道操作指令"32元以下强烈建议买入吉峰农机！"同时在彭大帅的两个QQ群中发布。

市场在咆哮！随着时间一分一秒地过去，盘面波涛汹涌。吉峰农机在群浪中开始"弄潮"，跃上浪尖，股价快速从28.50元的最低点上升到了30元。

这时，彭大帅当机立断，快速对买入价格进行了调整，又迅速下达了第二道操作指令："33元以下强烈建议买入吉峰农机！"

他的"话声"刚落，股价瞬时发飙，当日最高冲到了51.80元，收盘35.31元。

按理说，这天是彭大帅带领小散们丰收赚钱的日子。然而，这时的彭大帅还没有名气。信他的人，不多。据我后来调查，当时真正听"指令"在33元以下买入吉峰农机的人，仅6个，买入资金微不足道。

一念之差，战车陷入泥潭

股市如孩儿脸，风雨无常，瞬息万变。成功与失败有时仅在一念之间。明明看好的股票，准备买入，可能在分秒的犹豫间，你就无缘与它相伴。

在2009年10月30日这天，彭大帅和他的伙伴们可以说是喜忧交加，有成功，有失败。确切地说，在这天，他的失败，甚至大于成功。

在投资报告会上，他多次将这天的"败走麦城"公布于众：

那是在他先后发出"32元、33元以下买入吉峰农机"的两道指令之后，吉峰农机没有给他们留下足够在此价位以下的买入机会，而是34元、35元、40元……一路飞奔，绝尘而去。

无可奈何花落去。遗憾和无奈，充斥在他的心间。

在一片狂热中，最看好创业板的彭大帅岂能坐视不理？为了全力投入创业板大战，他在此前两天忍痛割爱，卖出了手中持有的正处在涨势中的高淳陶瓷（600562）和S＊ST华塑（000509）。

他对钟情的吉峰农机，一路下单，却一路难以追上。

骚动，心跳，不安！

茫然中，正当眼睁睁看到自己的目标股价直奔云霄而去之时，他突然看到了希望。他发现另一只也被他看好的发行价最高的红日药业（300026），在吉峰农机猛涨时，其涨幅只有50%多，便立刻做出了"98元以下买入红日药业"的操作指令，他自己和大部分群友成功买入了该股。

这天，创业板的所有28只股票都似脱缰的野马，上演了一场非理性的疯狂。红日药业如它的名字一样红日高照，当日股价最高狂奔到145.50元，群友们为账上的浮盈而振奋呼喊："终于跟着老大（彭大帅）尝到了盘中赚大钱的滋味！"

可是好景不长。下午两点以后，群友们纷纷反映，不断接到券商的风险警示电话。彭大帅也两次接到电话："你满仓创业板股票，风险巨大！"

果然，在监管部门的干预下，所有的创业板股票价格迅速大幅回落，简直如坐了趟过山车。

红日药业当日以106.50元收盘。彭大帅和他的股友们账上浮盈9%左右。

这天是星期五，他们怀着首战胜利的喜悦，沉浸在周末的欢乐中，并憧憬着周一红日再次高高升起。

然而，让他始料不及的是，这一次买入，竟酿成了"失败的插曲"。在交易的次日，就显现出了端倪。

11月2日，周一。这天，是跟随彭大帅操作的百余名散户期待的日子。他们在期盼中等待，在等待中期盼，期盼手中的"红日"能如旭日般东升。

但是，这天一开盘，首次上市的28只创业板股票均大幅低开，甚至大部分股票一开盘就躺在了跌停板上。这与10月30日的"满天红"产生了强烈反差。上市首日，霞光万丈；次日开盘，一片黑暗！

红日药业也未能幸免，同样加入了跌停的行列。

彭大帅最看好的吉峰农机在这"严寒"中，凌风傲雪，一枝独秀，以32.32元大幅低开后，瞬间便被巨大的买盘托起，半个小时左右就牢牢封在了涨停板上。

彭大帅的创业板之行，是如此不幸：刚刚启程，战车就陷入了泥潭。这真是天大的打击！

一个跌停，一个涨停。买了的跌停，错过了的涨停。而错过的，恰恰是他最为看好的，这真具有讽刺意味，令人哭笑不得。

面对首战的失败，他该做出怎样的选择？

坚决杀回马枪

2009年11月3日，创业板股票上市后的第三天，大多数品种继续大幅下跌，吉峰农机小幅回调2.29%，收盘于37.95元。

11月4日，创业板整个板块企稳。吉峰农机上涨2.82%，于39.02元收盘。

11月5日，吉峰农机雄风重起，天马行空，再次发威涨停，收盘于42.92元。这天晚上，入市征战了17年的彭大帅失眠了。

他怎么也没想到，自己的一念之差，竟给信任自己的"团队"造成如此大的损失！他痛苦地回忆着战前战后的一幕幕：

为了迎战创业板，他和他的团队付出了太多。2009年9月23日，他曾在6.90元左右，指导核心团队战略性建仓 S＊ST 华塑。而为了腾出充足的资金，10月28日，彭大帅狠下心来让大家在8元左右卖出本不该卖出的 S＊ST 华塑。

同一天，他还号召大家从高淳陶瓷这只牛股中暂时撤出。

这一切，都是为了"决胜创业板"，可到头来，却碰得头破血流……一阵阵的懊悔，一阵阵的痛心，和着愧对股友们的泪水，打湿了枕巾。

连续几天，他饭不思，茶不进，一直在痛定思痛，在反省着自己。

2009年11月8日，他写下了题为《痛定思痛——吸取近期操作与指挥的三大败笔教训，从头再来》的博文。

"我唯一要做的，就是吸取惨痛教训，从头再来，潜心钻研，带领大家连续打几个大的翻身仗。"他向众人袒露自己的心迹。

他在寻觅着"报复"的战机。

11月9日上午10点30分，被停牌的吉峰农机复牌交易。

当运行到了上午11点，该股股价最低探至41.85元时，彭大帅当即做出了判断：再次买入的机会来临！

11点10分，一道真正创造历史的操作指令，通过电话、QQ、飞信，下达到大江南北。

"45元以下，强烈建议买入吉峰农机！"

此刻，他颇像一位指挥百万雄师的"大帅"，将这一"作战命令"通过中国移动群发"飞信"，下达到全国大部分地区。

"老大，这么高了，还能买？"

"老师，我们以前炒股套怕了，跟着你，难道还叫我们吃套？"

…………

群里质疑声不断。

高价下，畏高不敢买进者，当时不在少数。

这时的彭大帅心急了。他怕大家不听他的，怕在出现曙光之前，更多的人会失去这次"扭转乾坤"的机会。

这会儿，好像有个声音告诉他，这次真要赚大钱似的，他对自己的判断非常之确信。他开始以不怕骂的精神，声嘶力竭地呐喊："卖掉所有股票，买入吉峰农机！"如果面前有麦克风，一定会被他"喊爆"！

从上午一直到下午3点收盘前，他都在重复地做着一件事，那就是反复叫大家坚决地不计成本地买入300022（吉峰农机）。（图1.1、图1.2）

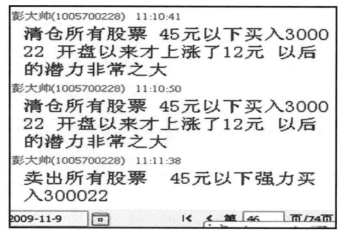

图1.1　彭大帅建议买入吉峰农机QQ截图1

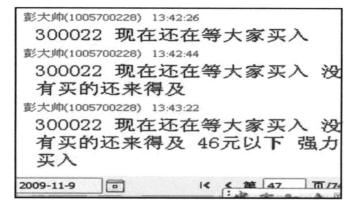

图1.2　彭大帅建议买入吉峰农机QQ截图2

这是一次战略性的"作战指挥"。他的那所凤凰山麓豪宅，成了指挥大江南北的"秘密战斗指挥部"。

他激动，亢奋，胸有成竹。

当晚，彭大帅在博客中写下了《战略大转移——卖出所有股票买入吉峰农机（300022）》的博文，对吉峰农机的投资价值进行了透彻的分析：

在载入沪深股市史册的创业板开板的10月30日，我曾经两次号召大家在32元和33元以下买入自己最为看好的吉峰农机（300022），当看到股价很快大幅上涨以后没有叫大家继续追高买入该股，而是投机性地让大家买入了当时涨幅最小的红日药业。截至昨天，前者已经比开盘价格上涨了33%，而后者被套近8%，一念之差损失惨重。在这种情况下，谁还有勇气改正当初犯下的错误？本大帅有。"卖出所有股票买入吉峰农机（300022）"是今天上午十点半钟"吉峰农机"复牌以42.99元开盘后快速下探到41.85元时，本人给我的团队下达的一道操作指令！盘中最高上冲到46.9元，收盘43.95元。

虽然该股短期涨幅已经巨大，但是我们站在一个未来的高点来看，该股还只是"小牛才露尖尖角"，要问未来的升值潜力有多大？看看苏宁电器5年多以前上市初期是32亿元的总市值，现在已经超过了750亿元。截至今天收盘，吉峰农机的总市值39.26亿元，随着该公司看得见摸得着的快速扩张，公司的市值5年以后或将达到近1000亿元，因为面向更大更具发展潜力的农村市场，超过苏宁电器不是梦。

谢谢我的团队所有的队员，是你们给了我扭转乾坤的勇气。收盘后的统计数字让我感动，一声令下，我的核心团队就买入了十几万股。有群友戏言："这样的话我们是否也可以尝试控盘坐庄的感觉？"呵呵，那还远远不够实力，但是从此我们将与该股的庄家共舞，不会随便卖出了。

由于近期本人的操作不顺，在对团队的指导上也连续发生几次大的失误，昨天写了篇《痛定思痛——吸取近期操作与指挥的三大败笔教训，从头再来》的短文反省自己，希望能够通过今天的这一大胆战略决策一举扭转败局。这次带大家进驻该股，是彻底结束"买什么什么就跌，卖什么什么就涨"的局面，是扭转乾坤继往开来的"战略大转移"。我们会成功吗？谢谢股市！谢谢吉峰农机！

另外，附上本人管理的账户换股情况（图1.3）：

| 2009.11.09 | 10:51:49 | C1381759 | 002304 | 洋河股份 | 卖出 | 90.550 | 2200 | 90.561 | 2200 | 199234.70 |
| 2009.11.09 | 10:54:44 | C1381795 | 300022 | 吉峰农机 | 买入 | 44.600 | 4600 | 44.580 | 4600 | 205068.00 |

图1.3　彭大帅买入吉峰农机交割单

这天，彭大帅带领股友们对吉峰农机杀了一个回马枪，介入的平均价为44元，并设定了卖出的第一目标价位为64.50元。

📧 *画外音*

可贵的"亡羊补牢"

在股市中常常有这种现象，当看好一只股票准备买入时，因股价的上涨，原本设定的买入价已不能成交，有人便因此而放弃了。"10块钱不买，都涨到11块钱了，还买？"并美其名曰，"炒股不能追高，等它调整下来再买不迟"。岂不知，这种想法，有时往往会错失一匹彪悍的大黑马。尤其是当一只股票处在主升浪的初期，最易出现这种"涨高了，不愿追"的情况，有时仅仅为低买一两分钱或一两毛钱而与黑马失之交臂，事后却捶胸顿足遗憾不已。

彭大帅在创业板上市前就看好吉峰农机，并在它上市的第一天指导股友在32元、33元以下"吃进"。但除少数买进者外，大多数人都在犹豫中错失了第一买入时机。而当吉峰农机涨幅达到60%之时，他却痛定思痛，号召大家在44元追高买入该股。因为他看到吉峰农机的投资价值并没有完全体现出来，投资机会还存在，并不在意股价已脱离了自己原本想买入的价格，这种勇于修正自己错误的精神是可贵的。

同样，在卖出股票时，股价却开始回落。"那么高没卖，现在跌下来了，还卖吗？等它再拉上来再说吧。"有许多人都是这样，由赚钱到不赚钱，再到赔钱。如果也能"亡羊补牢"，及时采取行动，就不会有大的损失了。

戴上吉峰农机"金套"

彭大帅带领股友们在44元追高买入吉峰农机后，尽管他把吉峰农机的投资价值给大家讲得十分清楚，但毕竟股价已高企，涨幅也有了60%之多，因而，很多人都捏着一把汗，忐忑不安地等待明天的到来，他们期盼着买入后的吉峰农机能很快地给他们以回报。

然而，第二天，带给他们的却不是喜悦，而是悲伤。

这天上午一开盘，吉峰农机不仅没有如预期的那样上涨，而是低开低走。

市场给了彭大帅当头一大棒。在这天大盘稳中有升的情况下，吉峰农机竟大跌了2.95元，收盘于41元，跌幅达6.71%。这是该股上市以来的最大当日跌幅！

"这下可惨了！"

"不知又要套到猴年马月了！"

哀叹，责怪，声声不断。

整整一天，一片恐惧笼罩在他们"群"体的上空。彭大帅的心里，也承受着从未有过的巨大压力。

"大帅，吉峰农机在做头（指股价将到达顶部，上涨压力巨大，股票大概率会下跌的情况。——作者注）了吧？这时让我们进，是不是一个错误的决策呀？"

"要不要明天止损出来？"

一些懂技术指标的网友在QQ中问彭大帅。

"坚持持有，64.50元的第一目标价位不变！"他回答得坚定而果断。话虽这么说，但毕竟股价暴跌，他的心里也不是滋味。

收盘后，彭大帅面对吉峰农机耸立在盘中的那根巨阴，面对着众多散户对他指挥的质疑，心里如波涛起伏。

这时，他最喜欢看的一部电影《保卫延安》的难忘场景又浮现在眼前——

当年国民党胡宗南军队疯狂进攻陕北革命根据地，毛泽东主席不得不暂时离开延安而转战荒山野岭时，依然是那么镇定自若，从容乐观，谈笑风生。因为，伟人的心中知道：黑暗是暂时的，延安肯定要回来的！整个中国乃至整个世界，都已经装在了这位伟人的心中……

彭大帅自认没有伟人的胸襟，在茫茫股海，虽然还只是个"小散"，但是，当再次认真地对吉峰农机的基本面进行了深入研究，并对当前市场的价值趋向进行了综合判断以后，他得出结论：坚定持股，必有厚报！

下午，他豁达地写下了题为《戴上吉峰农机金套，不再为买什么发愁》的博文。他在文中写道："该股的调整时间肯定是短暂的，下调的空间肯定是有限的，而上升的时间是永恒的。"

他判断，吉峰农机是中国最大的农业机械连锁经销商，是创业板中未来的"苏宁电器"。作为农机经销商中的龙头企业，吉峰农机已通过不断复制店面、收购等措施在近两年内得到快速发展。中国正处于传统农业向现代化农业迈进时期，农业机械化率将从目前的45%提升至2020年的65%，这意味着农机产品的需求将实现50%的增长。此外，由于农机行业集中度很低，行业整合空间又成为吉峰农机发展的另一动力。像这样有潜力的企业，在沪深两市中，是极为少有的。买了它，就算暂时被"套"住了，也是个"金套"！

写完博文后，他感到一阵轻松。晚饭时，他像平时一样喝了酒。这夜，他没有辗转反侧，而是睡得非常香甜。

手捧"郁金香"经受考验

次日上午，大盘跳空低开。吉峰农机也瞬间下探。这无疑给彭大帅和他的股友们的心头再次蒙上了阴影。

但此时早已做好思想准备的彭大帅，以坦然的心态面对着盘面发生的变化。

令他惊喜的是，吉峰农机下探5分钟后，便不再理会大盘的震荡下行，而是拔地而起，逆势上扬，最后于下午2点38分，冲击涨停，并牢牢封死。

果不其然，过了那一天后就阳光普照，11月11日大盘震荡下跌，跌幅达3.42%，而吉峰农机逆市涨停，以45.10元收盘——它似一枝芬芳的郁金香，傲然屹立在大盘那绿色的"冰雪"中。

戴着"金套"的大帅的股友们这天全部解套，脸上都露出了开心的笑容。

"我们解套了，要不要先出去？"收盘前，一些被"套"怕了的股民心里不踏实，担心地问大帅。

"我们炒股是为赚钱，不是光为解套！如果光是为了解套，我们干脆不要进股市受折磨！"彭大帅回答。

2009年11月12日，大盘继续下跌，而吉峰农机仍然逆势强势上攻，盘中再度冲击涨停。这天上证指数下跌2.24%，而吉峰农机却大涨9.53%，以接近涨停价的49.40元收盘。

"每股赚了5块钱了，见好就收吧？"有的持有者再次有出局的冲动。

"坚定持有。第一目标价位64.50元不变！"彭大帅坚定地对大家说。"为什么第一目标价位定为64.50元？"采访中，我问。

"我认为吉峰农机质地这么好，走势这么强悍，它上市的开盘价是32.25元，翻一倍就是64.50元，这是最起码应该达到的价位。我设定第一目标价位的理由，就这么简单。"

这天晚上，彭人帅在博客中兴奋地写道：

大戏就要开演，在走了趟"麦城"后，本大帅已经在本月9日成功带领部下完成了战略大转移——清仓所有股票，在44元左右满仓买入了吉峰农机（300022），从而骑上了这头跨年度"巨牛"，虽然因为一念之差没能在起跑之前骑上去，但是我们依然能够飞身跨上正在奔驰中的骏马。历史将会证明我们这种勇敢的伟大！

之后，吉峰农机这头"巨牛"真如大帅企盼的那样，奋蹄向上狂奔，天天拉阳，11月18日，该股再次强势上攻，封于涨停，当日收盘价57.31元。

"我要胜利逃亡了！"

"不要光纸上富贵，还是先落袋为安吧！"

在获得重利后，少数人不听指挥，准备开溜。

"挺住，一定挺住！"

"不要被涨停'吓倒'！我们的目标还没有达到！"

彭大帅在QQ群中向股友们再次发出持股的指令。

但是，少数人还是赚钱走了。他们担心手中的"郁金香"花落钱飞。当年"荷兰郁金香泡沫"的惨痛一幕，人们还记忆犹新——

300多年前，美丽娇艳的郁金香从土耳其传到了欧洲。1554年，奥地利驻君士坦丁堡的大使在奥斯曼帝国宫廷的花园里第一次看到郁金香，惊艳无比。于是，他把一些郁金香的种子带回维也纳，送给他的好友、著名的植物学家克卢修斯。经过克卢修斯的悉心栽培，登陆欧洲的郁金香种子发芽，生长，开花了。1593年，克卢修斯受聘担任荷兰莱顿大学植物园的主管，就随身携带了一些郁金香鳞茎来到荷兰。第二年春天，荷兰的第一朵郁金香含苞待放了。因为荷兰独特的气候和土壤条件非常适合郁金香生长，荷兰很快就成了郁金香的主要栽培国之一。

由于郁金香被引种到欧洲的时间很短，数量非常有限，加上它的形象十分符合欧洲人的审美品位，价格自然极其昂贵，只有少数达官显贵才能买得起，摆在家里作为观赏品和奢侈品向外人炫耀。于是买卖和生产郁金香变成一桩很赚钱的生意，越来越多的人开始从事郁金香交易，更多农民开始种植郁金香。由于花卉的保存时间不长，难以进行投机，于是，那些聪明的投机商开始大量囤积郁金香球茎以待价格上涨。随后，人们开始竞相效仿，疯狂地抢购郁金香球茎。

后来，连球茎都无法满足需求了。于是，买卖郁金香球茎合同的期货市场形成了。郁金香球茎的价格开始猛涨，价格越高，购买者越多。欧洲各国的投机商纷纷涌入荷兰，加入了这一投机狂潮。到1636年，郁金香的价格已经涨到了骇人听闻的程度。

那时，谁都相信，郁金香热将永远持续下去——世界各地的有钱人都会向荷兰购买郁金香，即使再高的价格他们也愿意买。无论是贵族、市民、农民，还是工匠、船夫、随从、伙计，甚至是扫烟囱的工人和旧衣店里的老妇，都加入了郁金香的投机交易中。无论处在哪个阶层，人们都将财产变换成现金，投资这种花卉。

然而，任何东西的价格都会向它的实际价值回归，任何泡沫最终都会破灭。倒买倒卖的人开始大量抛售手里的合同。这时的郁金香简直成了烫手的山芋，无人再敢接手。球茎的价格也犹如断崖上滚落的巨石，一泻千里。一星期后，郁金香的价格平均下跌了90%，那些普通品种的郁金香更是几乎一文不值，甚至不如一只洋葱的售价。

郁金香的泡沫终于破灭了，它不仅给荷兰，甚至给整个欧洲的经济带来了一场轩然大波，更带给人们难以泯灭的痛苦记忆。

那么，连续飙升的吉峰农机会不会也像郁金香一样，最终成为"烫手山芋"？在担忧中，跟随彭大帅的少数股民忍受不了"涨"的折磨，卖出了在彭大帅当时看来似黄金般的筹码。

"我就要88！"

少数人嫌钱卖出，大多数人在彭大帅的"指令"下还是坚定持股。在彭大帅看来，吉峰农机涨势的"路"，还远没有走完，手中的"郁金香"还没有到泡沫破灭的时候。

果然，吉峰农机再续涨势。

2009年11月19日，该股继续大涨7.82%。晚上，彭大帅在博客中写下

"紧紧捂住吉峰农机不放手，到时你想要啥都会有"的文字。

股价继续在拔高。

11月25日，吉峰农机再展雄风，冲击涨停，闯过了70元大关，报收于72.82元，使坚定持股者心里乐开了花。

11月26～30日的三个交易日，该股又停牌。

12月1日，吉峰农机复牌，没有悬念地再拉涨停，收盘于80.10元。

"大帅威武！"

"老大真了不得！"

彭大帅的QQ群沸腾了。

"股价上到80元了，这下，可以撤了吧？"

从44元起，他们赚了不少银子了，有的人进入股市以来从没有赚过这么多钱，他们知足了。他们不愿再捧着"郁金香""提心吊胆"地过日子了。

"不。我要的是88！我们到88元再撤！"彭大帅对群友说。

这么高了，还会往上冲吗？许多人疑惑，但还是听大帅的，毕竟他们已远远远离了成本区间，口袋里赚得已是鼓鼓的，就是再来个跌停，也还是大赚呀！

老天似有意眷顾彭大帅，想啥来啥。

2009年12月2日，必然成为他永远不可忘怀的日子，也是值得纪念的日子。因为这一天，就是他指挥的这场"吉峰农机大战"最完美的"收官"之日。

这天一开盘，吉峰农机激情再次被点燃，强劲飙升。

中午11点30分，吉峰农机以85元收盘后，彭大帅作出了一个重大的决定：在下午开盘以前，输入88元的价格全部挂单卖出！

下午1时开盘后，股价继续冲高，到1点40分时，在叫"卖"的第5个价位上露出了他们的挂单，一时，团队群起振奋，但是，在接近成交之时，眼看来了的又被吓跑了。

这时，有群友建议说"撤单"，降低价格卖出，而彭大帅坚决不肯："我就是要88元一口价成交，不准加高也不准降低！"

心想事成。在临近收盘时的下午2点45分，激动人心的时刻出现了，吉峰农机开始向上升途中的第8个涨停实施猛烈攻击。这时，彭大帅他们压在上面的12万多股88元卖出的挂单，终于被一大口吃掉了6万股，余下的6万多股陆续被跟风的小散"美食"了十几口，埋单（股票交易术语，指用提前挂单的方式交易，也叫"预埋单"，分预买单和预卖单两种。——作者注）全部成交，股价最后定格在了88.11元！

他们成功了，他们创造了历史……（图1.4、表1.1）

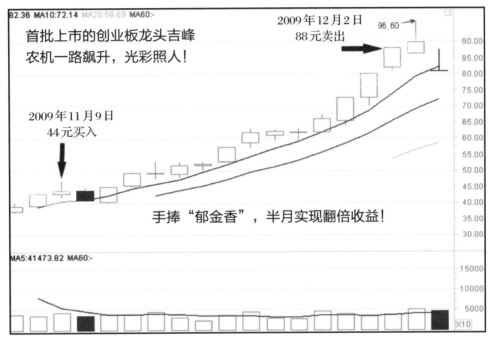

图1.4 吉峰农机走势图1

表1.1 吉峰农机交割单

市场名称	成交时间	证券代码	证券名称	操作	成交数量	成交均价
深圳A股	14：33：11	300022	吉峰农机	卖出	248	88.000
深圳A股	14：33：11	300022	吉峰农机	卖出	348	88.000
深圳A股	14：33：11	300022	吉峰农机	卖出	252	88.000
深圳A股	14：33：11	300022	吉峰农机	卖出	152	88.000

市场名称	成交时间	证券代码	证券名称	操作	成交数量	成交均价
深圳A股	14：33：11	300022	吉峰农机	卖出	248	88.000
深圳A股	14：33：11	300022	吉峰农机	卖出	252	88.000
深圳A股	14：33：11	300022	吉峰农机	卖出	500	88.000
深圳A股	14：33：32	300022	吉峰农机	卖出	4100	88.090
深圳A股	14：33：32	300022	吉峰农机	卖出	100	88.010
深圳A股	14：33：32	300022	吉峰农机	卖出	500	88.000

有趣的是，在采访中，我与彭大帅的妹妹聚餐，她说她哥哥发指令要大家于12月2日88元卖出时，她"不在线"。她是次日股价上冲时操作的，她卖了个96元的高价。

彭大帅带领的百余名小散历时15个不平凡的交易日，半个月，让小小的500万元变成了1000万元！

网络传播开来，无人不说这是一个奇迹！这种"胜利大逃亡"的精美绝伦，堪称沪深股市的一大经典画面！

当晚，他激情奋笔，写下一篇难忘的博文《一个股市的神话暂时告一段落》：

自上月9日的《战略大转移——卖出所有股票买入吉峰农机（300022）》后，在经历了23天，15个交易日后，该股股价整整翻了一番，在今天下午，我们以88元的价格全部卖出了吉峰农机。

卖出的理由有以下几点：

◆阶段性目标价格达到。

◆大盘及该股都可能面临回调。

◆明天有3只新股上市，腾出资金看看有没有机会。

◆不知不觉地，征战已到年末，也许该休息一阵了。

谷底亮剑，创造辉煌

2008年10月28日，在大盘创出历史新低的最恐怖的那一天，他开始"亮剑"，并带领千余名股友战略性地买入经过他深度研究后挖掘出来的东方雨虹。这只在熊市中一骑绝尘的飙涨大黑马，不仅给他带来了接近翻倍的利润，更让他一炮走红，轰动中华股坛！

寻找熊市黑马，建仓"东方雨虹"

彭大帅带领散户们夺得"吉峰农机大捷"，震撼了华夏股坛。然而，许多人也许不知晓，决胜吉峰农机，并非他新股掘金获取暴利的"处女作"。

真正使他一战成名的，是他在沪深股市的"历史大底"那天，带领千余名"小散"，战略性建仓东方雨虹（002271），创造出的惊人熊市辉煌。

那是让亿万投资者刻骨铭心和心碎的日子。

2008年，在美国引发的世界金融危机的风暴中，沪深股市和全球股市一样，狂泻不止。

2008年10月28日，在"冰雪"中行走了整整一年的上证指数，在这一天又无情地"砸"出了一个新低。从2007年10月16日创出的6124点，跌至当日创出的1664.93点，跌幅已高达72.80%，居全世界股市跌幅之榜首。

望着天天一片惨绿的大盘，彭大帅的心里一样的冰冷，一样的痛心。

年初，在突如其来的熊市暴跌中，他和千万散户命运相同，也受到了伤害。但，他对沪深股市并没有绝望和失去信心。作为一名注册会计师，他天天关注着国家经济的变化。看着国家经济的快速振兴和复苏，他想，中国正以不可阻挡之势飞速发展，沪深股市"寒冷"的口子必将很快过去。

他断定，目前沪深股市所运行的阶段，一定是处在历史的大底部区域！这是未来一轮大行情的新的起点！

想到此，他不再为当日股市的暴跌而悲叹，而是从心底生出了一种巨大的希冀。他要勇敢地站起来，重新点燃心中对沪深股市的希望之火。

这天，他做了两件事。用他的话说，那是两件"改变命运的大事"。第一件是在被誉为"中国财经第一门户"的东方财富网站上"开博"，他要把自己重振雄风博弈股市的心路，袒露给万千投资者；第二件，就是对他心仪已久的东方雨虹这只潜力巨大的股票进行建仓。（图1.5）

| 招商证券深圳笋岗路证券营业部 | | | | | | | 2010年01月14日 | | | |

委托明细[11035523][彭树祥]

股东代码	业务类别	证券代码	证券简称	委托数量	委托日期	委托价格	委托时间	成交数量	成交金额	成交均价
0001435371	买入	002271	东方雨虹	8500	20081028	13.200	10:04:27	8500	112,200.00	13.200

股东代码	业务类别	证券代码	证券简称	委托数量	委托日期	委托价格	委托时间	成交数量	成交金额	成交均价
0001435371	卖出	002271	东方雨虹	8500	20081204	25.090	09:33:42	8500	213,265.00	25.090

制表人：011089　　　　　　　　　　　　　　　　　　　　第一页　共一页

图1.5　彭大帅买卖东方雨虹委托明细单

这天，对沪深股市来说，是历史性的。因为在这一天，大盘见底了。而对彭大帅来说，也是历史性的。因为在这一天，他开了博客，让更多人认识了他这个"草根英雄"；也因为在这一天，他率领散户朋友们买入了他深度挖掘出的大黑马东方雨虹（002271），让更多的人跟着他受益。同时，这一历史性的建仓，也让他在网络一炮走红。

当夜，伴着历史大底的到来，他在东方财富网的个人"新股淘金"博客写下了自己有生以来的第一篇博文，题目为《在熊市中上市的公司中寻找未来大黑马》，现摘录如下：

2008年股市惨，而最惨不忍睹的非新股莫属了……我试图在经过"大屠宰"后进行"场地清理"，寻找被严重"错宰"的公司，找出在未来股价能够翻数倍的大黑马来与大家讨论和分享。

宏达新材（002211）。该股上市初期因为机构疯狂抢筹而走出一波逼空行情，股价由最高的29元跌至今天的4.58元，八个月跌幅达84%，即便是全球极度熊市也莫过如此。去年3万吨的有机硅单体项目投产后，公司已初步形成较为完整的高温硅橡胶上下游产业链，是国内最具竞争力的高温硅橡胶生产企业之一。从三季报看，机构持有流通股的12%，依然看好该股。我认为，大盘目前位置，该股可以逢低长线建仓。

北化股份（002246）。该股生不逢时，一个极具想象空间的公司，目前股价3.50元。短短四个多月股价跌去了72%，破发深度50%。题材点睛如下：

行业特殊公司。产品为军民两用；公司是世界上最大的硝化棉产品制造商，2007年国内市场占有率约42.6%，是国内唯一能够提供从特高秒到特低秒三大类70多种产品型号的硝化棉制造商，是唯一向国际比赛用乒乓球提供硝化棉原材料的企业。

不平凡的大股东背景。大股东是中国兵器工业集团。

公司面临升级跨越。目前公司产品供不应求，募集项目逐步完成，公司面临一次跨越。

有想象空间。最具想象空间的是：公司产品应用范围不断拓宽。

东方雨虹（002271）。该公司是中国唯一集研发、生产、销售、技术咨询和施工服务为一体的专业化建筑防水系统供应商，是行业的龙头；公司总股本5000余万股，在两市中倒数第四，典型的大行业小企业；虽然已经连续数年高速成长，但未来的高成长仍比较有确定性；从刚刚公布的三季报中可知，今年业绩将同比增长30%～60%，我预计每股收益1.02元，目前股价12.90元，严重被低估；从季报中看出，截至9月末没有机构持有该股，这是天大的好事情，我们就是要走在机构的前面。

一骑绝尘，独领风骚

彭大帅对东方雨虹这只股票情有独钟。在我采访他的两个月中，几乎每天都听他说起这只股票。

彭大帅对它的感情太深了，记忆太深刻了。

"你为什么这么看好这只股票？你是什么时候开始关注它的？"我问他。

彭大帅打开东方雨虹的 K 线图，激动地回答："因为东方雨虹太优秀了。它是 2008 年 9 月 10 日上市的。之前，我就认真地读了几遍它的招股说明书。它是一家生产防水材料的企业。防水材料这一行业，是刚从建筑材料行业中细分出来的，属于新兴的朝阳行业，而东方雨虹又处于龙头地位。国家级的重大建筑，如人民大会堂，以及北京奥运会的主要场馆水立方、鸟巢所用的防水材料和施工服务，都是该公司提供的。它也是中国唯一集研发、生产、销售、技术咨询和施工服务为一体的专业化建筑防水系统供应商，具有核心竞争力。我极力推荐它，是因为它是一家非常有潜质的优秀上市公司。"

"既然那么看好，你以前买过吗？还是在 10 月 28 日大盘创出低点时第一次买入它？"我问。

"我看好的股票，岂肯放过？它上市的第一天我就买进了。可惜，它生不逢时呀，尽管它很优秀，开盘价也并不高，但当时正值大盘在凶猛暴跌，它无法阻挡和改变这种下跌的大趋势，一开盘也随着大盘往下跌。"

"那不套住你了？"

"是的。当天我就吃了套。第二天，又是一个跌停。尽管我非常看好它，但我看到大盘下跌的阵势，短期难以企稳，就在跌停板上先杀了出来。"

"损失多少？"

彭大帅很平静地说：

"14%。当时，我就想，东方雨虹欠我的，只是暂时的，迟早它会加倍偿还我的！止损出局后，我还在天天关注着它的走势。在绿色的大盘中，它天天下跌。到了 2008 年的 10 月 16 日，与一年前的同一天沪深股市创出的高点相对照，出现了极大的反差。这一天，东方雨虹的股价砸到了11.89元，创出了上市以来的低点。

"之后，大盘还在不断地下跌，可让人惊喜的是，东方雨虹这时却拒绝再跟随大盘继续下跌，逆势走强，连续几天，天天飘红，十分抢眼。我知道，买进它的最佳时机就要到了。

"所以，一周后，我在大盘创出1664低点的一片恐怖气氛中，趁机吃进了这只让我爱恨交加的金股！同时，我在我的几个股票交流的QQ群中，向股友们强力推荐买入东方雨虹！"

"这次，它没再辜负你吧？"

"我们买入后，它走得十分坚挺，在沪深两市一千多只股票中，它可真是一匹难得的彪悍大黑马，一骑绝尘，独领风骚啊！"（图1.6）

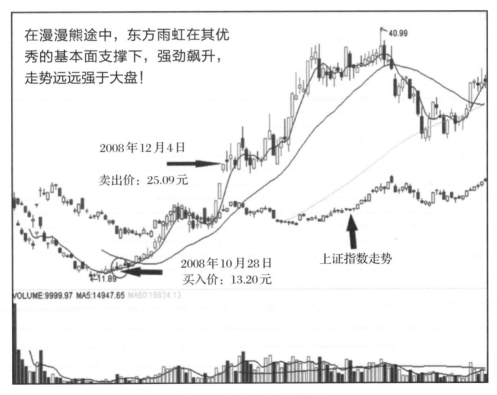

图1.6　东方雨虹走势图1

愤怒的呐喊

到了2008年11月中旬，东方雨虹的股价，从11.90元启动，已经飙升到了20元的高点，涨幅达68%。这时，彭大帅指导的散户朋友也都获利近40%。

彭大帅的名声越来越大，加入他的QQ股票交流群的人也越来越多。彭大帅继续要大家买进东方雨虹。因为在他看来，东方雨虹这么优秀的基本面，一定会让它的股价走得更高更远。

可就在这时，几个新入群的网友，却发出了不协调的声音：

"老大，你带领大伙在熊市中赚了不少钱了，该落袋为安了吧？"一个新面孔"浪子回头"在群里发了言。

"老师，你自己赚钱罢了，当什么雷锋，还吆喝那么多散户，折腾个啥呀你！"

"大哥，你带一帮穷散户炒股多累呀，我的朋友说，愿意出几万块钱，让你踢了他们，跟他合作，不会亏待你的！"一位新入群的"美女"，向彭大帅"单挑"。

具有敏锐眼光的彭大帅，从中嗅出了来自"另一利益集团"的"味道"。

"我不出。我也不会让我的股友在这时无缘无故地卖掉东方雨虹！"他的心里似明镜一般，"要踢，先踢了你们这些可恶的'庄托'！"

"老大，可别敬酒不吃吃罚酒啊！""美女"开始威胁。

"我坦率地告诉你，我的网名就是'机构为我抬轿'。我就等着你们抬轿。有本事，你们往下砸！"随着一声断喝，彭大帅一脚把"美女"踢出了群。

晚上，他难忍"心头之恨"，辗转反侧，很少失眠的他，失眠了。"我就是要大家抓住东方雨虹这个筹码，不到40元不放手！"

已经是夜晚零点了。他再也抑制不住自己的感情，他要发出"愤怒的呐喊"，于是打开电脑，当即奋笔写了题为《卖掉所有股票，买入东方雨虹（002271）》的博文：

今天上午本人写了一篇题为《上周放量强势调整换手率达77.7%，下周新高没有悬念股价看高22元》的短文在东方雨虹的股吧论坛上面发表，连续发了几次都被删除了。后来又发现，本人以前写的帖子除了9月29日的一篇《被错杀的行业龙头》以外都被删除了，这是一个见不得人的信号，股吧的论坛都被庄家控制了，何况盘子呢！给我的直觉就是，主力庄家拉升的意图被我识破！所以我号召大家如题！

　　"你可真是天不怕，地不怕，够热血和坦荡的！"听着他的讲述，我感慨过后接着问，"之后，一直持有到40元？"

　　"没有。"彭大帅不无遗憾地说，"我写博客的当天，东方雨虹就大跌了3.77%，我们没有被吓出，我要大家坚定持有。又过了几天，到2008年12月2日，该股不再沉默，强势涨停。随后两天，天天涨停。股价到了25.09元，我让大家全部撤出，获利90%！"

　　"为什么没到40元出呢？"我问。

　　彭大帅回答："是呀。我原定的第一目标价位是40元。其实，回过头来看，40元还算是很低的。1月18日，股价在10送5后，已涨到69.30元了，要是复权算，股价已达103.95元。若从启动的最低点计算，涨幅已达874%了。"

　　接着，他又诚恳地说："没能坚持原定计划，倒不是被某些人'威吓'出来的，主要是受到一些技术分析的干扰：比如连续三个涨停、缺口要补、回调在所难免，不如先出来。没想到，我们出来后，我最钟爱的东方雨虹没有再给我机会，留下永远的缺口，一路飞奔，绝尘而去了。"

14年磨砺新股掘金"宝剑"

14年前，他从投资第一只新股起，靠着"注册会计师"一双独特的慧眼，以"价值投资"这把尺子，去度量一只只上市的新股，深度挖掘其潜在的投资价值，敏锐地捕捉到了一匹匹脱颖而出奋蹄狂奔的新股黑马，被众人赞誉为"新股掘金大王"。

拉开新股投资序幕

吉峰农机和东方雨虹大捷，使彭大帅成了网络红人。大江南北，一片称赞。

在分析他成功的原因时，有人说他是胆子大，有人说他是运气好。但很少有人知道，他成功的根本原因，其实是他这个职业投资人的身份独特、功底深厚。彭大帅早年就读于湖南省轻工业学校的工业会计专业，毕业后一直从事企业的财务和审计工作。

1992年秋天，他从广西桂林的一家大型企业，踏着邓小平南行的脚步来到深圳，在深圳审计局审计师事务所（今深圳市鹏城会计师事务所）从事审计工作。

在深圳这片处在改革开放前沿的热土上，一家家新公司如雨后春笋般诞生了。繁忙的工作，使勤奋好学的彭大帅的业务提升很快。

1993年7月，他获得注册会计师资格，成为中国早期的一名注册会计师。

他的业务能力强，很快担当了主审会计，并于1994年底，担任某会计师事务所所长。

其间，他接触了大量的审计业务，对深圳和国内股份制企业、外商独资企业等一大批不同类型企业的财务进行审计。尤其是1993年参与"重整原野"（000005，现名：世纪星源）这桩中国证券史上最大案件的审计工作，让他获益不小。他透过对这家上市最早、当时规模最大的上市公司从诞生、发展，到辉煌，到毁灭，再到重生的整个过程的审计，对企业发展的本质有了新的深刻认识。

正是基于此，新上市的企业有无投资价值，彭大帅一"审"便知。

1996年，他靠着这种优势，在不经意中，拉开了投资新股的序幕。

那是 1996 年 11 月 18 日，格力电器（000651）在深交所挂牌上市。上市前，彭大帅在阅读它的招股说明书时，眼前不禁一亮，被该公司一份亮丽的财务报表所吸引。从行业上看，当时，这家公司是中国唯一上市的专门生产空调的企业，正处在朝阳阶段，产品的市场占有率很高。中国有十多亿人口，市场之大，前景之广阔，无法估量。

"这只新上市的股票很有投资价值！"他以一个注册会计师的眼光对其作出了判断。

上市当天，格力电器以 17.50 元开盘。这在当时上市的股票中，已经是高价股了。中小散户对其望而生畏。但是让人始料不及的是，股价在开盘后继续一路飙涨，最高竟上冲至 55 元。

早已看好并准备买进该股的彭大帅因工作忙，直到下午收盘前才赶到证券营业部。此时，虽然股价高企，但他没有丝毫犹豫，果断以 50 元的价格填单买进（那时，买卖交易尚没有电脑化，都要填证券交易买卖单）。

"股价都 50 元了，涨幅已高达 185.7%，你真是吃了豹子胆，这时还敢买进？"采访中，我问。

"的确，当时这个价格算是沪深股市的天价了，涨到这个份儿上了，确实没有多少人敢买，尤其是资金量小的散户，更是望'高'却步，只能望着格力电器疯狂飙升而兴叹不已。我买进时，连接过我买单的柜台小姐都用疑惑的眼光看我，以为我脑袋有问题。"

"难道你就不怕吃套？"

"不怕。我计算过，根据格力电器的高成长和广阔的市场前景，它值更高的价，所以我毫不犹豫地买进了它。"

此后，格力电器一直在 50 元上下高位横盘震荡。彭大帅并没有在意这一切，也没有天天去看格力电器的股价波动。他又忙开了他的工作，似乎把买股票的这档子事都给忘了。

这是他第一次投资新股，格力电器没有辜负他的期望。1996 年 12 月 11 日，也就是在他买入该股以后的第 18 个交易日，他正驱车从深圳去湖南郴州出差的途中，在经过广东韶关时，他用手机查询格力电器的股价。当得知它已经上冲到了75元时，他便果断叫司机停下车来，迅速进行电话委托，以77元的价位埋单卖出，很快成交。同行的伙伴都为他一股能赚27块钱，佩服不已。（图1.7）

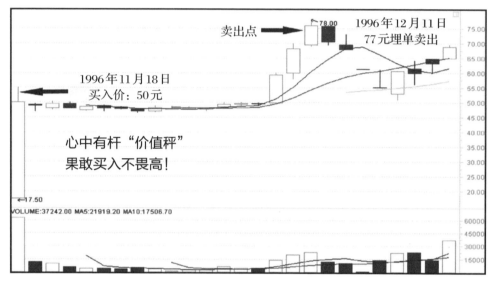

图1.7　格力电器走势图

事后方知，彭大帅那天卖了一个次高价，当日的最高价是78元整，收盘价为76元。他卖出后，该股便连续大跌，四天后，股价跌至了55.13元。

第一次投资新股就让彭大帅首战告捷，短短18个交易日获利40%。回顾14年前对新股的这头一笔成功交易，他坦诚地对我说："这是股市对我的眷顾，当时我的投资水平并没有那么高。"

🔲 画外音

价值面前不畏高

彭大帅第一次投资新股格力电器，买入时机并不理想。17.50元开盘，他50元才追进，买点可谓极差。包括前文讲到的吉峰农机大捷，该股32.25元开盘，他在44元高位才买入。

在一般投资者眼里，股价大凡上了二三十元，就很难接受，莫说涨到四五十元的高价了。他们大都会说："低位都没买，股价都快涨到天上去了，这会儿去买，不傻啊？"

不过，在彭大帅看来，股价没有绝对的高和低，只有价值的大和小。有投资价值的品种，绝对股价虽高，但是未来还会更高；没有投资价值的品种，绝对价格虽低，未来还会更低。例如成熟市场的港股中，0.10元以下的"仙股"就有几十只。因而，在买卖股票时，衡量能否买进和持有，唯一的标准就是它有无投资价值。而不应见它的绝对价格高了，就畏惧，就回避；低了，就去捡便宜，去买它。这种投资的误区，应该戒除。

执着追"新"，叱咤熊市

2002年，彭大帅辞去公职，正式下"海"。他从过去在繁忙工作中抽空做新股，转换到专职投资新股。

然而此时，股票市场大势低迷，熊气沉沉，生存十分艰难。彭大帅并不畏惧，凭着他注册会计师的一双慧眼，透过熊气迷雾，执着地在新上市的股票中淘金。

2002年8月，大盘已从2001年6月14日的2245.42点跌到了1600点左右。正在这人心涣散之时，新疆的一家著名企业八一钢铁（600581）在上交所挂牌上市。上市前，彭大帅看了该股的招股说明书，虽然企业质地不错，但他估计，在这种熊气弥漫的市道里，股价高开的可能性不大。他做好了短线出击的准备。

果然，8月16日八一钢铁以8元的低价开盘上市，比7.38元的发行价仅溢价了几毛钱。"太便宜了！"彭大帅开盘即下单买入，当天股价最高冲至11.50元，收盘9.58元。8月19日，周一，即上市的第二个交易日，该股低开，早已做好短线准备的彭大帅开盘以8.90元卖出，两天就收益11%，这在熊市中是难得的。随后该股随着大盘的绵绵下跌，上市仅三个月后，股价就跌至了6元多。

2003年1月6日，中国证券第一股中信证券（600030）在大盘连续下跌中迎来了上市日。当日沪指已跌至1319点，可以说是"最黑暗的日子"。彭大帅抱着对中国证券的一腔热血，毫不犹豫地在上市首日以5元价买入了该股。

次日，大盘高开，该股却一个"变脸"，来了个低开，一下子把他套了进去，但他没有被吓出，他相信自己的眼光，相信中国证券不会永远沉默。结果，第三、第四个交易日，中信证券终于爆发，连续涨停，在熊市中焕发出了耀眼的光彩。

彭大帅一直持有到第8个交易日，以6.85元卖出，短短8天，获得37%的丰厚利润。（图1.8）

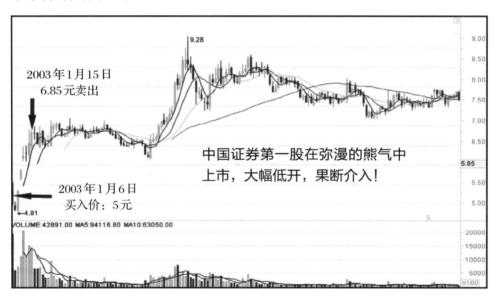

图1.8　中信证券走势图

此后，彭大帅愈战愈勇，先后鏖战科达机电（600499）、杭萧钢构（600477）、北矿磁材（600980）等熊市中上市的新股，无一失手，均取得优异战绩。这样，在2001年至2005年的熊市中，他不仅毫发无损，而且还取得翻10倍的骄人业绩，被人们所称道。

七大选股法则和选股实例解析

在股市中要想获胜，选股是重中之重。因为只有选到了远远跑赢大盘的个股，才能够成为市场的赢家；只有选到飙涨的股票，才能赚到大钱。

自1993年至2010年，在多年的投资新股生涯中，他何以能屡战屡胜，战功显赫？其中，不断选出优质的黑马股，是他制胜的一个"独门暗器"。他选股的七大法则和选股实案解析，向人们披露了这一秘密，这也是他多年来凝聚心血制胜股海的关键所在。

七大选股法则

选股法则1：必须是新股和次新股。股海茫茫，股票种类繁多。而沪深股市数千只股票，真让人眼花缭乱。不同的投资者可能对不同的品种感兴趣，买入股票时会做出不同的选择。有的会选廉价股，有的则青睐高价股；有的喜欢蓝筹股，有的偏偏爱炒"垃圾股"；有的钟爱能源板块，有的则喜欢高科技板块……

而有点另类的独立投资人彭大帅，18年来钟爱的只有新股和次新股。他把选择新股和次新股，放在他七大选股法则的首位。

彭大帅对新股和次新股的界定如下：

◈ 刚上市的新股。

◈ "另类新股"：公司基本面通过重组近期发生了根本性的改变，可作为新股的延伸。

◈ 次新股：上市时间一年以内，公司还没有进行过股本扩张和盈利分配。

彭大帅选新股投资的原因如下：

◆新股的想象空间大。

◆绝大部分新上市公司，都是国家扶持、鼓励发展的行业。

◆新股上市首日不设涨跌幅，存有暴利机会。

◆新股上市交易活跃，交易量大，资金便于进出。

◆新股无"庄"，投资各方都站在同一起跑线。

◆新股大都具有股本扩张潜力。

◆新股无熊市，只要市场定位合理或者被低估，都可以买入。

选股法则2：行业要好。一定要选朝阳行业，而且是发展潜力巨大的行业。在新兴的沪深股市，新股上市源源不断，不是所有的新股都可以介入。只有选择那些新兴的朝阳行业的上市公司进行投资，才能够分享其行业发展所带来的投资回报。

选股法则3：在行业中的地位要强。一定要选择具有核心竞争力的、具备一定话语权的绝对行业龙头。

企业的核心竞争力，是企业生存和发展的灵魂。有着龙头地位的公司，可以获得高于行业平均的超额利润。俗话说，擒贼擒王，我们只有投资这样的龙头股票，才能有望获得高的回报。

选股法则4：要有确定的成长性。可以预见未来几年的复合增长率要在50%以上。

选股法则5："双率"要低。即市盈率和市净率要低。与市场中同行业、同类型的公司相比，要选相对被低估的品种。"两率"低，股价上涨的空间就大。

选股法则6：股本要小。总股本超2亿股，流通股本超1亿股的原则上都不考虑。

选股法则7：公司的稀缺性。行业要独特，在沪深两市中可比的公司少，最好是两市中的"唯一"。

选股实战案例解析

实战案例：东方雨虹

操作时间：2008年10月28日

选股理由：

该股2008年9月10日上市，介入时属次新股（符合选股法则一）。

所处行业是刚刚从建筑材料行业细分出来的防水材料行业，是朝阳行业，而且未来的发展空间巨大（符合选股法则二）。

该公司是当时同行业中同时具备防水材料生产和施工产业一体化的具有核心竞争力的龙头企业（符合选股法则三）。

从公司的招股说明书中可知，过去几年和未来几年，公司都具有高成长性（符合选股法则四）。

当时介入时，其市盈率仅20倍，市净率才2倍多（符合选股法则五）。

该股上市时总股本5276万股，流通股本1056万股（符合选股法则六）。

该公司到目前为止，依然是两市中唯一的防水材料生产商（符合选股法则七）。

结果：该股符合以上选股的七大法则，多条件的"共振"，使它在上市后经过短暂的调整，被市场广泛认同，越走越强。一年多时间，股价从最低11.89元起，翻了5.8倍，涨幅巨大，令市场惊叹。（图1.9）

实战案例：世联地产

操作时间：2009年8月28日

选股理由：

世联地产（002285）上市第一天介入（符合选股法则一）。

该公司从事房地产经纪业务，在当时13亿人口的中国，该产业未来潜力巨大（符合选股法则二）。

公司是中国最具规模的房地产顾问公司之一（符合选股法则三）。

根据招股说明书可知，成长性高（符合选股法则四）。

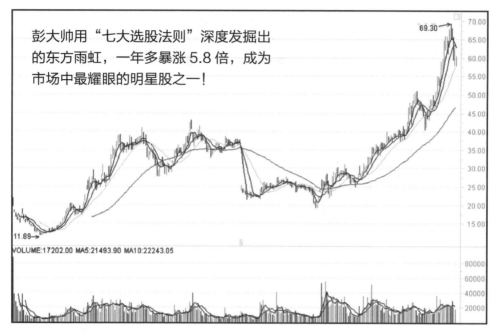

图1.9　东方雨虹走势图2

上市时，开盘价动态市盈率不到30倍，市净率3.8倍，当时在两市中它的"双率"都属于最低的之一（符合选股法则五）。

该股上市时总股本1.28亿股，流通股本2560万股（符合选股法则六）。

该公司所处的行业，至2010年1月末，在两市中还是仅有这一家公司（符合选股法则七）。

结果：该股完全符合彭大帅的七大选股法则，上市以来，走势如虹，短短的三个月，股价就上涨了2.8倍。（图1.10）

实战案例：吉峰农机

操作时间：2009年11月9日

选股理由：

该股上市时间为2009年10月30日（符合选股法则一）。

公司主营业务是连锁批发零售农业机械，对于农业大国的中国来说，它打破了农业机械传统落后的销售方式，属于新的营销模式（符合选股法则二）。

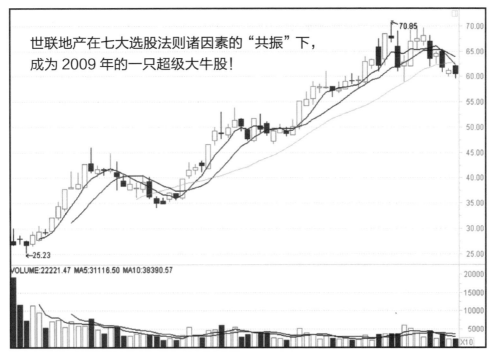

图1.10 世联地产走势图1

在行业中市场占有率名列前茅（符合选股法则三）。

根据招股说明书可知，近三年的复合增长率超过了100%（符合选股法则四）。

该公司总股本8935万股，流通股本2240万股（符合选股法则六）。

当时，中国农机连锁销售企业，仅此一家上市（符合选股法则七）。

结果：该股符合彭大帅七大选股法则中的六条，上市后走出了极彪悍的行情，有目共睹。（图1.11）

实战案例：上海莱士

操作时间：2008年6月23日

选股理由：

上海莱士（002252）上市当天买入（符合选股法则一）。

在行业中的地位仅次于华兰生物（002007），具有核心竞争力（符合选股法则三）。

上市时与同行业的华兰生物相比，市盈率和市净率都明显偏低（符合选股法则五）。

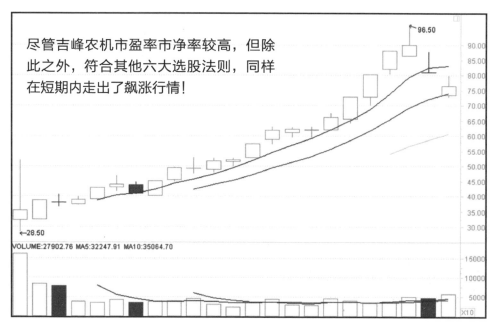

图1.11　吉峰农机走势图2

该公司总股本1.6亿股，流通股本4000万股（符合选股法则六）。

该公司主营业务是血液制品的研发，主要产品为人血白蛋白、静脉注射用人体免疫球蛋白、凝血因子产品等，行业独特，在股市中目前可比的公司只有一家，属于稀缺品种（符合选股法则七）。

实战案例：新宙邦

操作时间：2010年1月8日

选股理由：

新宙邦（300037）上市当天买入（符合选股法则一）。

该公司主营新型电子化学品的研发、生产和销售。主要产品有电容器化学品和锂电池化学品两大系列，具体包括铝电解电容器化学品、固态高分子电容器化学品、超级电容器电解液及锂离子电池电解液四类产品，公司主营产品属于国家鼓励、重点支持和优先发展的电子新材料、新能源材料及节能环保材料等高新技术产品（符合选股法则二）。

公司是国内铝电解电容器化学品的龙头企业，市场占有率超过30%。公司是国内主要的锂离子电池电解液供应商之一，市场占有率约15%，名列前茅，且继续保持快速增长。固态高分子电容器化学品及超级电容器电解液研发能力和产业化程度处于国内领先、国际先进水平。超级电容器电解液方面，公司已经成为全球领先的超级电容器制造商——美国 Maxwell、韩国 Nesscap 等公司的合格供应商，并逐步实现批量供货，市场地位和影响力不断上升（符合选股法则三）。

从招股说明书可看到，该公司前几年业绩增长远远超过了30%（符合选股法则四，见表1.2）。

表1.2　新宙邦财务报表

财务指标（单位）	2009.09.30	2008.12.31	2007.12.31	2006.12.31
主营业务收入（万元）	22037.58	23312.10	20141.07	13768.22
主营业务利润（万元）	—	—	—	—
经营费用（万元）	786.70	755.24	456.01	362.39
管理费用（万元）	1319.29	1382.15	1016.82	920.77
财务费用（万元）	17.32	144.33	61.38	22.91
三项费用增长率（%）	33.59	48.72	17.47	—
营业利润（万元）	5035.51	3594.00	2989.85	2175.48
投资收益（万元）	2.80	56.04	100.75	-9.86
补贴收入（万元）	—	—	—	—
营业外收支净额（万元）	45.52	91.28	4.65	0.90
利润总额（万元）	5081.03	3685.27	2994.50	2176.38
所得税（万元）	762.32	509.45	201.66	148.50
净利润（万元）	4318.72	3161.88	2792.83	2027.87

财务指标（单位）	2009.09.30	2008.12.31	2007.12.31	2006.12.31
销售毛利率（%）	35.43	25.52	23.55	26.20
主营业务利润率（%）	—	—	—	—
净资产收益率（%）	24.03	21.87	30.40	34.75

该公司总股本1.07亿股，流通股本2160万股（符合选股法则六）。

公司是国内生产铝电解电容器化学品的龙头企业，同时也是国内唯一能够产业化生产固态高分子电容器化学品和超级电容器电解液的企业（符合选股法则七）。

结果：在买入该股以前，对整个创业板块的系统风险估计不足。在新宙邦上市首日的2010年1月8日，彭大帅带领他的散户朋友在38元以上买入，至2010年1月22日，当天该股收盘价为33.77元，被全线套牢14%～24%。

但是，彭大帅坚信，中国的创业板不会失败，创业板中一定会出现中国的"微软"！一定会出现未来三年上涨10倍以上的股票，那么"新宙邦"是其中一只的可能性很大！因为该公司所处的行业处在全球都在全力发展的"新能源新材料"行业的最前沿，是名副其实的行业排头兵。

在采访中，彭大帅对我说："目前我们要做的就是坚决持有，真正向世界公认的投资大师巴菲特学习，树立正确的投资理念。假如跌到25元以下，一年股票价格翻上4倍的话，就到了100元了，获利也非常丰厚了。问题是谁又能够肯定会跌到25元以下呢？所以我们目前唯一要做的就是：狂风暴雨不动摇，坚决持有新宙邦！"

📑 *画外音*

重金难买赤心归

在我采访的过程中，发生了这样一件事：2010年1月19日，我和彭大帅正在看盘。突然，他的手机响了，一个男子告诉他，要他买入一只小盘科技股。"我的妈，××科技都涨到这么高了，你还要我买？不是害我吗？"彭大帅望着这只小盘股那"高耸入云"的逼空K线走势，对那男子说。

"我们实力很强，还要往上做，你在博客发一篇博文，号召一下，怎么样？我们合作一把！"

"我不会这么做。"彭大帅随即挂断了电话。

1月20日下午3点，那位男子的电话再次打来："彭大帅，你考虑得咋样？你让你的散户朋友买的新宙邦是个烂公司，我们不会做这样的股票，它还要往下跌，不如让他们立即买入上涨的××科技！"

"我这样做，你给我什么好处？"彭大帅试探对方。

"50万咋样？一篇文章，一个号令，来钱就这么简单！"

"50万买通我？"

"话不要说得这么难听，在这个市场上，合作才能共赢嘛！让散户从套着的新宙邦中出来，买××科技，对他们也有利呀！"

"你们这只小盘科技股的确做得漂亮。可是，朋友，我不能赚这个昧良心的钱。我喜欢自己发现好股票，以我为主，谁的都不听，我更不愿为了一点点利益出卖人格，去害散户朋友，我不会让他们去高位接你们的货，还是你们拿着欣赏吧！假若，你们有底部启动的股票，我们倒是可以考虑合作的！"说完，彭大帅放下了电话。

"这就是股市，你看黑不黑！"他愤然地对我说，"不过，从那个男子口里，我得到了一个可贵的信息。他们要抢我们手中的筹码，这更坚定了我们的信念。今天大盘暴跌近百点，手中的新宙邦，下跌是暂时的，在这只优质股上赚大钱是意料中的事！"他一边对我说着，一边编写一条"不管狂风暴雨，坚定持有新宙邦。这可能是最艰难的时候了，千万不能倒在黎明前"的"飞信"。这条"飞信"在当天曾三次发向大江南北。

三大盈利模式

2009年，沪深股市评出了公认的年度"十大妖股"：吉峰农机、顺发恒业（000631）、高淳陶瓷、熊猫烟花（600599）、苏常柴（000570）、双钱股份（600623）、海王生物（000078）、世联地产、新大陆（000997）、天业股份（600807）。

在这"十大妖股"中，仅有的两只新股，世联地产和吉峰农机，都被彭大帅揽入怀中。重组以后公司基本面发生了全新变化的高淳陶瓷这一"另类新股"，也成了他的猎物。他在"七大选股法则"指导下的三大盈利模式，进一步向人们揭秘他是如何在股海中淘金的。

抓住小概率机会，果断出击

采访中，彭大帅对我说："投资新股以来，我发现大部分股票都是高开低走，但是，其中总会出现极少数个股会低开高走，能够抓住这种小概率，并且果断出击，往往能获得暴利。"

实战案例：世联地产

2009年8月28日，世联地产以27.51元的开盘价上市。彭大帅发现，这是两市中首家房地产中介上市公司，其含金量没有马上被市场认知，股价被严重低估，是逢低买入的极佳机会，便立刻杀入。

买入时间：2009年8月28日，以27.99元价位全仓吃进。

卖出时间：2009年9月14日，以40元卖出。

结果：持股12个交易日，收益42%。（图1.12）

实战案例：北矿磁材

2004年5月12日，具有独特题材的北矿磁材上市，因大盘环境不好，上市首日低开，开盘价12.13元，此时，为最佳介入机会。

买入时间：2004年5月12日，以12元价位全仓吃进。

卖出时间：2004年6月2日，以18元卖出。

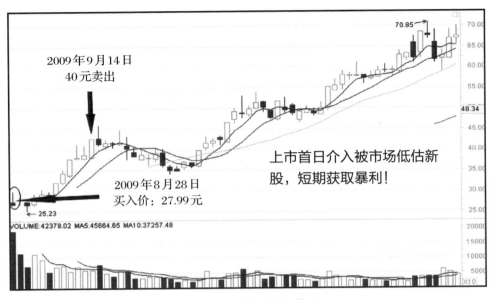

图1.12　世联地产走势图2

结果：持股18个交易日，收益达50%。（图1.13）

在熊市中获得如此巨大的成功，令彭大帅兴奋不已。卖出股票次日，他专程到北矿磁材所在地北京旅游，至今难以忘怀。

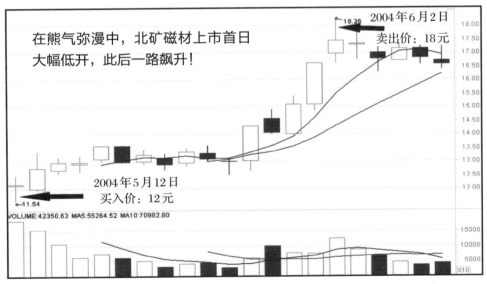

图1.13　北矿磁材走势图

实战案例：宏达新材

2008年2月1日，大盘已从1月14日的5522.78点，狂泻至4388点。就在这天，生产稀缺材料的宏达新材上市。受大盘暴跌拖累，该股上市首日以21元价位低开，并瞬间下探至17.70元。见此，彭大帅果敢介入，短期获利丰厚。

买入时间：2008年2月1日，以18元价位全仓吃进。

卖出时间：2008年2月25日，以28元卖出。

结果：持股12个交易日，收益达55%。（图1.14）

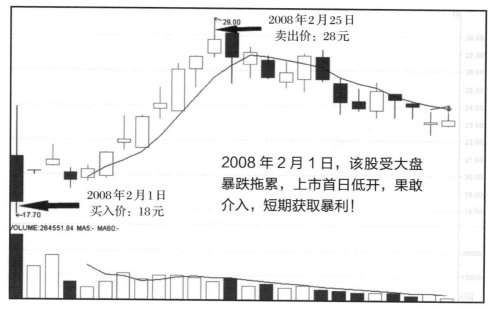

图1.14　宏达新材走势图

实战案例：上海莱士

2008年6月23日，大盘自年初的5500多点，整整腰斩一半，到了2700多点。恰在这天，生产血液制品的上海莱士上市，当日开盘价为22.80元。当时，彭大帅脑子里闪出同样生产血液制品的华兰生物（002007）。他快速进入证券交易软件查看，发现两家公司的每股收益较为接近，但此时华兰生物股价处在40多元的高位。显然，上海莱士的开盘价与华兰生物的现有股价相比，相差巨大。

据此，彭大帅没有再犹豫，马上清仓手中其他股票。这时，上海莱士的股价正好大幅下探，好似迎接他的介入，让他以19.80元买入成交。当日，该股以20.69元收盘，他的账面即刻飘红。

买入时间：2008年6月23日，以19.80元价位全仓吃进。

卖出时间：2008年7月22日，以27.80元卖出。

结果：持股22个交易日，收益40%。（图1.15）

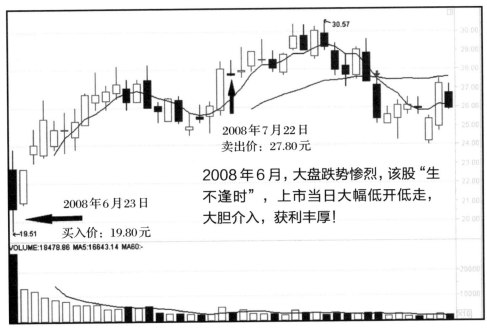

图1.15　上海莱士走势图

在次新股中寻找盈利机会

彭大帅说，有的新股基本面非常好，但因各种原因没有在上市首日介入。对这样的品种进行密切跟踪，等到机会来临，伺机果断介入，阶段性持有，获利了结。

实战案例：科达机电

该股于2002年10月10日上市。这家上市公司是当时沪深两市中唯一的建筑陶瓷机械生产企业，而且是该行业的绝对龙头。彭大帅十分看好这只股票，但他在上市首日考虑到大盘因素，并没有立刻买入。此后，他一直跟踪着该股。

2003年2月18日，彭大帅发现强势横盘了数月的科达机电有启动的迹象，便以23.80元的价位买入了他一直看好的这只次新股，持股三个多月后，于2003年5月22日以35.80元卖出，获利丰厚。9个交易日后，该股最高冲至40.64元。（图1.16）

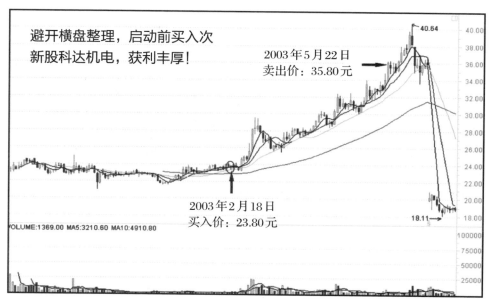

图1.16　科达机电走势图

实战案例：杭萧钢构

该股于2003年11月10日上市。该公司是沪深两市中第一家上市的钢结构工程制作公司，当时属于典型的朝阳行业。上市当日，开盘价15.33元，收盘价15.05元。

该股上市后，盘整了整整一个月。2003年12月19日，一直关注着该股走势的彭大帅正在外面出差。当他通过电话询问，得知股价正向上突破，立即电话委托，以15.30元追高全仓买入。2004年1月16日，他以23.20元卖出，持股20天，获利51.6%。（图1.17）

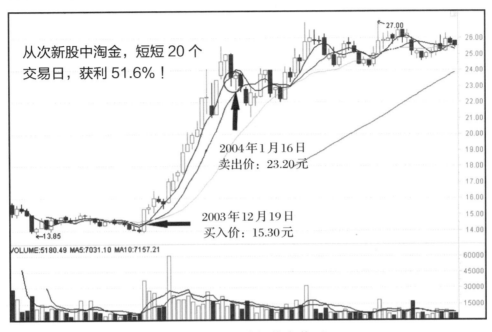

从次新股中淘金，短短 20 个交易日，获利 51.6%！

2004年1月16日
卖出价：23.20元

2003年12月19日
买入价：15.30元

图1.17　杭萧钢构走势图

实战案例：吉峰农机

该股于2009年10月30日上市，由于种种原因，彭大帅当日错过了买入机会。截至11月9日，涨幅已达60%，但彭大帅认为该股作为创业板龙头，仍存在巨大涨升潜力，便以44元价格追高买入，于12月2日88元卖出，15个交易日整整翻了一番。

战略性地买入重组的"另类新股"

彭大帅把一些经过重组以后，公司的基本面发生了颠覆性变化的股票视为新股的延伸，称之为"另类新股"。他认为，在这种另类新股中，往往埋藏着更大的金矿，若能战略性地提前介入，然后锁仓，可望带来惊人的投资回报。

实战案例：闽闽东

2001年4月末公布年度报告，ST闽闽东（000536）由于连续两年亏损后，第三年仍出现亏损，5月起被深圳证券交易所PT（PT是英语Particular Transfer首字母缩写，意思是"特殊转移"。根据《证券法》和《公司法》，如果上市公司连续三年亏损，该公司股票将被暂停上市。这类停牌股票会有专门的过户服务，所以在简称前会标注PT，所以称为"PT股票"。——作者注）处理，每周交易一次。它的大股东是福建省国资委。彭大帅认为国有资产不会轻易流失，坚信其不会退市。他于2001年9月28日以5.99元战略性买入锁仓。2002年4月19日，该股被暂停上市。

2002年6月28日，PT闽闽东在"关闭"了70天以后恢复上市。当天，彭大帅以11.50元卖出，大赚92%，而同期大盘还下跌了32.11点。（图1.18）

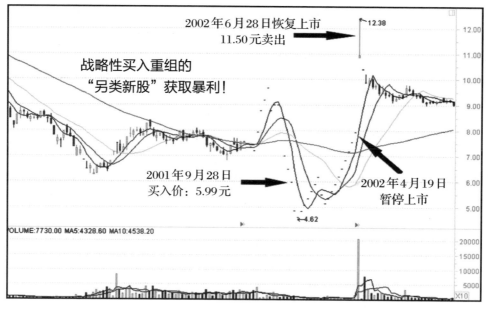

图1.18　闽闽东走势图

实战案例：轴研科技

2008年5月，轴研科技（002046）发布"因筹划重大事项停牌"公告，引起了彭大帅的高度关注。他不仅开始天天跟踪它的走势，并亲自飞到公司所在地古都洛阳，对公司进行实地考察调研。在那里，他见到了公司的前后两任董事长，直接听取了他们对公司未来发展前景的描绘，并参观了公司一、二期产业园，目睹了即将注入公司的优质资产。

2008年12月26日，彭大帅和他的股友以8.20元的价位，对这只重组预期品种进行建仓。至2009年4月14日以13元卖出，他和股友们从这只重组的"另类新股"中获得了58%的利润。（图1.19）

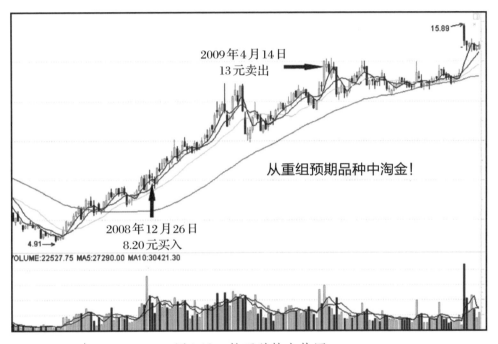

图1.19　轴研科技走势图

实战案例：高淳陶瓷

彭大帅在2009年6月9日曾写过一篇题为《两市中第二只百元大股横空出世》的博文。文中写道：

　　仔细研读5月12日的《高淳陶瓷：关于国有股东所持本公司股份拟协议转让的公告》和5月21日的《高淳陶瓷：详式权益变动报告书》以后，我的内心久久不能平静，因为新股暂停发行上市已经

9个月了，作为新股猎手的我已经感到饥渴难耐了，而眼前出现的不就是自己久违了的猎物吗？600562必将一骑绝尘，未来的百元大股……

当时，具有重大重组题材的高淳陶瓷，在市场的追捧下，似断线的风筝，连拉10个涨停。股价从停牌以前4月20日的8.13元，已经涨至6月5日的19.15元。在此之前，彭大帅虽然看好它，但没有机会介入。

在该股冲击第11个涨停板的2009年6月8日，盘中数次打开涨停板。彭大帅见机，志在必得，以19.50元带领朋友们勇敢杀入，于7月15日以29.50元卖出，获利50%。（图1.20）

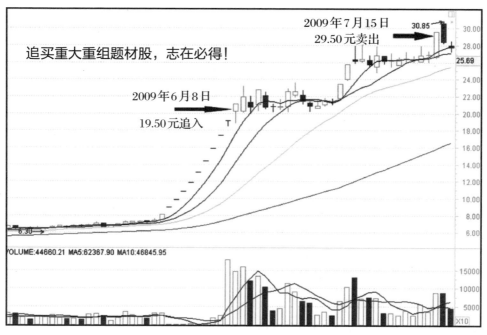

图1.20　高淳陶瓷走势图

实战案例：S＊ST万鸿

从2005年至2007年，S＊ST万鸿（600681）连续三年出现亏损。2008年4月13日，该公司刊登了股票暂停上市公告。彭大帅认为该公司是两市中仅存的极少数尚未完成股改的稀缺品种，含权股。它的第一大股东是经济发达地区的广州人，第二大股东是湖北省武汉市国资委。

从技术上看，它在暂停上市之前的数个交易日，连续收阳，似乎有主力在悄悄吸纳。于是，在暂停上市前的最后一个交易日，即2008年4月30日，他以4.41元的价格战略性买入并锁仓6万股。

采访期间，彭大帅兴奋地对我说："买入该股后，我也曾到武汉市武昌区武路路对该公司进行调研。S＊ST万鸿现在已经完成了股改和重组，完成了优质资产注入，公司与暂停上市之前相比，将展示出全新面貌，其主营业务，已从过去的印刷行业，摇身变成了酒店连锁和商业地产，恢复上市已没有悬念。公司的经营性资产目前大都集中在广州、佛山一带，2010年广州又是亚运会的主办地，对公司复牌后的股价，我充满期待。"

从"招股说明书"中掘"黄金"

在世界投资大师巴菲特制胜股市的秘诀中，有一条非常重要的经验，那便是："想获得高投资回报，一定要学会读财报！"

一直崇尚巴菲特投资理念的彭大帅，遵循着大师的教诲，多年来非常重视研读上市公司的招股说明书，了解其财务状况，从中发现和掘取珍贵的"宝藏"，大大提高了投资新股的准确率和成功率。

读"招股说明书"至关重要

在采访彭大帅的两个月中，正值创业板新股频繁上市的"高发阶段"。我见他经常在研读一大堆股票的招股说明书，有时为了吃透它们，还常常通宵达旦。

"为什么你这么重视研究招股说明书？我常见多数投资者并不怎么重视它，而你这般刻苦钻研，难道仅仅因为是注册会计师的职业习惯？"我问。

彭大帅认真地说："不只是这样。读招股说明书对一个投资者来说，真是太重要了。常言说，磨刀不误砍柴工。读懂招股说明书，就相当于投资一个重要企业的磨刀过程。尤其是投资新股前，你会从它的招股说明书中了解到这个企业的许多资料，包括它的财务状况、行业前景等。这样，你对是否投资这个企业，就会心里有数，就不会只'跟着感觉走'了。"

他接着说："我在一本书中看到巴菲特一句名言：你必须了解会计学，并且要懂得其微妙之处。它是企业与外界交流的语言，一种完美无瑕的语言。如果你愿意花时间去学习它——学习如何分析财务报表，你就能够独立地选择投资目标。我之所以这么重视读招股说明书，就是因为我认为它比单一的财务报表更丰富。可以说，一份招股说明书，就是在翔实地向你展示一个企业的'成长之路'。你可以走近它，了解它，最终做出投资的决策。"

"噢，难怪，你能抓到东方雨虹和吉峰农机以及世联地产、东方园林这样的超级大牛股，看来功夫不负有心人，你的每一次大决战，都是有备而来的。"

"是的。"彭大帅回答得很肯定。

"招股说明书"读什么？

"招股说明书既然如此重要，在新股上市前是要好好地读一读。但，它的内容十分庞杂，看起来真叫人有点丈二和尚摸不着头脑。你能具体地教教投资者，如何看招股说明书吗？应该从中重点读哪些内容呢？"我问。

"以我的经验看，重要的是要做到'十看'。""'十看'都有哪些？"

彭大帅略加思考，袒露出他研读招股说明书时，重点必读的十大内容，即"十看"：

◆一看，招股说明书最前面的"特别风险提示"。

◆二看，公司的主营业务是什么，好不好，独不独特。

◆三看，行业的发展空间大不大。

◆四看，公司在行业中的地位强不强，是不是行业龙头。

◆五看，公司的成长性高不高，在过去的几年，复合成长性是多少。

◆六看，公司未来的盈利能力强不强。

◆七看，公司股票发行后的总股本、流通股本、发行价和发行市盈率，发行前后的每股净资产是多少。

◆八看，公司所在地域：对中国乃至全球的辐射面大不大。

◆九看，公司的未来发展规划怎样。

◆十看，对公司团队的描述：进一步走向成功的欲望强不强烈。

"大败笔"沉思录

英国作家塞缪尔·斯迈尔斯说："我们从失败中学到的东西要比在成功中学到的东西要多得多"。

彭大帅17年的股海生涯，再次验证了一个投资真理：失败铸就辉煌。在投资股票中，他遭遇的三次"大败笔"，浸染着浓浓的"血色"。这"血色"，不仅给他的辉煌注入了"苦涩"，更为他的前行奠定了"基石"，为他的人生，增添了一笔巨大的财富！

我笔下的高手，不是"神"，并非次次成功，天天辉煌。他们也是从普通投资者成长起来的，也经历过失败。有时，甚至是惨重的失败。但可贵的是，他们能从失败中学习到那些在成功时得不到的"东西"，把"教训"真正变为"财富"。

彭大帅也是这样的一个散户高手。在采访他的日子里，他经常讲自己投资中的失误和他的投资教训。他说，有些教训是不可饶恕的，他会永记一生。我在此笔录下他重要的三次"大败笔"，以警示投资者：

失败案例：梦碎东方雨虹

东方雨虹（002271）是让彭大帅一战成名的"功臣"。正是在2008年10月28日大盘创出1664点，见历史性的大底时，他带领广大散户买入了这只股票，而且大获成功。

然而，让他不能忘记的则是在东方雨虹上市首日自己的错误投资。

"熊市末期的杀伤力是巨大的！"彭大帅这样开始了对这次"大败笔"的描述。

2008年9月10日，他最看好的东方雨虹在"寒气逼人"的熊市末期上市。怀着对它的一腔热血和钟情，彭大帅忘情地"拥抱它"，一开盘，就不顾一切地全仓介入。

没想到该股一上市，当天就让彭大帅被深套。第二天该股跌停，狠狠地抽了他一耳光。无奈，他以14%的亏损止损出局。（图1.21）

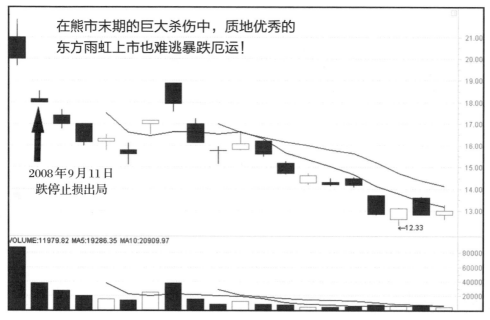

图1.21 东方雨虹走势图3

可悲的是，东方雨虹失利后，他并未从教训中"苏醒"过来，第二次大的失误又接踵而至。

失败案例：华昌化工

半个月后，华昌化工（002274）上市。这是2008年熊市中上市的最后一只新股。彭大帅当时看它业绩非常好，每股收益一块多钱，市盈率非常低，就没有考虑别的，一开盘，就冲了进去。也是满仓杀入的。

"怎么样？"我问。

"又一棒把我打蒙了。"彭大帅痛苦地回忆说，"跌停！跌停！我一连吃了它两个跌停！加上东方雨虹，半个月吃了三个跌停，使我这个被人说成'新股掘金王'的人，大失脸面，损失惨重，也是我前进的历程中所罕见的！"（图1.22）

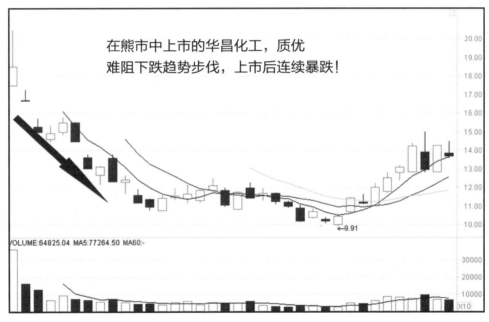

图1.22　华昌化工走势图

"失败的原因是什么？没选好股？"

"不是股票不好。"彭大帅说，"这两只股票都非常优秀，以后的走势，有目共睹。要说失败的原因，最根本的是我的两次操作都是与趋势作对。当时，我完全忽略了大盘处在熊市末期那巨大的杀伤力！"

失败案例：迷失三联商社

那是在采访彭大帅的两年前发生的事。

2008年2月14日，三联商社（600898）发布一则公告：

> 2008年2月14日，济南市中级人民法院委托山东齐鲁瑞丰拍卖有限公司对山东三联集团有限责任公司所持公司有限售条件的流通股2700万股进行拍卖。经过公开竞价，山东龙脊岛建设有限公司以19.80元的高价竞得山东三联集团有限责任公司持有的三联商社2700万股股权，成为公司的第一大股东。

之前，该公司的股价一直在八九元之间徘徊。公告发出的前两天，该股就被先知先觉的主力连封了两个涨停板。2008年2月13日，该股收盘价为9.68元。公告公布之后，三联商社的股价如坐火箭，竟逆势天天涨停。熊市中有如此表现的股票，一下子吸引了人们的眼球，看得人心里直发痒。

彭大帅当时也怦然心动。他想，三联商社的股价才9元多，拍卖价高达19.8元，股价上涨空间该有多大？加上竞得第一大股东的山东龙脊岛建设有限公司实力强大，谁人不知？

2008年3月12日，三联商社连涨了8个涨停板，股价创出了17.98元的历史新高，股价翻番，市场一片"啧啧"声。

随后，该股股价回落，在15元左右进行盘整。彭大帅想，有这么好的重组题材，可能股价还要往上拉，何不趁调整之机买入？

终于，在2008年3月31日，他抑制不住多日的心动，以15.50元冲了进去。他没有想到，从这天起，该股股价没有再向上飙升，而是一路狂泻。尽管在12元左右止损，但他内心所受的伤害，远远超过了账面的损失。这一教训，他没齿不忘。（图1.23）

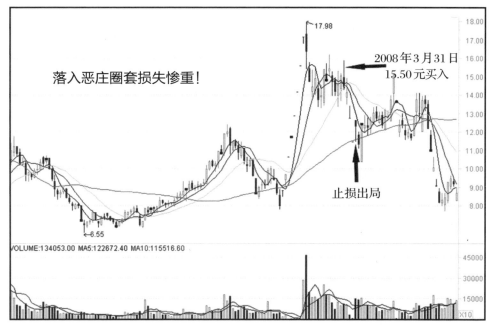

图1.23 三联商社走势图

六大判断"顶""底"秘诀

为什么有时经过千辛万苦选到了好股，却赚不到大钱，甚至亏钱？多年的成与败让彭大帅懂得了：度"势"，是成败之首！只有准确判断大盘顶底，顺势而为，才能使自己制胜股海，立于不败之地！

我在贴身采访彭大帅的两个月里，深刻认识到，他能在股市赚钱，是因为他在选股上花的功夫比别人深。几乎每天，无论白天黑夜，我都会看到他在潜心研究每只准备上市和已经上市的新股。在众多的股票中能独具慧眼，选到极有投资价值的好股票，可以说，这是他制胜股市的一个最大"亮点"，也是他获胜的一把"撒手锏"。

然而，与此同时，我也注意到，除了精选个股外，度"势"，是他能在价值投资中胜出的另一重要原因。

　　采访中，我曾问他："为什么你能在2008年10月28日大盘创出历史低点时准确出击，买入东方雨虹？又为什么能在2009年7月29日至8月初，一再在你的博文中提示大盘到顶的种种信号，从而带领股友们回避了大盘暴跌的风险？这里面，有什么诀窍呢？"

　　"把握住大盘的趋势，是制胜股海的关键。"彭大帅说，"为此，我在多年的实践中，从不逆势而动，也总结出了一些判断'顶'和'底'的方法，很是管用。"

　　"能具体讲讲你的判断方法吗？"

　　"可以。"他痛快地回答道，并向我透露了他多年来判断"顶"和"底"的秘诀。以下是测底秘诀：

　　测底秘诀1：地量地价。请大家回过头看看，在2008年10月沪深两市的每日总成交大都不足500亿元。股价就不用说了，大盘的总体跌幅都已经超过了70%，个股就更是跌得面目全非。

　　测底秘诀2：跌势已经持续了很久。大盘从2007年10月16日的历史大顶6124.04点下跌到2008年10月28日的1664.93点，跌势已经持续了一年有余。

　　测底秘诀3：估值已经接近历史最低水平。2008年10月末沪深300股指的市盈率跌到十分之一，已经是沪深股市历史最低点。

　　测底秘诀4：股评专家、媒体、名人都一致看空。当时大部分媒体、名博及股市中的"黑嘴"、大腕们都在悲观地叫嚣"大盘要跌到1200点了"。

　　测底秘诀5：证券营业部门庭冷落。在2008年熊市末期，彭大帅先后去了多家证券营业部实地考察人气，营业部的工作人员几乎要超过投资人。

测底秘诀6：新股大面积"破发"，新股发行明显放缓或暂停。喜欢炒新股的人一定不会忘记，在2008年大熊市结束前期上市的新股，大面积破发的惨景。彭大帅这个新股淘金博主也曾买入新股后受到过跌停的打击，就连他后来引以为豪的东方雨虹也从17.33元的发行价深度破发跌到了11.89元。

此外，还有一个重要的政策见底信号：自2008年9月25日华昌化工上市以后，管理层就暂停了新股的发行上市，一直到10个半月以后的2009年7月10日才恢复新股上市。

当时，以上六大因素发出了共振，才让彭大帅把握住了沪深股市的这次历史性的机会。

彭大帅能够准确判断2009年8月初沪深股市3478点的中期大顶，并且在实战中带着自己的团队成功逃脱这个中期大顶，就是以下六大测顶秘诀帮他完成的：

测顶秘诀1：天量天价。2009年8月4日中期大顶3478点之前的多个交易日，两市的总成交金额连续多日接近4000亿元，在距离这个中期大顶前4个交易日的7月29日创造了4377亿元的历史天量的这一天，彭大帅做出了大盘中期大顶到来的判断。

测顶秘诀2：涨势已经持续了很久。自2008年10月28日大盘从1664.93点开始，单边上扬了整整9个月，时间够长了。

测顶秘诀3：估值已经很高。经过整整9个月几乎是单边式的上涨后，整个大盘都已经大幅上扬了109%，很多个股的股价更是翻了数倍，整个股市的估值已经明显被阶段性高估。

测顶秘诀4：股评专家、媒体、名人都一致看多。没有逃脱这次中期大顶的部分股民，现在可能还会记恨那些股市中的名人黑嘴，那时他们一致叫嚣"大牛市又回来了"，记得当时众多名家都说下一目标4000点在2009年年末就会到。

测顶秘诀5：证券营业部人气沸腾。在2009年的7月末8月初，彭大帅接连去了几家证券营业部考察，国信证券泰然九路营业部的保安告诉他：为了给新入市的股民办理开户手续，近期他们每天都要加班到晚上10点，证券部的人气就更别提了，空前高涨。

测顶秘诀6：新股加速扩容。2009年7月10日，以桂林三金（002275）的上市为标志，结束了新股长达10个半月的真空期，7月27日总股本30亿股的四川成渝（601107）上市，两天以后总股本300亿股的中国建筑（601668）挂牌，这是管理层明确的灭火信号。

以上六大因素发出了共振，才让他准确判断了沪深股市2009年8月初的中期大顶，并带着自己的团队成功逃顶。

尾声：美丽的坚持

一个多月的采访结束后，当我离开凤凰山麓，告别彭大帅时，尽管此时他仍戴着新宙邦的"金套"，但看得出，他并不沉重，表情依然很愉悦。

在朝夕相处的最后一段日子里，他几乎天天和我说起他心中的"白马王子"新宙邦，天天精心研读它的招股说明书。就在新宙邦上市的第五天，我和他来到这家公司进行实地考察，并走访了公司的高管，成了这家公司上市后接待的第一批访问的投资者。

虽然，在创业板股票整体下跌风险中，新宙邦没有例外，天天下跌，连创新低，但是，彭大帅丝毫都没有怀疑自己的眼光。

那些天，我目睹他承受着太多的压力。网上线下，QQ群里，不少跟着他买入的人，从嘲讽到开始骂他是"疯子"，是"骗子"。就连一直跟他操作过吉峰农机、东方雨虹、世联地产赚过大钱的人，也怀疑他这次是不是看走了眼。

有的"止损"出局了；有的退出了他的 QQ 群，悄悄地离他而去了。只有他和少数人，在挺着，在坚持着……

面对此情此景，我不禁想起了2010年第二期《读者》卷首语中提到的一则名为《美丽的坚持》的故事：

> 在南美洲安第斯高原海拔4000多米人迹罕至的地方，生长着一种花，名叫普雅花，花期只有两个月，花开之时极为绚丽。然而，谁能想到，为了两个月的花期，它竟然等了100年！
>
> 100年中，它只是静静伫立在高原上，栉风沐雨，用叶子采集太阳的光辉，用根汲取大地的养料……就这样默默等待着，等待着100年后生命绽放时的惊天一刻，等待着攀登者身心俱疲时的眼前一亮。
>
> 多么珍奇高贵无比的普雅花呀！它的等待，是一种美丽的坚持。

对于彭大帅而言，这种坚持，也同样是极其可贵的。也许一个月，两个月，甚至《民间股神》第6集出版之时，他看好的新宙邦还可能"窝"在那儿，没有起色，但不论怎样，他都会等待。

我相信，他的等待是美丽的。

我也相信，作为新能源新材料的龙头，新宙邦的花期一定会到来！

【采访后记】

在《民间股神》第6集全部完稿准备送往出版社之际，我于2010年3月30日再次来到凤凰山麓彭大帅的家里探望他。

一晃，两个月过去了。在采访完彭大帅之后，我又前往深圳、上海等地采访其他高手，但即使我工作再忙，也没有忘记带领众多散户朋友深套在新宙邦上的彭大帅。我天天关注着新宙邦，眼见它从40元以上跌到30.55元，经我介绍认识彭大帅的读者，在买入新宙邦被套后，甚至含泪向我哭诉……

在那段迷惘的日子，与彭大帅同去新宙邦考察的情景让我难忘。难忘许多亏钱的读者请求我寻找高手指导，于是我屡屡向他们推荐我正在采访的彭大帅。他们有不少人买进了新宙邦，又都遭吃套，这让我的心也如刀割一般难受。尽管我在"尾声"中写了"美丽的坚持"，彭大帅还把它放在网上的博客里，鼓励大家坚守新宙邦，但当时也有不少被套的投资者反问："难道要我们套100年吗？是托词，还是欺骗？"

我无言以对。他们是短视的投资者。我看到彭大帅天天在QQ和飞信上发出的只有一句话："狂风暴雨不动摇，坚决持有新宙邦！"

整整两个月，虽说在漫长的历史长河中，它只是短暂的一瞬，然而，在火热的市场中，持有新宙邦，沐浴在"冰雪"之中，真是一种漫长的煎熬！

所幸的是，《民间股神》第6集尚未正式出版，新宙邦就涨起来了。而且，就在我来彭大帅家的路上，它已创出了上市以来的新高，股价最高冲至46.97元。这天，我见到不少人给彭大帅打电话表示感谢，一个股友给他发了短信，只一句话："老师万岁！"

记得新宙邦上市的那天，股价收盘于42元，大盘收于3196点。时至今日，新宙邦收盘45.85元，大盘收于3128点。两个多月，大盘跌了68点，跌幅2.13%，同期新宙邦却涨了3.85元，涨幅9.2%，远远跑赢了大盘，彭大帅真不愧是"选股大王"！

望着当天盘中新宙邦那根创新高的大阳棒，我不禁又夸赞彭大帅的眼力。他却对我说，虽然当初跟随他买进新宙邦的投资者现在均全线解套并小有盈利，但他却把推荐新宙邦当成他永远不能忘记的"败笔"。他在博文中说："我带大家走了两个月不应走的弯路。

在大盘的下跌通道中，我们依然有赚近一倍的机会，可是我让这个机会与我们擦肩而过了。这个教训是沉痛的，应该永远牢记。"

我深深懂得他的心，他对投资有着非常高的标准。

"大帅，新宙邦之后，有没有发现和操作其他的股票？"交谈中，我问他。

"有。有不少。例如潮宏基（002345）、蓝色光标（300058）、东方财富（300059）、福瑞股份（300049）、中青宝（300052）等。"

"除了潮宏基，我发现这些都是创业板的股票。你真成了创业板淘金的专家了。"我说，"这些股票都涨得好吧？"

"都不错。"彭大帅说，"目前涨得最好的是潮宏基。我在它上市后不久就关注和指导股友在36元左右买进了。只一个多月，现在已有66%的盈利了。"说着，他打开盘面以及几个委托他操作的朋友的账户给我看。

"嗬，这么牛，都涨到60元了！你真是神呀，赚了那么多了还没卖？"

"没有。我叫所有买入者都不要出。我要让大家赚大钱，让那些在新宙邦和同花顺上亏钱出局的，在这只股上补回他们的损失！"

"这是一家经营珠宝的公司，难道它也符合你这个选股大王的七大选股法则？"我问。

"完全符合。我仔细读过它的招股说明书，一是它符合大消费概念，二是它具有垄断性竞争的行业特点。它的产业链完整，从设计、研发、制造到连锁销售非常齐全。我从招股说明书中得知，它要用募集的资金在中国再开100家连锁店，真是一家发展空间巨大的公司呀！"彭大帅兴奋地对我说，"我有信心用我的智慧，指导信任和与我有缘的股友们走出投资的困境，享受投资和赚钱的快乐！"

我相信他的真诚、他的眼力，也相信他除潮宏基外所看好的数家创业板的上市公司，会从目前的小企业，变成未来的企业巨人，给投资者带来巨大的回报!

在送别的路上,我最后问彭大帅:"目前,你看好的股票很多,如果我要问你,你最看好的是哪一只呢?"

"我最看好的公司还没有上市!"他开着车,不假思索地回答。我听了他的回答,不禁一怔,但忽然,我理解了:

他最看好的是未来!

李 扬：

" 蚂蚁啃大象，小刀锯大树！ "

从1997年至2010年，他专注于香港恒生指数期货的交易，磨就了一把鏖战期指的利剑。在2007年8月至2009年8月，他亲历了"港股直通车"引发的暴涨暴跌、次贷风暴、法兴事件和雷曼兄弟破产等重大事件，在股指期货市场上勇敢地抓住一次又一次机会，创造出了用8000元赚取200万元的奇迹，交易成功率高达70%以上，被誉为"股指神枪手"。

（注：因本章内容主要涉及香港恒生指数和恒指期货，如无特别说明，金额的单位均为港元。）

投资简历

个人信息

李扬，别名：817 印钞机。

入市时间

1992 年开始股票投资；1997 年同时从事恒指、外盘、商品交易。

投资风格

始终坚持稳健操作，用最少的钱、冒最小的风险去赚钱。

投资感悟

戒则生定，定则生慧！不求卓越，但求稳健！宁可少赚，保本为上！

第2章

△

股指神枪手

——记操盘手李扬用 8000 元两年大赚 200 万元的传奇

一个偶然的机会，我听深圳的一个朋友说，《深圳商报》曾介绍过一名股指期货实战操作的高手，用 8000 元赚了 200 万元，非常神奇。我兴奋地马上在网上搜索，费了一番周折，终于搜索到了他的博客，并很快与他取得了联系。

他就是李扬。

引子：从 8000 元赚到 200 万元的奇迹

为了使读者全方位深入了解股指期货，我专程到李扬的家里拜访了他，与他进行了长时间的交流和访谈，探求他成功的秘密。

经过与李扬的初步交往，我发现他是一个非常低调、非常谦虚的人，不喜欢张扬。我在后来的深入访谈中还发现，他不仅具有扎实的基本功和独到的投资理念，而且他骄人的操作业绩，目前在中国期货界，没有哪一个人可以做得到，李扬堪称"股指期货实战第一人"。

不仅如此，在工作之余，他还受邀担任深圳一家学校的股指期货主讲老师，从 2006 年至 2010 年年初共举办了 60 多期培训班，培训股指期货实战操作学员 3000 多人，为中国股指期货市场培养了大批人才，可谓"桃李满天下"，他也因此被誉为"股指期货实战培训第一人"。

从8000元到200万元！

时间，仅仅两年！

朋友，你信吗？

反正，初次听说时，惊愕了好一阵子。

8000元的本钱，可谓少得可怜。记得2006年我采访过的林园，也曾以8000元起家，赚了大钱，后来赚了上亿元，但那毕竟是中国证券业刚刚诞生、起步的年代，时间的跨度也大。

8000元，在金融市场的确太难办成个事儿了。你说，买股票吧，股价8元的，加上手续费，你连1000股都买不到。

就算不要你的手续费，卖给你1000股股票，一年下来，你能让这8000元的市值，变成多少呢？两年呢？

一年10倍，两年100倍，不少了吧？赚10倍，8000元就变成了8万元，第二年再赚10倍，8万元就变成了80万元，够"神"了吧？那也许是极少数顶尖高手，还得借助大势走牛才能做到的事。若行情不好，或像在2008年那种大熊市中，不"吃"掉你，就算便宜你了，更甭说做赚10倍、赚100倍的梦了。

也许有人说，股票市场赚10倍、赚100倍不易，期货市场总该容易吧？

的确。期货市场有着神秘的杠杆作用，翻10倍、翻100倍，不算什么新鲜事。但是，用小小的8000元翻第一个10倍或100倍，就连老期货人都会咂舌。多少人在"嗷嗷待哺"时，就"夭折"，被市场无情地"扫地出门"了。纵使短时间内，抓住某一波行情赚钱的人很多，但能做到长期稳定盈利，并能把自己赚的钱保住不吐回市场的人，真是少之又少！

然而，当我看到记载着一位期货交易员"从8000元赚到200万元"的辉煌"战绩"的全部账单时，我不能不怀疑自己的眼睛：

看到的这些，都是真的吗？我的心，不停地在问我的眼睛。是的。是真的！是香港富华嘉洛证券公司的期货结算单，准确无误，可靠，可信。如果是真的，那么，一定会有不少朋友问，能创造出这一惊天财富神话的人，又是谁呢?

他的名字,也许,太不被人所知了。

然而,当默默地创造出这一卓越战绩后,他便声名鹊起了。很快,"李扬"这个名字,便在期货业界,在深港大地,被人们所传扬,所钦佩。正是他,自称是市场中的"小蚂蚁",专业从事恒生指数期货交易13个年头,在2007年8月至2009年8月的两年里,靠8000元激战香港恒生指数期货这头"大象",狂赚了200万元,获得高达200倍的利润,创造出了"小蚂蚁啃大象"的奇迹!

"8·17",拉开财富神话序幕

2007年8月17日,港股历史性地大反转。他从大悲到大喜,当日资金翻番,"小蚂蚁"创造财富神话的序幕就此拉开……

让我们把时针拨回到2007年8月17日的上午9时45分,恒生指数期货市场开盘的时刻。

那一刻,恒生指数以一个跳空低开,开在了20400点上。较前日下跌了139点。炒恒指期货10余年的李扬,此时预感到,这是一个不祥的征兆。

恒指大调整,20000点大关失守

自2007年4月至6月,香港恒生指数一直在20000点至21000点区间窄幅横盘整理。不上不下的,挺折磨人。

而此时,国内A股市场牛市的烈火越烧越旺,上证指数如芝麻开花,节节攀高。为了给市场降温,把热钱引向境外,经国家批准,银行开始试点QDII(合格的境内投资者),投资香港市场。

受这一重大"利好"的刺激,盘整了多日的恒生指数,终于走出了长达两个月的"盘局"，于6月中旬一举向上突破21000点，一路飙升，至2007年7月底已涨到了23500点，一口气，大涨了2500点！

在这波历史性的上涨中，李扬所操作的几个客户的账面连拉大阳：韩生的50万元变成了100万元；宋女士的20万元，一下变成了50万元。这是历史给予的机遇，多么令人开心！看到不断升值的账户，李扬和客户的脸上都荡漾着笑容。

然而，就在这时，恒生指数因上涨幅度过大，获利回吐的压力剧增。同时，美国发行次债的公司陆续有好几家倒闭，次债问题浮出了水面。加之，由于QDII（英语"qualified domestic institutional investor"的首字母缩写，合格境内机构投资者，是指在人民币资本项目不可兑换、资本市场未开放条件下，在一国境内设立，经该国有关部门批准，有控制地，允许境内机构投资境外资本市场的股票、债券等有价证券投资业务的一项制度安排。——作者注）实际投资额度很少，对港股实质性影响较小，投资者便把关注的焦点，由QDII转向了次债。

终于，大幅回调的日子来临！

从2007年7月底港股自23500点大幅回调，十几天就跌了将近3000点，到8月17日这一天，跌近20000点大关。20000点，有着非同寻常的意义，它可是4~6月横盘的低点，理论上应该是强支持点位。李扬看好20000点的支持，在上午给每位客户做了2张多单。

事与愿违，恒生指数两次跌破20000点，收盘也没反弹上去，收在19975点，20000点这一重要心理关口，失守了！

李扬只有寄希望于下午，看能不能再反上20000点。

谁知下午一开盘，再次大幅低开300多点，卖压如潮，狂泻不止。"恒生指数崩盘了！"

"逼死多头！"做空的人看到跌势汹汹，可高兴了。

看到指数100点100点地往下跳的凶猛走势，多头的心都碎了。跌100点就亏10000块啊！（2张合约。每张合约每点50元。——作者注）

尽管李扬的仓位一直控制得很好，但此时，他管理的账户一天就回吐了十几万元的利润。

爱拼才会赢！

他不忍心再看下去，他下的多单（多单，期货术语，即买涨的单子。——作者注），随着恒生指数的狂泻，亏损的裂口越来越大。但，此时认赔出场，他实在不甘心。

他走出了操盘室，到走廊抽口烟，想稳定一下自己的情绪，抚平和调整那被非理性的下跌揉碎的理智。一时，没有了盘面的干扰，楼道的凉风一吹，他顿时清醒许多。

此刻，他敏锐地意识到，眼前不正是一个绝佳的交易机会吗？十几年的操作经验告诉他，一个重要的心理关口第一次被突破的话，往往是不可靠的，通常都会反抽回来。现在，恒生指数从23500点跌破20000点，大跌了3500点，若再跌到19000点大关的话，跌幅将高达20％，政府会不会救市？空头会不会回补（平仓买入）？

忽然，一个大胆的念头从他的脑海里跳了出来："爱拼才会赢！在19500点做多！"

当时他想，即使恒生指数跌到19000点，最多也只要再承受500点的风险。

主意已定，他快速返回操盘室。此时，跌势仍在继续，恒生指数已下行至19500多点，是马上买，还是再等等？止损在哪里？一连串的问题，在他的脑海里闪电般地打着转。

"该出手时就出手！"这是他十多年养成的一种交易风格。瞬间，他估计19500大关可能破不了了，为保证成交，他决定打个提前量，挂19508点买进。他揣摩着，一天内连续跌破20000点、19500点两个重要大关口，是不多见的！但，如果现在买了，当天涨不起来怎么办？收市前就是赔点也要跑。而如果是大底呢，那可就赚发了啊！

说干就干。他在19508点给所有操作的客户户口挂入了揸单（期货术语，也叫"多单"。——作者注）。

几乎是同时，他突然强烈地意识到要做一件事，那就是他要给自己的户口也买入，不可错过这么好的交易机会。正是这一行动，才有了后面一连串奇迹的发生。

"小蚂蚁"啃"大象"

李扬多年来一直有个梦想：用小钱赚大钱！

他说："很多人觉得期货很难赚钱，但多年的学习和交易经验告诉我，期货能赚钱！我就是要证明给大家看，期货不仅仅能赚钱，而且能用小钱赚大钱！"

说来也巧，李扬曾给一个客户操作过一段时间，赚了几万块，客户给他分红10000港元。他拿着港元觉得也没啥用，干脆自己开个户口，想实现自己用小钱赚大钱的愿望。可意想不到的是，刚做几次，就亏了近2000元，只剩下了8097元，心里很郁闷，打那以后，便放了两个多月没做。这会儿，他突然想起，要启动这个沉睡的小账户，为自己开辟一块小钱致富的试验田。同时，也想大胆尝试一下，在这个庞大的交易市场，这"小蚂蚁"能不能生存，能不能啃动"大象"？

"只有8097元钱，本钱太少了，能赚到钱吗？"我问。

"能。我从来就没有怀疑过这一点。"李扬回答说，"可别看8000块钱不多，在期货市场同样可以创造奇迹。我以前看到过一本书，名字就叫《8000美元到100万美元》，讲一个美国人用8000美元做外汇，赚了100万美元。我看这本书时热血沸腾，心想，如果有一天，我能做得像他那样棒该多好啊！多年来，我一直坚信着：只要有一点点本钱，在期货市场完全可以小刀锯大树，蚂蚁啃大象！"

"我很赞赏你用小钱赚大钱的想法和精神。可炒期指，几千块钱也能开户？"采访中，我问。

"香港的期货有两种，大期指每点盈亏50元，小期指每点盈亏10元。

当时，大期指保证金只要4万元，小期指只要8000元。经纪公司为促进交易量，如果只是当天交易，当天了结，不持仓过夜的话，保证金还可以减半。别小看我的8000元，还可下两张单（单，期货术语，就是'手'的意思。两张单，就是两手的意思。——作者注）。现在行情大了，保证金也多了，最高达到过18万多元，最少也要6万多元。保证金随时都会有变化，交易所对保证金比例经常会做出调整。"

"哦。'8·17'那天，你用你那个8097元的小账户买入了？"

"是的。也是挂在19508点买入的揸单。当时，我迅速打开尘封了两个月的小户口，果断地和客户的户口同时下了多单。"

"你这次该买对方向了吧？"

"买入后，没想到，19500点大关位根本没挡住，又往下跌了140点！当时，我的心里真的是拔凉拔凉的，等着'挨打'吧！"

"8000元保证金，哪能扛得了'8·17'这种猛烈跌势呀？要是爆仓的话，你'小蚂蚁'的梦想不就破灭了？"

"是这样的。可老天好像真的是有意要眷顾我。恒生指数在跌到19363点后，就开始缓慢向上爬升了。当回升到了19500点时，恒生指数又僵持住了。整整在这个点位上横了20分钟。"

"20分钟，那是多么折磨人呀！刚好在你挂的点位波动。对你来说，真是上下两难啊！"听着李扬的讲述，我能体会到他那时的心境。

"做期货的，每分每秒都是在围绕着'是与非、走与留、对与错'做出选择。面对20分钟的上下震荡，我的心也在怦怦怦地跳：走，还是不走？不走，万一再下跌，自己的小户口爆仓亏钱不打紧，客户可就要遭受巨大损失；但要是走了，说不定涨起来，那可是要与财富擦肩而过，也错过了好机会。"

"最后怎么决策的？"我问。

李扬不禁回忆起当时的情景。他说，正当他犹豫不决时，只见恒生指数突然开始急速拉升！100点100点往上跳涨，45分钟狂拉1000点！中国移动、汇丰银行等重磅股疯涨，成交量急速放大！

"有人抄底！我做对了！临收市时，我自己的户口挂20510点卖出，刚好赚了10000元，当天资金就翻倍了。哈哈，当时那个高兴劲就别提啦！"回想起两年前惊心动魄的一幕，李扬仍按捺不住兴奋和激动。

当时的交易单与恒生期指走势图如下。（图2.1、图2.2）

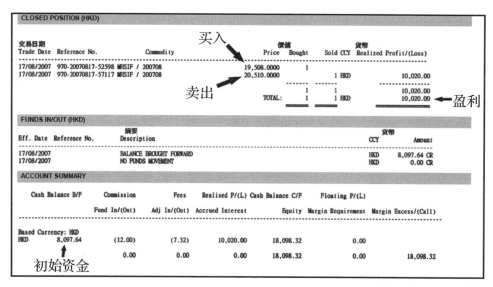

图2.1　李扬期货交易单

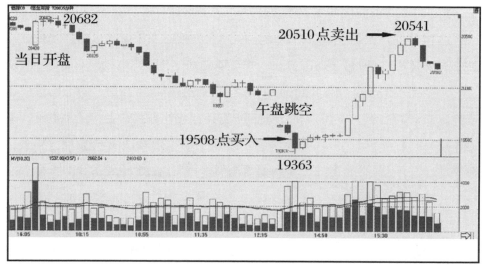

图2.2　恒生期指5分钟走势图1

谁在买货？

"'8·17'那天，怎么这样突然？真是一天之内冰火两重天，惊天大逆转啊！"听着李扬回忆"8·17"行情突变的惊心动魄场面，我疑惑地问他。

"当时，我也不知道是怎么回事。"李扬说，"从盘面上看，只是感觉有人在抄底。"

"到底是谁在抄底？谁在买货呢？"

"第二天，消息终于出来了，原来是亚洲股神李兆基和李嘉诚等富豪入市抄底！

"恒指期货高开近千点，股票市场高开700多点，一路震荡上扬。中午，又有一个原子弹级的消息在市场爆炸开了：国家外汇管理局宣布，将开通港股直通车！内地这么多人，这么多钱涌入香港，股票还不涨到天上去啊？

"下午开市，高开高走，凯歌高奏，地球人都知道是大涨势来了！交易厅立马炸开了锅，没买的后悔啊，直跺脚；买了的嫌自己买少了，也骂娘；套牢的，看着一个劲地涨，那个乐啊！十几天的压抑、愤懑、怨恨一扫而光，大家红光满面，喜笑颜开。

"户口里的钱一个劲地多！多！多！我高兴呀，如果没有港股直通车，两天能把十几万元亏损扳回来，还倒赚十几万元吗？我自己户口的资金能翻倍吗？"

"嗬，这原子弹级的消息，可真够振奋人心的。"

"咋不是呢！市场像开了锅，大涨的日子真叫人开心，忘情呀！"李扬眉飞色舞地说。

"后来呢，一直这样红火？"

"涨势一直持续了两个月呢。从'8·17'那天起，大量的资金闻风而动，从不同渠道涌入香港。后来又有基金公司的 QDII 也跑来了。在海量资金的推动下，港股涨了又涨，从'8·17'的19363点一路涨到10月底的近

32000点，两个多月涨了12000多点。好多H股翻了好几番，炒股票的，炒窝轮（权证）的、炒期货的都发达了。

"我真没想到，到10月底自己账户的资金已经有29.5万多元，这时，心里才真正有了冲击百万的强烈冲动。为了纪念这一天，我给自己取了个网名就叫'817印钞机'。如果在百度里输入'817印钞机'就可以搜索到我。"（图2.3）

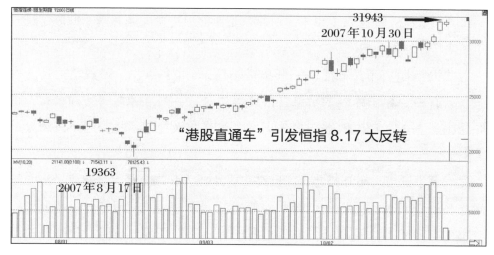

图2.3　恒生期指走势图1

从8000元到200万元的交易心路历程

港股从2007年"8·17"跌破20000点后神奇大反转，两个多月后冲至近32000点，一年后又跌回到10000点……在风高浪急的恒指期货市场上，他，一个仅有8000元的"小蚂蚁"犹如一叶小舟迎击风浪，在险恶的股指期货市场中创造了"蚂蚁啃大象"的辉煌，走过了一段艰辛却又充满乐趣的心路历程……

这里，呈现在读者面前的，是两张图。一张是2007年8月至2009年8月香港恒生指数期货的走势图；另一张是在对应的时间里，交易员李扬的账户从8000元到200万元的盈亏图。（图2.4、图2.5）

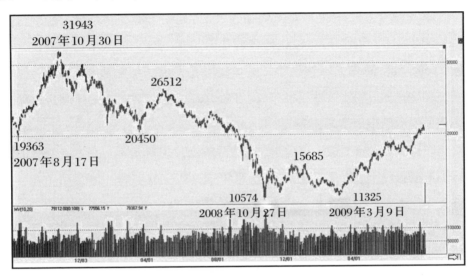

图2.4　恒生期指走势图2

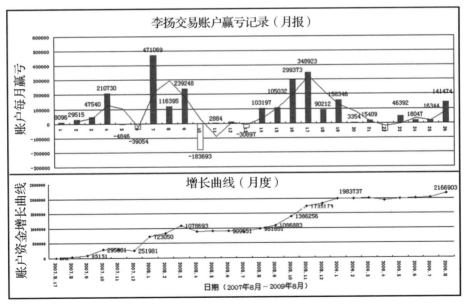

图2.5　李扬交易账户赢亏记录

这是两张不平凡的图，蕴含着一段不平凡的经历，一个真实的故事。

在半个多月的采访中，我紧紧围绕李扬走过的这段非凡的历程，与他进行面对面的交流。

"李扬先生，你从8000元两年赚到200万元的全部交易记录，的确令人振奋。两年间，恒生指数可以说波涛起伏，震荡巨大，你这个'小蚂蚁'没有被大浪吞没，简直太不容易了。更可贵的是，你居然能从8000元赚到200万元，创造出这么辉煌的战绩，真是可歌可颂。你能否把你两年间走过的心路历程，展示给广大的投资者呢？"

"可以。"李扬爽快地答应道，"这两年走过来真是不容易。有赚钱的快乐，也有赔钱的痛苦。我愿把自己这两年的具体交易心得、体会和经验，全部毫无保留地奉献给广大投资者，和大家一起分享！"

下面，是期指交易员李扬对这段难忘的交易历程的回顾。

期海行船，"稳"字当头

当历经两年，李扬把账户里的8000元做到200万元时，有不少人问他："李扬，你是怎么做到这一点的？"

"稳中求胜"！

说实在的，这四个字，就是他唯一的回答。

"8·17"开局很好，一下子就赚了1万元，户口资金翻倍了！这给了李扬巨大的信心。

但是，光靠幸运之神的垂青，能成功吗？

俗话说，船大能抗风。小资金做期货，就像一条小船漂在波涛汹涌的大海上，经不起任何风浪，稍有不慎就会翻船。

"8·17"以后，各路资金涌入香港，恒生指数波幅惊人。虽然大市是强涨势，但并不是天天涨和一条线地涨，其中回调的很多，回调幅度也很大。每天的波幅，小的时候有五六百点，大的时候有七八百点，这样的波幅十几年没见过了，比1997年亚洲金融风暴时还大，只不过这次是涨势而已。

港股走势受美股的涨跌左右,跳空多且幅度大,隔夜风险巨大。如果隔夜飘单(飘单,期货术语,指当天不平仓,持仓到第二天。——作者注),方向做对了收益很大,但飘错的风险也很大。他的钱实在太少了,赢得起输不起,这个险,他不冒。

李扬只得做他拿手的盘中交易。盘中交易,也叫"日内交易",当天的交易当天了结,不持仓过夜。盘中交易持仓时间很短,长的一两个小时,短的只有几分钟。

看盘以 5 分钟 K 线图为主,参考 1 分钟 K 线图选择买卖点位。在 5 分钟 K 线图上,价格忽上忽下,变化无穷,看似机会多多,但真正做起来相当难。

在期货市场,方向看对不一定就能赚钱。如果入场位置不好,别看方向没错,照样逼迫你认赔出局。当时,5 分钟回调或反弹一两百点是稀松平常的事情,像李扬的小资金根本受不了一两百点的亏损。

那么,怎么才能避开剧烈的回调"风浪",不至于过早"牺牲",而且还能获利?对于小资金来说,采取的第一生存策略,便只有"华山一条路"——追求成功率最大的操作,赚最稳当的钱,做到宁可少赚,也不可冒险。

坚持一招,打开财富大门

在 1999 年做场外交易的时候,李扬用过一个很简单也很有效的方法——"突破买卖法"。这个买卖方法对他的原始积累功不可没。

"突破买卖法"

在国外成熟市场,有一个买卖指令,叫作 STOP,它同时也是止损指令。STOP 指令在期货市场用处可大了,既可以当止损指令用,也可以把它当作一个开仓交易的指令。

和股票一样,期货做多也是低买高卖,先在低位买入(期货术语叫"开仓"),再在高位卖出(期货术语叫"平仓")。买入后,如果下跌的话,跌破某一个重要的价格需要止损(平仓),这时就要用到 STOP 指令。

期货是双向交易，做多、做空都可以。

由于可以做空，那么即使你原先没有做多，也可以在价格跌到这个位置卖出做空（期货术语叫"卖出开仓"）。期货价格变化相当快，如果到了这个位置再点击交易系统卖出的话，往往很难成交。所以，在市场价格还没到这个位置之前，用 STOP 指令提前把卖出指示输入交易系统。这样，价格下跌到这个位置后成交，手里就有了一张空单，开仓做空，完成了卖空的步骤。

用 STOP 指令做多，则正好反过来。预期突破某一个位置要大涨，提前挂一个 STOP 买单。成交后，就开仓做多，手里就有了一张多单。

这种做法，业内也叫"挂单买卖"。

挂单，一定选在突破位上

挂单买卖法，在炒期指的十几年中，李扬用得算是得心应手、滚瓜烂熟了。在期货市场，突破买入或突破卖出，用这个方法最有效，风险最小，成功率最高。

一般来说，在5分钟 K 线图上，如果出现向上或向下突破，就很有可能出现一波行情，那么就可提前挂入 STOP 买单或卖单。其他买卖信号一概不理，绝不出手，不管行情有多大也不动心。

这种突破买卖法，顺应了市场的动能，胜算很高。实战中，李扬一般把止损位设在突破位上、下方二三十点（若买入止损位在突破位下方，卖出的止损位则设在突破位上方），即使是假突破，损失也很小。

"8·17"之后的那段行情走势很凌厉，只要是突破前一高点（低点），价格还要跑很大一截，少的话有一百多点，多的话有三四百点。当然，也有判断错的时候，但总体算下来十次交易能对七八次。这就像打麻将一样，自摸赢三家，放炮输一家。赢多输少，错时因止损的点位设得小，损失就少，户口资金就能快速稳步增长。

李扬做的是小恒指，每次买卖一张小单，两周的时间就赚了20000来元，从2007年"8·17"那天的8097元做到8月底，户口就做到37000元多。

9月，没做几天就赚到了50000元。之后，李扬便加大注码，一次下2张小单，到月底又赚到了85000元。

真快啊！一个半月就赚了10倍！

俗话说："不怕千招会，就怕一招熟。"实践证明，只要用好一招，就能在期货市场立足。

只用这一招做买卖，每天的交易机会少多了，眼睁睁看着自己有把握的行情跑来跑去，有好多次，李扬心里曾有放弃这种做法的强烈冲动。但理智告诉他，追着行情做，有可能赚得更多，但也有可能死得很快，死得很惨，也许他早被市场给灭了，就不会有后面优异的交易成绩了。

改进方法，更上一层楼

钱赚多了，心也大了，2007年10月，李扬开始做大单（50元1个点）。

前面一个半月，户口钱太少，经不起任何波折，他只有被动地等待突破后才做买卖。等到突破时，价格走了很远，空间已大为减少。李扬就想，如何做效果才能更好一些？

李扬做恒指期货这一个品种已经整整10年了，趋势、波浪形态、时间周期、成交量的研判等基本功很扎实，在综合这些理论、方法判断市场方向、行情大小、是真突破还是假突破等重要问题时，准确性比较高。李扬对他的分析方法充满自信。

于是，李扬把突破买卖法做了一个重要的改进：如果趋势很明朗，预期要突破某一个重要位置，回调（反弹）到位后，再次上升（下跌）时就进单，无须等到突破才进单。这样，入场价格就会更好一些，利润更高一些。

恰逢那时行情波动剧烈，每天有七八百点的波幅，上下都很痛快，不拖泥带水，正好让李扬改进后的"突破买卖法"大显身手。

连续好多天都赚钱，每天有一两万进账，半个多月就赚了十几万元。到10月18日，他的账户资金历史性地突破了20万元大关，这让他好开心。

交易过程实录

李扬一直都有个梦想，就是用小钱赚大钱。市场上许多人也有同样的梦想，也为此付出了艰辛的努力，但由于各种各样的原因，最终在通往财富宝库的路上不幸倒下了。

当用8000元赚到8万多元时，李扬只是高兴而已。市场上有一些人也取得过这样的成绩，不足为奇。他没有在意。

直到赚到了20万元，李扬才意识到：他比市场上其他人走得更远了！他想，可能是他的交易方法、他对市场的理解跟市场比较合拍的缘故。此时，李扬隐隐约约感觉到，财富大门要为他打开了。

在"假突破"中快速赚钱

2007年10月18日：李扬账户突破20万元。（图2.6）

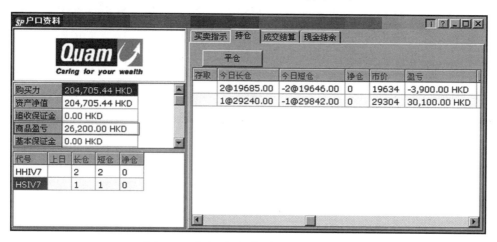

图2.6　李扬账户突破20万元截图

10月18日，恒指期货借美股尾市反弹，沿上一日上涨之势，顺势高开700多点，并且瞬间上冲，历史性地突破30000点大关。此时，现货（相对于期货来说，股票市场被称为"现货"。——作者注）还没开盘，会是真的突破吗？

恒指期货是9点45分开盘，股票市场是10点开盘，早了15分钟。这个时段主要是两类人参与：一类是上一日飘单过夜的人，做多的赚钱了，有获利回吐的压力；做空的一下子就亏了好多，要么认赔出场，要么在高位再加码放空。另一类是对当天走势有信心的人，一开市就建仓。

通常，除了平仓盘比较积极以外，大户往往市场参与度不高，把行情舞高弄低，上下其手。

开盘时段行情的确定性比较低。稳健型的交易员在现货未开市之前，一般较少参与。

当恒生指数期货瞬间突破30000点大关后，迅速放量下跌，反弹没有再破顶，李扬联想到前两天在30000点大关前的强劲下跌，立刻意识到此次突破是典型的假突破。

假突破后，无疑会增强空头信心，使空头敢于高位加码放空，多头立即意识到错了，为保住到手的利润会不计成本地平仓卖出，两股力量合力推动行情向下。短线投机客此时也趁火打劫，插上一杠子，行情岂有不跌之理？

不破不立，假突破之后是反方向的剧烈波动。如果要问李扬哪一种情况下能最快速赚钱，他会认为非假突破不可。

方向明确之后，就是等待好的卖出价位。

此时，市场快速反弹，反起了150多点，达到50％反弹位置，向下一拐头，立即以市价放空卖出，成交价29842点，止损在29900点上，承受的风险60多点，即可能亏损3000多元（60点×50元）。

结果，卖出后没有反弹，下跌很痛快。由于开盘是向上跳空，市场向下回补缺口的速度很快，25分钟就跌了600多点。李扬看缺口也补完了，价格也跌到了前期平台，有了一定支持，便趁着快速下跌之际，在29240平仓买入。刚好赚了602点，获利30100元。（图2.7）

这时，李扬的户口资金第一次突破20万元大关。

至于平仓后还跌了100点，李扬并不惋惜。因为没人能做到最低点，他知足了。

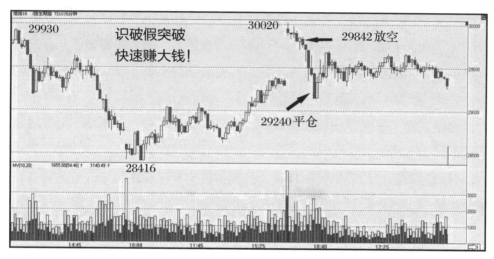

图2.7　恒生期指5分钟走势图2

市场经验是无价之宝

2007年10月30日：李扬账户突破30万元。（图2.8）

图2.8　李扬账户突破30万元截图

2007年10月30日是10月恒指期货的结算日。在结算日那天，当月合约交易就不活跃了，市场开始交易次月（11月）合约。

11月合约低开400点开盘，随后转身向上，10分钟就拉升300多点，之后回落250点，完成abc各波段的调整。李扬在c浪回落的底点迅速买入2张合约。2张合约就是每跳动1个点盈亏100元，比做1张交易的盈亏放大了1倍。

这是李扬第一次进行一次交易买卖2张合约。他有点紧张，心怦怦直跳。还好，他是正确的，市场涨势强劲，当冲破31900后加速，他凭直觉判断平仓为妙，赚了335点。

为啥马上要平仓？因为市场再涨几十点的话，就是32000点大关，压力很大。一般市场经验是第一次不会直接冲破一个大关的，会在大关前几十点停下来。李扬平仓以后，最高冲到了31943点，市场开始盘跌。（图2.9）

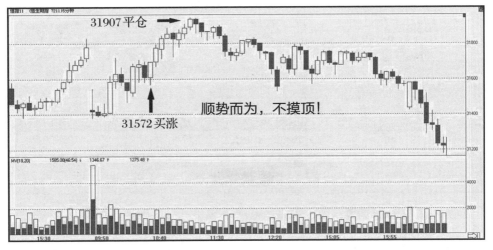

图2.9　恒生期指5分钟走势图3

不承想，当天的高点就是港股历史上的最高点。

李扬当时并没有想到这是市场的顶点，他只是听从了市场经验告诉自己的感觉。这正如同"8·17"大反转那天懵懵懂懂抓住了一个低点一样，都是市场经验。

在日常操作中，市场经验是无价之宝，任何时候都要相信你日积月累形成的常识。你有了这个常识，市场其他投资者也有了这个常识，当大家都采取同一种行动时，就是一股谁也无法阻挡的洪流，那么你就跟市场的强者站到了一起。

好多所谓的"高手"宣称能知道、能抓住市场的高点、低点，对此，李扬并不认同。也许他能判断出某一次高低点，但长期是做不到的。摸顶、摸底是市场投机的大忌。

顺势而为是金光大道，猜顶、猜底是歪门邪道。

惯性思维很难转变

2008年1月11日：转变多头思维，第一次日赚10万元。（图2.10）

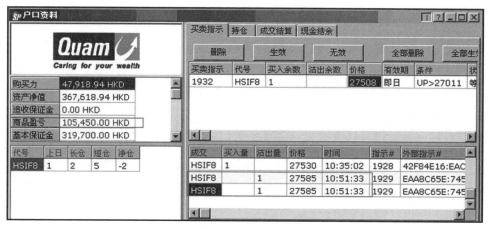

图2.10　李扬账户单日赚10万元截图

自"8·17"上涨开始，恒指一路狂涨两个半月，涨幅高达12000多点。

长期的大幅上涨，让李扬养成了强烈的逢低做多的操作习惯。尽管相关机构明确表示港股直通车暂缓开通，港股上涨的基础不复存在，跌势在所难免，但当跌势来临时，多头思维还真是一下子改变不过来，这让他很不适应。市场其他人呢，恐怕和李扬一样。这种多头思维的惯性力量非常强大，这是涨势很难转变为跌势的主要原因。

为什么市场一般要形成"三顶""双顶"才下跌？主要是因为要通过很长时间，人们的思维习惯才会改变过来。

这段时间大幅震荡，下跌、反弹幅度都很大。因为"8·17"以来做多的惯性思维一下子难以改变，所以，当下跌时就亏钱，而当反弹上升时就赚钱。

11月李扬亏了4000多元。

12月李扬亏了38000元，连续两个月没赚到钱。

2008年1月11日，市场围绕27200点，在1000点范围横盘震荡了6天。前一天尾市，李扬还飘了一张多单，看到前面的顶破不了了，感觉不妙，赶紧平仓，赚了300多点。

平仓以后，李扬猛然发现，这几天连续几个顶，一个比一个低，涨看底、跌看顶，是一个跌势！

横盘了这么久反弹不上去，久盘必跌。这天是第七天，七天是重要的时间周期。可能要跌！期指自当天顶部猛烈下跌了两次，从形态看形成小双顶，这坚定了李扬做空的信心。当再次反弹起来时，他立即在27585点放空2张，以当天最高价27659点止损，亏损74点，约7400元。

反弹后放空

做盘中交易每次的盈利并不大，那么，冒很大的风险划不来。

追势买卖的止损很大，聪明的做法是等反弹以后再放空。耐心等待反弹起来，再次考验前面的顶部，无力上破时才是好的放空位置，止损很小，收益可观。

好的止损点就是好的入市点。找止损点，就像战士上战场打仗一样，一定要给自己找一个掩体，把自己保护起来。如果站在大街上打仗，没打死敌人，反给敌人当靶子了。

期货买卖和股票买卖的不一样就在这里。做期货首先想到的是能亏多少，亏得起多少；其次才看能赚多少。

空了以后就开始下跌，当时李扬预期能破横盘的底部，所以守仓不动。他想跌势比较确定，又有较大的浮赢，干脆"飘"到第二天。（图2.11）

这是李扬自"8·17"以来，盘中持仓时间最长的一次，也是账户赚得最多的一次。到1月12日收市时，他历史性地赚到了10万元。

正是这次长时间的持仓，使李扬在见顶一个多月后，多头思维才真正转变过来。此后，做空的习惯慢慢养成，李扬抓住了2008年1月的大跌市。

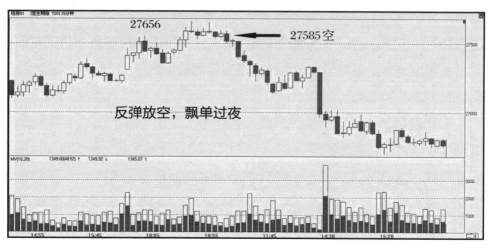

图2.11　恒生期指5分钟走势图4

少而精，赚大钱

2008年1月22日：25分钟赚10万元，李扬账户突破50万元。（图2.12）

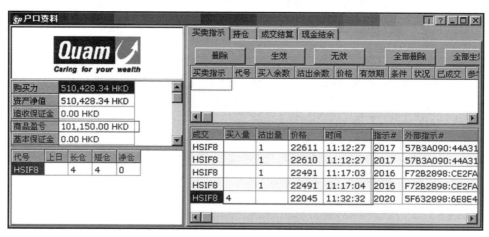

图2.12　李扬账户突破50万元截图

2008年1月22日，A股受南方暴雪影响，跳空低开，跌破11月低点4778点，确立了跌势。恒生指数跟随跳低600多点，打破连续3天的横盘区间，开盘就破了23000点大关，又往下跌了800来点，现货开市后开始反弹。

时间：反弹了整整一个小时（12根5分钟棒）。

价格：22800点反弹不上去。

形态：形成了头肩顶形态。

外围：A股反抽4800点上不去，开始回落。几个方面一考虑，是跌势无疑。

在22500点处已经下探两次，第三次破底概率很大，先用STOP挂单卖出2张。

这时，从右肩开始下跌，走完第一根阴棒，确认跌势后，立即在22610点市价沽空（卖出）2张合约。

几分钟后，跌破22500点关口，STOP沽单成交2张，成交于22491点。手里共有4张空头合约。

十几分钟就跌到了22000点大关前，李扬想，可能有反弹，马上以市价全部平仓，成交于22045点。

这一过程，前后总共用了25分钟，李扬赚了10万元。（图2.13）

李扬的户口资金突破50万元。

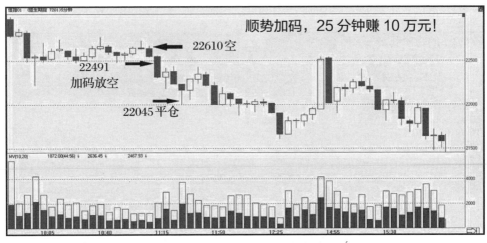

图2.13　恒生期指5分钟走势图5

当天跌幅2105点，创出了港股历史上单日跌幅第一的历史纪录。做了这笔漂亮交易后，李扬当天再没下单。当赚了一笔大钱后，他就要休息了。

📑 *画外音*

贪心绝对没好下场

只要赚了钱，尤其是赚了大钱后，人的勇气倍增，自信心就会膨胀，觉得图形好像是自己画的一样，市场要按自己的套路走，凌驾于市场之上，全然没有了对市场的敬畏之心，一点都不谨慎了。结果呢，往往是到手的银子化成水，甚至于还倒亏钱。"贪"多一点就是"贫"，贪心绝对没好下场。

市场不仅仅是"多""空"搏杀的地方，还是我们的老师，教导我们怎么做人。好花不常开，好景不长在，顺风顺水过后往往是逆境，抓住了一波快速上升或下跌行情后，休息是最好的策略。

戒则生定，定则生慧。

有幸亲历"法兴事件"

2008年1月24日：45分钟赚1000点，李扬账户突破60万元。（图2.14）

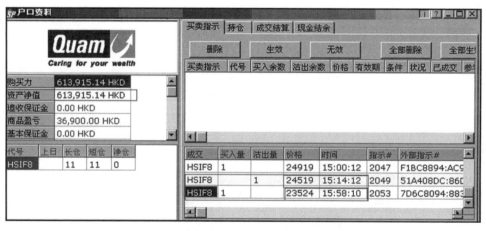

图2.14　李扬账户突破60万元截图

2008年1月22日市场创出了单日跌幅第一后，强劲反弹。第二天涨了1000点。第三天即1月24日，上午又涨了500点，到25000点大关前，冲了两次都不过，但很顽强，一直试图上攻。（图2.15）

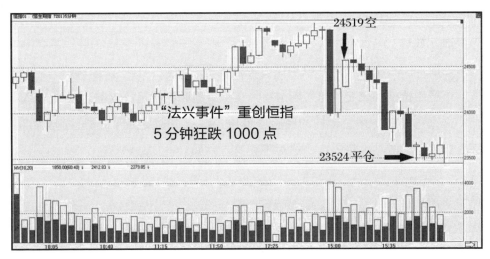

图2.15　恒生期指5分钟走势图6

下午3点，A股收市。突然，恒生指数由24948点急速下跌，5分钟跌了1000点！好恐怖！

李扬简直被惊呆了！

1000点就是5万元，做空的话5分钟就能赚50%以上！

当时，李扬真是高兴，并不是说他赚钱了高兴，而是谢天谢地，幸亏他没持有多单！要不然，5分钟亏一半还多啊，那可不是闹着玩的，是一个大灾难。

过去，A股收市后，港股有时候反着A股走势走，但没想到这次会这么厉害。

李扬印象中，之前最快的一次下跌是1998年业洲金融风暴时期。当时还是人工交易（交易员场内喊价买卖），索罗斯为了操纵市场，在临近收市的最后5分钟，委托几个人高马大的经纪人围成一个圈，一唱一和，拼命向下喊价，其他经纪人、交易员想喊价，人都挤不进去。5分钟活生生把恒生指数喊下去500多点，当时恒生指数只有10000多点，此举令全港震惊。

当时就有同事问：是不是错价（指报价系统输错价格）？在人工交易时代，错价经常发生，但电子化交易后就再没有发生过。李扬马上查看了市场成交数据，不是直接跳下来的，是一口价一口价带量成交下来的，成交量有4000多手。是真的跌了1000点！

谁在放空？

是散户吗？不是，散户根本没力量打下来1000点。肯定是大户所为！

市场用价格和成交量与人们沟通，交易员的职责就是快速解读市场语言。

这么急速打下来，李扬的经验告诉他，这肯定是受到什么消息刺激。不管消息是啥，既然大户入市，绝对不止这点跌幅。

急跌有急涨

一般的市场经验，急跌有急涨，等反弹起来放空更安全。

这时，李扬想，跌了1000点，反弹一半差不多了，24500点是个关口，再破一点就会下来，所以就挂24519点放空。他平时一次下2张合约，因为这次他心里感觉到有什么地方好像有点不对劲，所以只挂了1张单。

果然有点问题，成交后还继续往上冲，直冲到24800点上方。李扬把反弹力度估计得太小了。

📑 *画外音*

相信自己的感觉

成年累月在市场交易养成的感觉，比什么都重要。不管在什么时候，什么情况下，都要相信自己的感觉。

几分钟后，价格就回软了。李扬知道自己做对了，只是价格不理想而已。他一直守仓45分钟，到现货快收市，价格到了23500关口才平仓。

这张单差5点就赚1000点。这是除了"8·17"那天赚1000点后，第二大赚钱的点数。当天李扬的户口资金突破了60万元。

还没等收市，消息就出来了。法国兴业银行一名交易员在股指期货上欺诈交易，亏损49亿欧元，法兴被迫平仓。此时，全球已处于次贷危机中，令市场恐慌情绪大增，其他交易员亦争相平仓，欧洲股市开盘急跌，收市时欧洲三大股市大跌5%～7%。

这就是著名的"法兴事件"，与巴林银行倒闭事件同为股指期货历史上有名的重大事件。

真是有幸，李扬亲历了这次重大事件带给市场的巨大冲击。

赚自己确信的钱

2008年2月1日：春节前最后交易。（图2.16）

图2.16　李扬账户2008年春节前交易截图

2008年2月1日，恒生指数冲高到24000点关口，上不去，形成一个小双顶后向下。李扬在23892点沽空2张，打破800点后，反弹起来再加空1张。

放空后没多久，市场又反弹起来，李扬还是坚信放空是对的。熬了好久才终于下跌，守了一个小时，跌下来了，但破不了上一日回调的低点，感觉不妙，先平2张，快速冲高后才心有不甘地平了另一张。平仓后盈利6万元。（图2.17）

幸亏平仓了,如果继续死守的话,全部利润就会吐回去。

这是短线交易的特点,赚自己确信的钱,赚到钱后要跑得快。

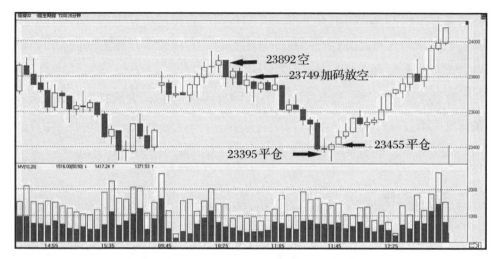

图 2.17　恒生期指 5 分钟走势图 7

出仓后,看看这段时间的走势,发现这是在反弹市中,李扬空到了一个回调,还加了码,并守了很长时间。他知道当天的空头思维很顽固,再做的话可能要犯错,加之第二天要回老家,户口也赚到 78 万元了,他心想高高兴兴过个年多好,索性不做了。

画外音

常让自己保持好心情

交易员要经常使自己保持好的心情。李扬每逢过年、过节前后,不求赚多,但求能赚,往往很小心。交易员既要会交易,还要会生活。如果亏了钱,苦着脸,影响家人的心情,不和谐嘛。

第二天,李扬高高兴兴回到老家,给兄弟说了自己赚钱的事情。兄弟很兴奋,说:"哥,我给你 8000 块,你也帮我赚 78 万,好不好?"

李扬一时无语。

为了这一天，李扬在恒指期货市场奋斗了整整十年，可谓"十年磨一剑"。况且他抓住了"8·17"港股大反转的历史性机会，放在平时，哪有那么容易。

时势造英雄

后来李扬赚到了200万元，有人就说"我拿几万块你也帮我赚200万吧"。李扬回说："李嘉诚是开小工厂做塑料花起家的，你叫他现在再来一次，从开小工厂起步，行不行？"

抓住机会才能创造财富神话。没有行情，谁也没办法。时势造英雄。李扬不是神，他只是一名交易员。

直到现在，他每天还在学习，努力做得更好，希望成为顶尖交易员。

实现百万梦想

2008年3月18日：李扬账户突破100万元大关。（图2.18）

图2.18　李扬账户突破100万元截图

2008年2月18日，春节后第一天交易，李扬赚了2万多元，户口突破了80万元。

户口资金多了，李扬的胆量大了，胃口也大了。他开始一次买3张合约，一点50元，3张就是150元，恒生指数每跳动一个点盈亏是150元，是一次做2张的1.5倍。

单量一大，对人的心理影响就大多了。此后一个月才赚了几万元，李扬一度想改回一次2张交易。但他想到要做成功的交易员，一定要不断增强心理承受能力，多单量多批次交易是必经之路，所以，他坚持了下来。

3月18日，恒生指数一路下跌，上午就跌了将近1000点，跌破20500点。由月初到此时，已跌了4000点，超跌反弹的要求强烈。

当天A股上午跌破3800点，跌幅并不大；下午跌势加剧，一个下午就跌了140来点。

A股跌了那么多，按往常的话，下午开盘恒生指数起码要跌300~400点，但当天只低开了70点。当跌不跌反大涨，这个反常现象立即引起了李扬的关注。

他联想到上午，恒生指数自20500点两次强劲反弹，说明有大户积极参与。下午开盘后两次下探，都没破前一上升区间，说明多头控制力非常强，空头根本没能量往下打。下不去，就要涨。

在第二次下探时，李扬先提前在高位处挂STOP买单。跌到低位，开始往上拉升时，他果断在20629点买入3张。不一会儿，STOP挂单也成交了，成交价20710点。买入后5分钟就涨了250多点。看这势头，还要涨。他有6张单，看样子要赚翻了！

突然，李扬发现交易系统跳出来一个提示框，说他在20925点沽出3张。怎么回事？啊哈，他想起来了。上午他准备在20925点沽出，挂了一张空单，没有成交，忘了撤销。现在成交了，相当于把下午买的多单平掉了。（图2.19）

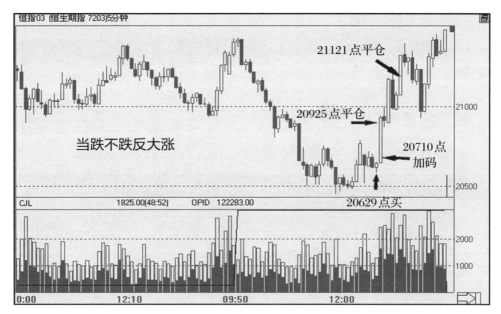

图2.19　恒生期指5分钟走势图8

📑 *画外音*

避免犯低级错误

一个简单的低级错误，使李扬少赚了3万多元，不然要赚15万多元。

类似的低级错误很多。有一次，输入止损指令，到了止损价没有成交，李扬觉得奇怪，一看交易系统，才发现价格搞错了1000点。还有一次，本来只下3张单，结果点单时点到了买卖盘，一下子下了8张单，当时马上发现了，幸亏是对的，平了还赚钱。然而，这并不值得庆幸，要是做错了，就亏大了。

一些学员跟随李扬操作，好多人最常犯的错误是忘了撤销本来无用的止损单、挂单，有的甚至把"买"当作"卖"，把"卖"当作"买"，结果吃了亏。

因此，在交易时，一定要经常检查自己的交易系统。

这次，虽然操作中出了点小问题，但令李扬高兴的是，他的户口资金一下子就突破了100万元。

短短7个月，由8000块起步，赚到了100万元，怎么能不令人兴奋和自豪呢？

对市场要有敬畏之心

2008年3月20日：李扬账户出金50万元。（图2.20）

图2.20　李扬账户出金50万元截图

为了保住胜利果实，也为了使自己谨谨慎慎，永远保持那种没钱的感觉，三天后，李扬出金50万元。

户口钱少了，他才能在市场里面如履薄冰，谦虚谨慎。

在日常生活中，钱少肯定不好；但在市里，钱多了反而麻烦。因为钱多了，就使得人们对市场没有了敬畏之心。

在股票、期货市场有没有人赚钱？有，很多。但好多人赚了钱之后，就信心膨胀，得意忘形，以为自己可以战胜市场了，只想到还要再翻多少倍赚多少钱，根本不把风险放在眼里，结果好多人竹篮打水一场空，落了个纸上富贵而已。有几个能赚了钱，又能把钱攥在手里的呢？

所以，能赚钱，并能保住胜利果实的，才是一个真正成熟的投资者。

受尽折磨的四个月，信心崩溃

白天过了是黑夜，阳光过后有乌云。

潮起又潮落，这是永恒不变的自然规律。2008年3月底，李扬的老婆要离婚。不管谁对谁错，总是人生的失败。这让他很烦，成天心神不定。虽然正常上班，但他的情绪不免会受到影响。心里有事，脑袋瓜儿就不灵光，交易没有章法，容易跟行情扭着来，当进时犹豫不决，不当进时又冲进去；该出时不出，不该出时又出了。

2008年4月，李扬账户创纪录地亏了18万元，这是他到目前为止最大的月度亏损。

🗎 *画外音*

风物长宜放眼量

屋漏偏逢连阴雨。李扬操作得非常成功的客户的户口，也回吐了一部分利润。此前他们的户口一直是连续赚钱的，见到回吐了十几万元利润，客户便坐不住了，纷纷要求撤资。

李扬很有个性，他从不挽留任何人。韩生的50万元投资最终拿走了200万元利润，宋女士的20万元投资拿走了180万元利润。

如果这些人眼光放远一点，让李扬继续操作的话，就会抓住2008年10月的大跌势，每个人又可以赚200万元左右。

李扬讲课时经常举这个例子，告诉学员不要怕小的亏损，投资是个长期的事业，风物长宜放眼量。

赢要冲，输要缩

有一段时间，李扬的账户连续11天亏钱，怎么做怎么不对。这让他开始怀疑自己是不是做交易员的料。

金融投资本身就是博弈。李扬平时特别喜欢看香港的赌场片，里面有一句话对他影响很大："赢要冲，输要缩！"赢钱时，顺风顺水，就要敢博弈，加大注码；亏钱时，诸事不利，就要少做，减少注码。

输要缩！连续亏钱后，李扬实在受不了这个折磨，第一个举动是减少自己的注码，由一次下3张单减为下2张单，这样亏损额就降低了。即使亏钱，亏损金额也会减少，心里就没有那么恐惧了。

有的人只要输一点钱，就急红了眼，想马上扳回来。在此种情况下，人一般不是很理性，不能客观看待行情，往往愈陷愈深：亏得越多，越想捞；越想捞，亏得越多。这就像打麻将一样，手气不顺的时候，越想捞越输。李扬见过好多人，很长一段时间都赚钱，亏起来几天就亏光了，真可谓"千日打柴一日烧"。

赢要冲，输要缩。在不顺利的时候，懂得收缩，敢于放弃，保存实力，这才是在市场上的长期生存之道。只有还活在市场上，才有机会。

亏钱，不怨天不怨地，只能怨自己

老亏钱，不是行情不好做，就是自己的方法有问题。

好多人亏了钱，觉得"不是我们无能，而是市场太狡猾"，把责任推给市场或别人，这是对自己的放纵，不利于提高自己。

李扬能一直存活在这个市场，与他对待亏损的态度有关：亏钱，不怨天不怨地，只能怨自己。打铁还需自身硬，对市场的理解、认识，交易方法、纪律、耐心等各个方面都需要不断学习和提高，他尤其注重交易方法的研究。

注码减少了，李扬专心反思、钻研，并改进交易方法。

把这一段时间的行情和操作记录打开并研究后，李扬发现：行情已经进入盘整市了，没有原先那么大了，已由原先每天七八百点的波幅，大幅减少为四五百点。盘整时间变得更长，形态完成后运行幅度变小。而他的交易方法还没有跟上这种变化，仍然停留在大波幅的思维习惯上，最典型的错误是老把行情看得很大，出单把握不好，往往守单守过头。波幅小，行情难做，本身很容易亏钱，如果赚了一点钱不出单，反抽回来又是亏钱。

在盘整市道里，需要更娴熟的交易技巧，买卖点的选择要更加准确，同时，需要更多的耐心。

但在2008年很长一段时间里，他不管怎么努力，结果仍然让人失望。

5月，他只赚2700元。

6月，他只赚12000元。

7月，他又亏32000多元。

亏钱已经变成了一种习惯。如果哪天赚钱了，李扬并不感到高兴，因为明天又要亏钱了。

无能！

自己会不会做交易？

自己是不是交易员这块料？

亏钱在投资中并不稀奇，但经常亏钱很容易摧毁一个人的自信心。没有了自信，就没有了斗志。

最大的痛苦不是亏钱，而是"亏心"

经常赚钱，交易员就比较自信，就有创造力，能发挥自己的潜能。自信是交易员最宝贵的精神财富，是创造财富的源泉。李扬认为，对交易员来说，最大的痛苦不是金钱的损失，而是自信心的摧残。他开玩笑说，不苦于亏钱，苦于"亏心"。

到7月中旬的一天，李扬账户的资金最低只有33万多元（已取走了50万元），这让他胆气全无，斗志尽失。为了保存实力，他只得把交易量再次减少，由原先的一次下2张单减少为一次下1张单。

他真希望这种日子快一点结束，快点。

尝试做长线，结果惨败

进入2008年8月后，次贷危机愈演愈烈，行情开始活跃。慢慢地，李扬能赚到钱了，信心也恢复了。单量也由一次1张变为一次2张。8月他赚了近10万元。

通过前几个月亏钱的煎熬，李扬不断反思自己的交易方法，发现自己过于注重盘中短线了，如果能适当地做一下长线或大波段操作，效果应该会更好。

这是很多期货人都有过的心路历程。

如果刚开始就做短线交易，不顺利的话，就想换个做法，寻思着做长线；一个长线交易者亏了钱以后，就会对长线做法产生怀疑，热衷于短线交易。

长线方向稳定、明确，赚钱又多。恒指期货喜欢跟随美股跳空，如果方向判断正确，一开盘就赚钱，就免去了盘中的煎熬。

恒指期货没有个性

香港经济与内地经济，以及美国经济密切相关，股市更不例外。香港股市大量的蓝筹股在美国市场有交易（ADR，美国预托证券），例如汇丰银行、长江实业等香港本地股票，中石油、中石化、中人寿、中国铝业等H股，中移动、中联通等红筹股在美国上市，美股的涨跌对港股影响最直接。

H股、红筹股目前占香港股市比重已经超过50%，A股的表现对港股有间接影响。因此，港股市场缺乏个性，在美股、A股中间摇摆不定，导致恒指期货盘中波动不大。但由于港股是成熟市场，套利机制完善，香港市场早市一开盘就与美国预托证券的收市价看齐，致使开盘跳空特别多，经常裂口高开几百点或低开几百点，极端情况下可以达到上千点。下午开盘，又受A股走势影响，跳高开盘或跳低开盘。如果飘单过夜的方向做对了，一开盘就可以赚大钱；如果做反了，亏损很严重，过夜风险自己无法控制。

在恒指期货市场做长线交易，其实就是判断当晚美股的涨跌和A股的表现。尤其是美国市场很成熟，基本上每天都有各种各样的数据公布，数据好坏直接影响股市表现，还有商品、货币等影响因素。美国一些大的投行实力雄厚，像摩根士丹利、高盛、花旗等，用研究报告、评级等手段影响市场，同时，参与美国、欧洲、亚洲几个市场的交易，先机占尽，可以比较准确地判断后市涨跌。

亲历雷曼兄弟破产事件

户口资金超过50万元，恢复到第一次出金时的资金水平后，李扬开始有了一些胆量，尝试着飘单过夜。他很谨慎，一个月只飘一到两次单，所幸这些飘单都成功了。当他觉得可以往长线交易方向发展时，一次飘单给了他很沉重的打击。

那是2008年9月5日，美国次贷危机愈演愈烈，在亚洲交易时段，传言雷曼兄弟可能要破产，整个亚洲区股市统统大跌，恒生指数一举跌破20000点大关。雷曼兄弟若破产的话，一定会引起连锁反应，届时美国国际集团等保险公司、银行都将受其影响，必然会重挫美国股市。李扬感觉做空机会来了，在当天临近收市时，动用15万多元保证金飘了两张空单。

晚上，李扬信心十足，看到道琼斯指数也在下跌，便在道琼斯期货上也放空了两张，当晚账面就赚了3万多元，他觉得这次要赚大了。看美盘到12点，他也累了，但心情很爽，就决定休息，等着收钱！

但是，真正意想不到的是，在美股收市后，当李扬还在梦乡中时，美联储公布了救助雷曼兄弟的方案。第二天是星期六，早上起来看到这个新闻，李扬一下子就蒙了。整整两天，他心里空荡荡的，感觉像是一个被判了死刑的人，星期一就要被拉出去枪毙一样。他哪儿也不想去，呆坐在电脑前，搜寻各种各样的资讯，虽说毫无意义，但只有这样才能获得些安慰。

星期一，港股跳空高开高走，开盘5分钟就上升了1000点（图2.21）。天哪，李扬的账面一下子就亏损了10万元。幸亏他只动用了很少的仓位，如果全仓卖空的话，后果真不堪设想。

道琼斯指数期货在亚洲交易时段也一路狂涨，李扬眼睁睁地看着却没办法，2张道指期货的空单不得不保本平仓离场。

港股当时一整天保持强势，到尾盘仍然站在高位，李扬的心理防线彻底崩溃了，只好认赔出局。现在回想起来，他当时是亏钱后，人恐惧了，没有信心了，不敢去搏了。其实，只要熬过那一天，第二天大势就又重新下跌（美联储救助雷曼兄弟失败），光这两手恒指期货的空单一周后就可以赚30万元。这次失败给李扬很大的打击，使他对飘单产生了很大的恐惧感。从那以后，好长一段时间里，李扬一次都没飘单过夜。

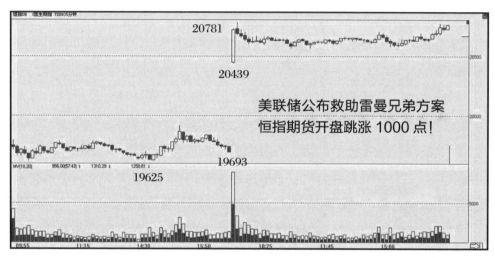

图2.21　恒生期指5分钟走势图9

长线交易资金管理最重要

股民做股票有一个习惯，喜欢满仓、长线操作。李扬见过许多做期货的股民，往往自觉或不自觉地就按做股票的习惯做期货，在期货强大的杠杆面前，纵使某次或某段时间抓住行情赚了大钱，但最终还是连本带利吐了回去。

李扬在成都的一个朋友原先是做股票的，觉得期货赚钱更快，就与人合伙凑了100多万元去做期货。正好碰到涨势，满仓做多，一路赚钱一路加码，三个多月最高赚到800万元。李扬到成都见到这位朋友，感觉这种做法有问题，就跟他讲了满仓操作的危害。他也想收手不干，就跟合伙人讲撤资的事情。但合伙人觉得这钱好赚，不肯撤，还鼓动李扬的朋友继续做，说："再干一把，直接做到1000万元！"

于是，碍于合伙人的面子，李扬的朋友没有撤资。结果遇到回调，两周时间就吐回去了600万元。他想好歹要把赚的钱保住一些，就坚决撤资，结果还拿走了一倍的利润。没撤资的人，最后只能保本出来，算是做了一场富贵梦。

🗂 画外音

控制风险，资金管理第一

风险是投资的最大杀手。无论做股票还是做期货，最忌讳满仓买卖或者重仓买卖，对资金要有严格的管理。尤其是一个期货交易员，做长线交易的核心问题是要合理分配资金，要高度自律进行风险管理。如果忽视了这一点，长线交易无异于赌博。

跌势赚大钱

又成百万富翁

2008年9月26日：在2008年3月20日出金50万元后，李扬账户资金再上60万元。（图2.22）

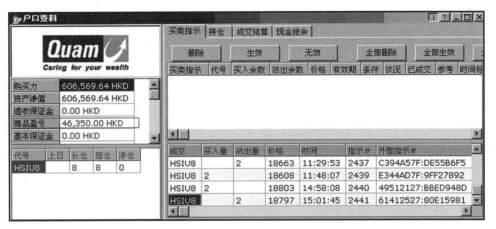

图2.22　出金50万元后，李扬账户再次突破60万元截图

那次飘单产生了很大的亏损，李扬又回归到他最拿手的盘中短线交易上面。那时行情非常活跃，交易时比较大胆，他很快就把亏的钱给赚回来了，到9月底账面还赚了10万元。

李扬的户口资金恢复到了3月的最高幅度。

加上2008年3月20日出金的50万元，他再次成了百万富翁。

见好就收，贪心没有好下场

2008年10月8日：15分钟赚724点。（图2.23）

图2.23　李扬账户15分钟赚724点截图

10月8日下午，恒生指数已连跌三天，大跌2800点。

2800点是什么概念？当时保证金6万多元，如果做空的话，一张合约3天赚14万元，翻2倍多；如果全仓做多，死守下来的话，爆两次仓都不够（爆仓指户口资金亏光，或不够交易所需的最低保证金。——作者注）。

此种情况下，空头的平仓愿望会非常强烈，一遇反弹征兆，大家会争先恐后地竞相平掉空仓。而多头亏损巨大，极有可能在低位补仓，即加码做多。

下午低开后反弹，这很正常。但其后整整回落25分钟都不能破底下行，说明空头力量已是强弩之末，大反弹迫在眉睫。

李扬在15681点迅速买入，眨眼间恒生指数就冲起来了，15分钟就飙涨800多点。涨幅太大也太快了。

有暴利就要立刻平仓，千万不能贪心。

李扬看快到16500点了，马上输入16450点平仓，价格下得太快，没成交；撤单，压低100点平仓，终于在16405点平掉了。15分钟赚了7万多元。

平仓后跌势更快，不到1个小时，价格就跌了1200多点。（图2.24）

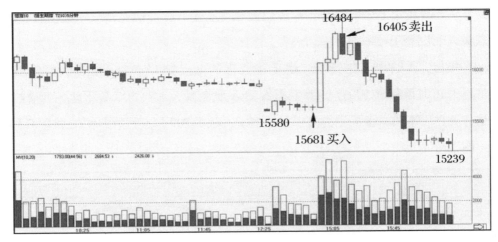

图2.24　恒生期指5分钟走势图10

当时再贪心一些，利润就大幅缩水，如果不平仓，收市时反而还要亏钱。

要是有个"望远镜"多好！

2008年10月28日：在2008年3月20日出金50万元后，李扬账户资金突破80万元。（图2.25）

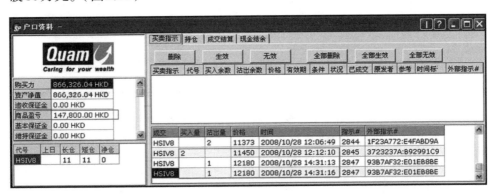

图2.25　出金50万元后，李扬账户突破80万元截图

醉过方知酒浓。好多事情总是过后才明白，尤其是在金融市场。2008年11月27日，恒指期货创出了本轮下跌的新低点10574点。次日上午延续反弹，共升1200多点，后又大幅回调705点。A股午盘一收市，港股重新发威上升，到中午临近收市时，已经上升了344点，并且上攻形态完成。李扬意识到下午还要延续上午的涨势，A股也极有可能受港股带动上升，立即在11450点买入2张合约，飘过中午。

果然，A股从下午开始，由上午收市的低点1673点急速拉升，到港股午盘开市时已飙涨100点。恒生指数受A股激励，跳高300点开盘。可惜的是，开盘后不久，李扬觉得涨得差不多了，赚了700多点就急急忙忙平仓了。（图2.26）

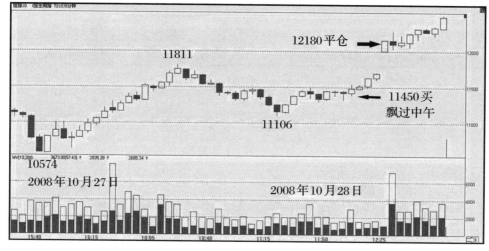

图2.26　恒生期指5分钟走势图11

当天李扬的户口赚了14万多元，是他期货交易以来单日赚得最多的一次。事后他才知道，不论是港股还是A股，当天是最好的买点。

他有时候想呀，如果在市场里面能有一副"望远镜"多好！直接看穿未来，走在股市曲线前面，那要赚多少钱！

长线交易者，梦寐以求的是抓住市场的底部或顶部，但往往不是进场太早就是进场太迟。

短线交易者，在市场的底部或顶部往往能快速进单，但看得不是很远，过早离开市场，痛失一大段利润。

股指期货以短线或波段为主

长线交易好，还是短线交易好？不能一概而论。

对于商品市场、外汇市场来说，受宏观经济、供求关系影响较大，一个涨势（跌势）形成后很难改变，适宜于长线操作。

股市是一个虚拟的市场。比如一只股票的价值，在不同的市况、不同的市场氛围中，估值往往大相径庭。期货也是一个虚拟的市场，只是期货合约的买卖而已，投机者众多，而实物交割的很少。股指期货不存在实物交割，它是股市和期货的衍生品，因而具有双重的虚拟性。

股市基本靠投资者的信心维持。股指期货不像商品、外汇等品种趋势感那么强，波幅那么大，它行情易反复，来来回回，震荡较多，约有70%的时间是盘整市，趋势市较少，即便就是在趋势市里面，震荡幅度也非常大。因此，股指期货适合做短线，或者做波段。

像恒指期货，在正常情况下，一个大的波段是2000～3000点，与保证金比较而言，刚好是翻2倍左右。而一个波段的回调也有1000～1500点，做错的话能亏光保证金。在恒指期货市场，投机大户也主要以做波段为主，很少有做长线的，除非是做套期保值（英语为hedging，俗称"海琴"，又称"对冲贸易"，是指交易者在买进或卖出实际货物的同时，在期货交易所卖出或买进同等数量的期货交易合同作为保值。——作者注）。

李扬的操作主要以盘中的波段为主，很少去做大波段。并不是他不想做，而是不得已。港股受美股的影响太直接也太大，跳空很多也很大，隔夜的风险无法控制。

沪深300股指期货开始交易以后，将改变沪深股市的封闭性，会与国际市场慢慢接轨，跳空也会多一些、大一些，但应该不会像港股那样，做美股的跟随者。

李扬希望在沪深300股指期货市场上多做一些大波段操作。

根据自己的状态，调节单量

2008年10月29日：在2008年3月20日出金50万元后，李扬账户突破90万元，开始一次交易3张单。（图2.27）

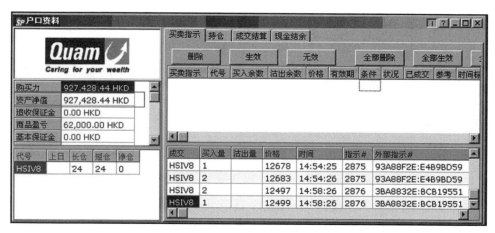

图2.27　出金50万元后，李扬账户突破90万元截图

有了利润，人就有了勇气。李扬开始一次交易3张合约。从做大单开始，李扬从1张交易起步，逐步加码到2张交易，再加码到3张交易。

赔钱了，只有收缩战线。他又从3张交易减码到2张，还是赔钱，又减码到1张。这期间他备受亏钱的折磨，历尽心理的煎熬。

不得已，李扬由1张交易重新起步，赚了钱，心态也恢复了，加码到2张；之后，又再加码到3张。

真是一个完整的循环！

🔲 画外音

不能与自己对着干，不能与市场对着干

根据自己的状态，适时调节单量，有利于舒缓心理压力。投资是一个长期的事业，不能在乎一时一地的得失。

如果固执地重码交易，当行情不好或自己状态不好时容易导致重大亏损；如果一味地轻码交易，虽然能避免大亏，但大行情来临时往往赚不到多少钱。

成熟的交易者，要能根据自己的操作状况，适时调节单量，不能固执己见，不能与自己对着干，不能与市场对着干。

跌市赚大钱

2008年11月21日：李扬账户首次突破120万元。（图2.28）

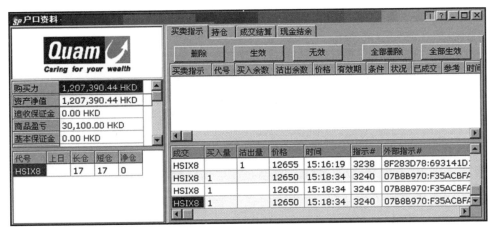

图2.28　李扬账户首次突破120万元截图

2008年10月、11月李扬异常开心。这段时间全球股市大跌。望着绿油油的股票，股民心里都不好受。

股民最怕的是跌市，但做期货恰恰相反。

李扬的第一桶金是在涨势中挖到的，从8000元起步，两个月的大涨市使李扬赚了近30万元，终于有了能在市场立足、发挥自己能力的原始资本。

真正赚大钱还得靠跌市。在上文提到的几次操作合计200万元的盈利中，跌市的贡献最多：在2008年1月和10月、11月的大跌市中，李扬大赚120万元，占他全部盈利的六成。

股市是一个虚拟的市场，全靠投资者信心维持。涨势时，投资者情绪激昂，信心爆棚，往往给股票以更高的估值，使股市涨过头。像 A 股在 2007 年 10 月涨到 6000 多点，港股涨到 32000 点，就是价值高估的典型案例。

价值高估后，首先是理性投资者离开市场，接着是获利盘落袋为安，价格开始下跌。此时，被套牢的人越来越多。随着价格下跌，不断有人斩仓，推动着价格进一步下跌。只要投资者信心丧失，那么市场就没有承接力而惯性下跌，直到市场找到一个支撑位才能停下来。

A 股市场是单向交易，只能买涨，不能买跌，跌市无法赚钱。在下跌来临时，谁持有股票谁亏钱，唯一可以做的是卖出股票。但在香港市场却不一样。

港股市场衍生产品丰富

跌市来临时，在香港等成熟市场，依靠买卖衍生产品也可以赚钱。

在股票市场（香港联交所买卖），可以买入认沽窝轮（权证）、熊证（认沽权证的一种）等做空工具。股市跌，这些衍生产品就涨。资金实力雄厚的投资者，可以直接借股票抛空（融券）。

在期货市场（香港期交所买卖），重要的衍生产品是恒生指数期货、国企指数期货，以及与之相关的恒指期权、国企期权。看空时可以卖出指数期货，或买入认沽期权。

此外，香港还有众多个股的股票期货、期权等产品可以做空。

这些衍生产品本身是对冲股市下跌风险之用。由于都带有杠杆，能放大资金，收益巨大，因此也是投机的好工具。在香港市场，有一大帮投资者专业做衍生工具的投机买卖，这其中当然包括李扬。

急涨有急跌

狂涨之后自是价值回归，涨得有多快跌得就有多猛烈。

跌势往往速度很快，在很短的时间内就有可能赚取超额利润，像大师利弗莫尔、索罗斯就特别爱放空。

在2008年1月和10月两波大跌市中，行情波动异常剧烈，每天平均有七八百点的波幅。行情越大，赚钱越多，刺激着更多的投资者加入投机；市场资金堆积，又扩大了市场波幅。这就形成了良性循环。

波幅越大机会越多。做期货交易就要做波幅大的品种，很多人觉得波幅大，风险很高，愿意做小波幅的平稳品种。但俗话说"富贵自古险中求"，波幅大的品种，虽然风险也大，但如果操作得当，获利也更大。在众多的期货品种中，李扬最喜欢做恒指期货，尤其喜欢做跌市。

如果国内有股指期货的话，2008年股民就不会亏那么多钱了，甚至还有可能大赚。股指期货不仅仅适合投机，更是规避系统风险的好工具。

大家可以看看2008年1月和10月的港股大跌市：2008年1月大跌市，一个月跌了6000多点，最大下跌23%，恒指保证金6%～8%。如果高位做空，理论上最大获利约3倍。如果不幸全仓做多，又不认输的话，足以爆仓3次。（图2.29）

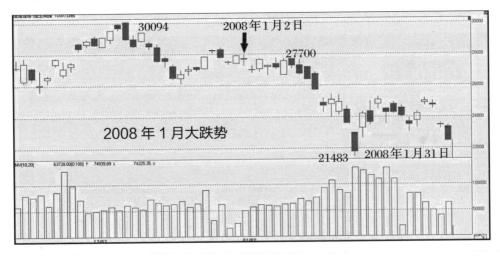

图2.29　恒生期指走势图3

2008年10月～11月大跌市，最大跌幅7800点，下跌幅度近半，达到42%。（图2.30）

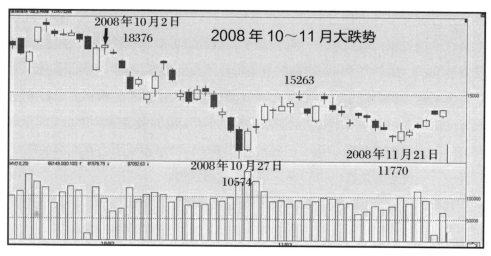

图2.30　恒生期指走势图4

突破150万元

2009年1月21日：李扬账户首次突破150万元。（图2.31）

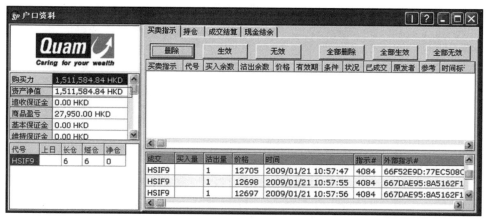

图2.31　李扬账户首次突破150万元截图

2008年10月底，恒生指数见底10574点后开始反弹，到2009年1月反弹到15850点，涨了5000多点。

恒生指数每天波动都比较大，走势很凌厉，很痛快，做短线非常过瘾。

2009年1月21日，李扬的户口历史性地突破150万元大关。

可惜，在随后的交易中，又吐回去了一部分。

资金曲线也和股市图形一样，当第一次突破某一个大关位后，往往要回撤，整固。这是市场规律，顺其自然就好。

2009年5月26日：李扬账户出金40万元。（图2.32）

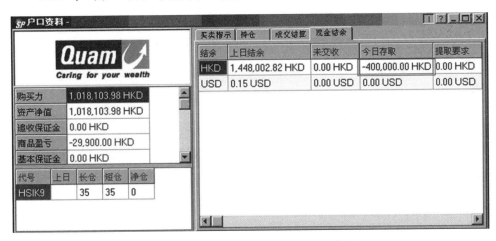

图2.32　李扬账户出金40万元截图

至此，李扬账户余额约100万元。加上2008年3月20日出金的50万元、2009年5月26日出金的40万元，以8000元"起家"的他，盈利总额近200万元。

忙忙碌碌大半年

一直到2009年8月，李扬的户口余额一直保持在100万元左右。

从春节过后，杂事、烦心事很多，一个接一个，这直接影响了他的交易。

先是3月，他开始处理离婚的事情，前前后后花了半年，损失金钱不说，好多事情让人痛苦、伤心，又倍感无奈，窝着一肚子火，还找不到地方发泄。

家里的事处理完，房子叫人拿走了，没地方住了，他只得买房。4月中旬开始装修房子，他一个人在深圳，没有人能帮忙，只有亲力亲为。每天交易结束后，就去买材料，监工，又花了3个月。

7月底，搬进新房子后，大事应无，李扬下定决心，要静下心来好好交易。没想到，8月他又准备参加香港证监会持牌人资格考试，一忙又是4个月，一直忙到年底。

参加"香港证监会持牌人"资格考试

"香港证监会持牌人"牌照将经纪牌与分析师牌合二为一。

李扬报考了第一类（证券）、第二类（期货）持牌人资格考试，共报考4门课程。法规、证券基础两门课是必考的，加上证券知识一门，考过后就可以取得证券牌照；考过券九《衍生工具》就可以取得期货牌照。

香港的考试70分才通过，难度很高。虽然比60分通过只提高了10分，但一般考试成绩在60～70分的很多，无形中难度加大了许多。尤其是券九《衍生工具》难度更大，通过率只有30%，最低的一次是7%。李扬有位同事连续考了八次才通过。李扬在考场碰到一位中年香港人，也是"老期货"，这一门课考了一年多就是考不过，气得他到香港证监会投诉了好几次。

香港的考试是每个月都开考，如果准备充分，一次过港就可以全部考完。李扬10月报考了2门必考课，11月考券九《衍生工具》，12月考证券知识。

李扬在2006年就通过了中国期货业从业资格考试。这对他参加香港考试有莫大的帮助，4门课李扬都以80多分的高分一次通过。

谢天谢地！总算办成了一件大事。

一年后，李扬取得香港证监会持牌人牌照。

港股横盘整理半年

恒生指数在2009年8月突破20000点大关后，在2000多点范围内横盘整理，上下两难。自8月开始，道指突破9000点慢牛上升，直到10700多点，按理会支持港股上升。

而此时，A股回落整固。这样一来，就使港股变得无所适从，跟美股涨吧，A股在跌；跟A股跌吧，美股又很强。（图2.33）

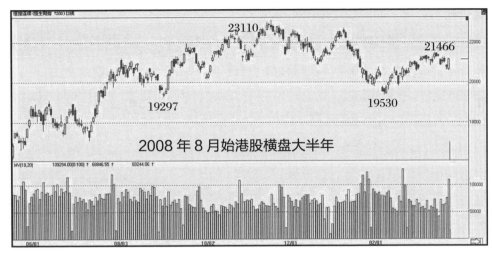

图2.33　恒生期指走势图5

　　再看大股票的表现。中国移动、汇丰控股是香港两大重磅股,直接左右港股的涨跌。从8月开始,这两只股票走势相左,中国移动在回跌,而汇丰控股却在涨。此消彼长,不能形成一股合力。(图2.34、图2.35)

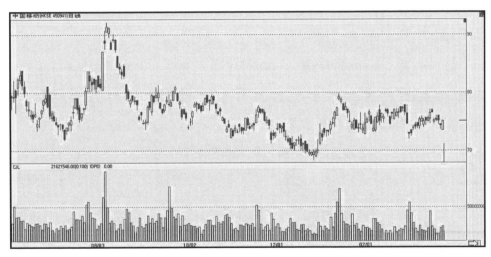

图2.34　中国移动(港股)走势图

　　这两方面的原因,使港股步履蹒跚。反映在盘面中,行情变得凝滞,全然没有了往日快涨快跌的迷人风采。波幅也变小了,一般很少超过300点。如果再掐头去尾，能做的行情很小很小。

行情小，赚钱很难，亏钱却很容易，应少做为妙。"留得青山在，不怕没柴烧。"保存实力，静待下次机会的来临。

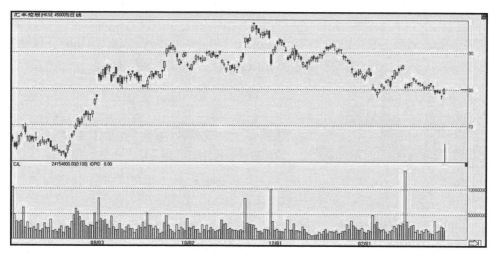

图2.35　汇丰控股（港股）走势图

赢多输少，稳健操作

这段时间，李扬的户口资金也回吐了十几万元。从2009年9月份开始，李扬又恢复了一次2张交易。而2007年8月17日，他的户口资金仅为8097元。以下是李扬交易户口资金变化情况（表2.1）：

表2.1　李扬交易户口资金变化情况

日期	资金（元）	备注	日期	资金（元）	备注
2007年8月	37611		2008年8月	481851	
2007年9月	85151		2008年9月	586883	
2007年10月	295881		2008年10月	886256	
2007年11月	291035	-4846	2008年11月	1235179	
2007年12月	251981	-38054	2008年12月	1325391	
2008年1月	723050		2009年1月	1483737	

日　期	资金（元）	备　注	日　期	资金（元）	备　注
2008 年 2 月	839445		2009 年 2 月	1487091	
2008 年 3 月	578693	出金 500000 元	2009 年 3 月	1502500	
2008 年 4 月	395000	−183693	2009 年 4 月	1444646	−57854元
2008 年 5 月	397784		2009 年 5 月	981038	出金 400000 元
2008 年 6 月	409551		2009 年 6 月	854991	−18047元， 出金 107000 元
2008 年 7 月	376854	−32697	2009 年 7 月	871355	

操盘手李扬创富秘诀

在金融投资市场上，没有随随便便的成功，也没有无缘无故的成功。李扬从8000元两年大赚200万元的背后，到底隐藏着怎样的奥秘？在与他面对面的访谈中，他从博学、慎思、笃行的角度总结出的学习、思考、交易的成功三部曲，袒露了一切……

专注专业，主攻短线

在采访中，我曾问李扬，为什么专做恒指期货。

他说有以下几个原因：

一是交易时间与他的作息时间一致，不像外盘，如道指、外汇、原油等品种波幅主要在晚上。油价在100元以上那段时间，李扬特别热衷于做原油。不过，就算只做美盘的上半场，每晚也要做到12点。刚开始他还觉得晚上过得很充实，但做了一个多月后，他发现身体有些受不了了。此后，他就不专门做外盘了，只有看到有好行情时才做一做。

二是恒指期货与其他期货品种比较，交易时间短，波动更大更快。

三是李扬很熟悉香港的股票，比较了解，易于把握走势。

此外，还有最重要的一个原因：每个市场有每个市场的个性、走势特点，能把握好，做精一个品种就相当不错了。只有专注才能专业。人的精力是有限的，如果同时做几个品种，必然顾此失彼，一般很难做精。

我又问他，为什么喜欢做短线。

他说，在恒指期货市场上，做盘中的短线交易是不得已而为之。

恒生指数受美股影响大，盘中波动不大，但跳空特别大。多空双方在盘中争不出结果，最简单也最有效的方法是借助外力打倒对方，就像两个拳击手在台上你来我往不分胜负，等下一回合一上场，猛地一拳就把对方打翻在地，一举成功。交易品种的走势特点决定了只能选择做盘中交易。

从李扬的交易和成长过程来看，他跟盘中交易很有渊源。1997年，他就开始全身心地投入到这个市场中来。当时做恒指期货的场外交易，全深圳大大小小的恒指期货公司有两三百家，三四万人做恒指期货，大家都满怀希望。可到如今，能够在市场中存活下来的人寥寥无几，坚持在市场里的也只有一百来人。

市场很无情，很残酷。

1997年亚洲金融风暴，恒生指数一路狂泻。场外交易的庄家亏损严重，纷纷卷款跑路，引致社会矛盾，政府开始打击。到1999年，公开炒恒指期货的场外公司已不复存在，基本上转入地下。

大的公司倒了，做恒指期货的人还在，好多人仍然不弃不离。于是，地下公司一下子冒出来了。所谓"地下公司"，就是租一间民房，拉一条数据线，买一台电脑，几台显示器，几个人围在一起，大家看同一个行情版面。如果要下单买卖，老板就打电话给庄家，询价、落单。每天早上，大家把保证金交给老板，到下午收市，算了盈亏后，老板把结余的保证金退还给大家。李扬给这种地下公司起名叫"场子"。

起初，"场子"里做50元一个点的大恒指，亏钱的人很多。大家钱少了，就改做20元一个点的，到1999年底时又改做10元一个点。深圳人很聪明，10元一点的小恒指比香港期交所的小恒指品种上市交易整整早了1年时间。到2000年以后，深圳的"场子"基本上都做5元一个点的。

当时，李扬刚入行，只有做过几年股票的经历，对恒指期货不太懂。在大公司的时候，李扬就曾把自己的十几万元资金全部亏光了。

没钱了，怎么能用很少的钱赚到很多的钱呢?

经过大半年的刻苦钻研，李扬找到一种风险小、利润高的买卖方法，就是"突破买卖法"。那是1999年，当时做20元一点。李扬只拿了200元，做不了。"场子"的老板姓杨，跟李扬很熟。她说：一人拿200元，合仓做（合仓：两个或两个以上的人合资）。两个人总共400元，只能承受20点亏损。

那时，恒指期货的场内交易还是人工交易，出市代表（红马甲）喊价买卖，一口价的跳动是5个点。20个点就是只要朝相反方向跳4口价就没了。要想赚钱就得专门找不再回撤的地方买卖。

根据李扬一年多的观察，他发现，人工交易有一个特点，当要突破某一个阻力位（支持位）时，往往要来来回回冲3～4次，形成一个平顶（平底）的三角形或矩形，第三次突破不一定很可靠，当第四次突破时才非常可靠，不会回撤，并且行情很大。

李扬专门等着做这一种行情，其他行情都不做。第三天，终于出来了这种图形，在第四次要上冲时，李扬用"突破买卖法"挂STOP买单，成交了。很快，往上冲了100点，他立即平仓。赚了2000元! 哈，他好高兴，好兴奋!

收市后，李扬把自己的200元本钱拿走，留下2000元在老板也就是杨小姐那里。此后，李扬坚持用"突破买卖法"这一招，始终拿这2000元做本钱，每天赚多少就拿走多少。

两个月，他总共赚了40000元，两个人一人分一半。就这样，李扬赚到了宝贵的20000元钱。

李扬连续赚钱，在一直亏损的众多"场子"里异常显眼，庄家都不愿意接李扬所在"场子"的生意。不得已，李扬连换了两个庄家。但他们看到李扬老赚钱，最后都不接他的单了。于是，李扬就离开了。

这20000元对李扬来说很宝贵。他寄了8000元给家里，剩余的钱留在"场子"里继续做交易，同时用于生活。这笔钱用了2年多时间。

从那次以后，李扬再没有用很高的杠杆做交易。但一直用这一招。小本买卖赚不到大钱，倒也衣食无忧，乐在其中。同时，他也慢慢地在小圈子里面出名了，很多人委托他操作。后来，李扬到了香港证券公司，舞台大了，视野更开阔，大量参与了港股、美股、原油、黄金等交易，同时，也学习了更多的成熟市场交易理念和技巧。

从那时起，李扬的交易主要以当天的盘中交易为主。他的主导思想是以小钱赚大钱，找止损比较小的地方买卖，不求赚多，但求较高的成功率。

这个思想对李扬做股票影响也很大。他做股票，一定找自己熟悉的行情才买，都是涨势确立、回调结束、开始拉升、准备突破或已经突破的股票。好多朋友、学员用李扬的这个方法买股票，普遍感觉抓牛股比以前容易多了。

突破买卖，赢多输少

李扬用"突破买卖法"赚了20000元，"8·17"以后又赚了几十万元，这一招确实厉害。那么，其中的道理是什么呢？

李扬说，期货由于有强大的杠杆，在短时间内盈亏相当大，价格的变动对所有投资者都会产生很大的影响。

市场参与者主要有三种人：多头、空头（持有空单者）、空仓者（没有持仓）。这三种人对价格变动的反应截然不同。

在涨势中，当市场突破某一个阻力位时，首先，已经做多的要加码买入；其次，没有持仓的投资者就会开仓建多单，加入买涨的行列；最后，对价格波动影响较大的恰恰是原先的空头。当向上突破时，空头防线崩溃，就会有空头不计成本平仓。空头原先做空，平仓就要买入，这样，空头就变成了多头。

这时，三种参与者都采取了同样的举动：买入！众人拾柴火焰高，行情瞬间拉高，并快速上涨。随着价格的不断上涨，不断有空头认输离场，又不断有新多头加入。这样一来，行情就会一直涨到下一个阻力位前才会停下来。

同样原理，在跌市中，当突破某一个支撑位时，墙倒众人推，三种人又合成一股力量：卖出！行情开始大幅下跌。

因此，在期货市场，突破买入或突破卖出，赢多输少，是风险很小，成功率很高的买卖信号。

我又问李扬：为什么不能逢低买入？此时买入的话进单价格不是更好一些？

李扬解释道："逢低买入"是一个大而化之的说法。多低是底呢？底点在哪里，谁都不知道，只有走过以后才明白。过分强调逢低买入，容易逆势而为，犯了摸顶摸底的大忌。"逢低买入，逢高卖出"在期货里面是千万要不得的说法和做法。

期货和股票买卖最大的不同点就是买卖的时机。

股票只要买的价格低，就经得起震荡。而期货买卖讲求的是买卖的时机，"时机决定一切"，买的时机好，立刻就有一大段利润，脱离自己的止损位置，去留游刃有余，就有了很强的心理优势，就可以把利润当止损，敢看敢守，容易抓住一波行情。很多人觉得突破以后再买卖，价格不好，这是可以理解的。用不用突破买卖法，要看市况而定。

如果市场处于盘局中，不知道什么时候才能脱离盘局，最优做法是突破买卖。如果市场趋势比较明朗，当调整结束，市场拐头，要向上或向下冲锋时就是最优的买卖点。在2007年10月以后，李扬采用的就是这种买卖方法，"突破买卖法"反而变成了加码的一个手段。

乘着回调时机进单，这需要操作者有扎实的理论基本功、丰富的市场经验。初学者还是以突破买卖为宜，不断积累经验，从简到难，逐步提高。

我接着问李扬：除了"突破买卖法"以外，你还用什么方法买卖？

李扬回答说，他不喜欢标新立异，他的买卖方法很传统，主要看趋势、波浪等信号买卖。

首先，判断大的趋势是涨还是跌，大概处于哪一个波浪形态中。然后，根据前一天的走势买卖。看当天的走势与原先的走势，尤其是前一天的走势是不是协调。如果前一天是涨势，那么当天又出现了涨的信号，量价配合，就买涨；如果当天不涨，反而跌，那么等走完第一波下跌，反弹后不能破顶，也就是出现了第三浪下跌时再沽空。这样做，顺势买卖，不用猜顶猜底，风险很小，成功概率相当高。

李扬的买卖方法概括起来就是做第三浪或 C 浪。只要好好运用这个买卖方法，放弃那些不确定的信号，任何人都能在市场立足。

知行合一是投资成功的必要前提

李扬一直认为市场是有规律的，只有提高自己的买卖技巧，才能赚钱。

入行以后，李扬买了好多相关经典图书，反复阅读，看看大师们是怎么交易的，好吸收他们的精华。尤其是那次用200元赚钱后，他更是对读书情有独钟。

书中自有黄金屋。李扬的成功与他喜欢读书是密不可分的。可惜的是，现在的人都比较浮躁，急功近利，很难静下心来看书。

李扬给许多学员推荐了一些他看过的好书，但很少有人读完，就算读完，也极少能把理论应用到操作中积极实践。

知行合一是投资成功的必要前提。

李扬的博客里面介绍了他最喜欢看的几本经典图书。其中写道：

买卖股指期货就像打麻将，是个零和游戏。这个游戏自身不会创造财富，你赢钱自然有人亏钱，赢的和亏的永远相等。

大家买卖股指期货都想赚钱，谁想亏钱呢？都不想亏。那么你凭啥在市场赢钱呢？

期货由于有10倍左右的杠杆，短期内盈亏相当大，其操作手法、买卖理念和股票差得很远。股票做得好，就一定能在股指期货中赚钱吗？不一定。李扬从事期货买卖10多年，见过好多股票做得好的人来做期货，仍然用做股票的一套来买期货，结果输得很惨。

打铁还需自身硬。在股指期货没开出来之前，静下心来，好好学习一下期货的基本知识、基本概念、买卖技巧等，机会的大门总是为有准备的头脑敞开着。

知识创造财富，市场永远垂青智者。能在这个市场赢钱的人，往往自有一套。只有读书，你才能找到适合自己的一套买卖方法。在此，李扬给大家推荐几本他看了以后觉得受益匪浅的经典图书，但愿对大家有所裨益：

《股票作手回忆录》，爱德温·李费佛著（入门级图书，树立正确的投资理念）。

《期货市场技术分析》，约翰·墨菲著（入门级图书，全面学习技术分析方法）。

《艾略特波动原理三十讲》，郭小洲编（进阶级图书，金融市场的葵花宝典）。

《市场轮廓理论》，郭小洲编（进阶级图书，探秘大户动向，发掘交易机会）。

《江恩理论》，黄栢中编（提高级图书，发现时间的奥秘）。

李扬认为，知行合一是投资成功的必要前提。金融投资有个特点：知易行难。知道是一回事，做又是另一回事。看似容易，实际上做起来很难。知行合一，就是把自己的想法、对市场的认识贯彻到行动中去。

李扬在给学员讲课时，经常问一个有趣的问题：造原子弹容易，还是做期货（股票）容易？

好多人觉得造原子弹很难，做期货（股票）容易，尤其是在2007年时，大家觉得做股票简单极了，傻瓜都能赚钱。

其实，造原子弹比做期货简单多了。对于外行来说，不知道怎么造原子弹，但对于周光召、邓稼先等专家来说，既然可以造出一颗原子弹，就可以造出很多颗来。而市场每天都是新的，做交易，做对一两次行情很容易，但能不能连续不断地做对好多行情？

期货看似简单，不是涨就是跌。不过，在李扬看来，做期货是世界上最难的事情，比造原子弹难多了。美国人做了研究，培养一个交易员，需要5年和几十万美元。人们经常听到期货人说十年磨一剑，为什么要经过漫长的时间才能成功？主要原因是知道是一回事，做又是另一回事。把对市场的认识、理解变成行动的过程，也即是"知行合一"，太难。

要做到"知行合一"，需要经过"学习—思考—交易，再学习—再思考—再交易"的过程，反反复复进行艰苦的训练。

李扬不喜欢看杂七杂八的书，只喜欢反反复复读经典名著。"纸上得来终觉浅，绝知此事要躬行。"看了以后他马上在盘面中用，赚钱了就想为啥对。尤其是亏钱时，他从不怨天尤人，回过头来再看书，在书里面找答案，看自己哪些东西还没有掌握好、应用好，第二天再在盘面中应用。如此反反复复，从书中来，到实践中去，又回到书里来。

这个"学习—思考—交易"的过程很漫长。像《江恩理论》这本书，从1997年开始，李扬读了一年半。在交易中，李扬主要以时间周期为主，学了就用，对了就坚持，错了回过头来在书里面找原因、找答案。从1999年开始，他读《市场轮廓理论》这本书，整整读了两年。

到现在，李扬还经常看书，每天做交易笔记。如果几天不学习，不思考，脑袋就发蒙，容易搞错。交易员这碗饭不是那么好吃的。

宝剑锋从磨砺出。没有人能随随便便成功。

研究市场最本质的信息

李扬看盘的版面很简洁，只有K线图和成交量，这种做法很多人不习惯。他之所以不看技术指标，也不看移动平均线，是因为他不看好。

在1997年刚入行时，李扬听了一个老前辈讲的课，对他影响很大。老前辈说："如果看技术指标就能赚钱的话，工人就不用做工，农民就不用种地，商人就不用做生意了，大家都来做股票、做期货了。"

李扬一想，对啊！技术指标多简单，多好懂，大家都靠它来赚钱，谁会赔钱呢？好多行情软件系统可以提供几百种技术指标。如果管用的话，何必要开发那么多指标？看指标显然是不行的。

这是我采访民间投资高手过程中，第一次见到不看技术指标、不看移动平均线的期货操盘手。那李扬是怎么研究市场的呢？

技术指标、移动平均线这些杂七杂八的东西，在李扬看来用处不大。他认为，研究市场最本质的信息是判断行情的根本所在。

李扬在给股民讲课时，经常问一个问题：从交易所那里，也就是从市场里面传出来的信息都有哪些？好多人不是很明白。

市场主要有三个信息：一是时间，二是价格，三是成交量。比如，在10点时，以10.00元的价格，成交了100股。市场的信息其实就这么简单。K线图、移动平均线等大家所看到的东西都是电脑软件根据这三个信息自动生成的，是派生的。

期货可以做多，也可以做空。交易信息比股票更透明、更具体。比如：

有没有人做多？从价格走势可以反映出来。

多头的能量大不大？要看价格能否持续上升，成交量能否放大。

市场有没有人响应？上升时间能不能持续很关键。如果是涨势，那么随着价格的上升，越来越多的人会加入多头阵营，同时，会有很多的空头认输。如果只是一个反弹，升势短暂，那么会使空头在更有利的位置再放空，追势买进的多头认输平仓，反而加剧了下一步的跌势。

李扬判断行情就是从价、量、时、空四个方面入手，所以只看K线图和成交量。李扬原先写过一篇博文，谈到判断投资者的水平高低：

小学水平。看技术指标，看均线，看K线决定买卖的是小学水平。如果你看股评说技术指标怎么怎么，你知道他的水平还不如你，信他不如信你自己。

中学水平。不看技术指标，不看均线，只看 K 线组合、成交量的是中学水平。一般具有中学水平的就能赚点钱了。

大学水平。不看 K 线，也不看成交量，只看价格来买卖的就是大学水平了。买卖的依据是估值。

只有具有大学水平的才能赚大钱。

学无止境。很多人在小学水平苦苦摸索，稍有成绩便觉得自己了不起，不得了，不能勇敢地否定自己。"会当凌绝顶，一览众山小。"努力提升自己，成功属于你！

关于"价量时空"的"空"这个概念，李扬是这样解释的：价量时空的"空"，指的是空间。我们生活的空间是三维的，长、宽、高。长和宽构成了一个平面，如果加上高，就形成了一个空间。

市场也有空间。比如一般人都喜欢买10元钱左右的股票，觉得它还要涨，三四十元的股票就觉得高了，不敢买。如果10元的股票下跌，跌到8元就觉得差不多了，跌的空间够了，就去抄底。

在盘中交易时，空间感非常重要。行情涨起来了，它能涨到哪里去？有多少上升的空间？这决定了买涨与否，以及持仓时间，持仓到哪里的问题。

以李扬的经验和切身体会，他认为，能看准行情，并能及时进单，又把波幅赚足的操作少之又少。在10次行情中，能看准一半就相当不错了，在看准的5次行情里，能有3次在启动初期买入就棒极了！能不能在这3次漂亮的买卖中赚到钱，就全靠对后市波幅空间的把握了。

准确判断行情的波动幅度是投机制胜的关键因素。

比如，恒指期货在2008年次贷风暴时，每天动辄上千点下跌。如果跌了三四百点后放空，那么可以耐心地等待，下面还有几百点的空间。2009年8月以后，每天波动只有300来点，如果涨跌到200多点时顺势做，不如等等，再反向做胜算更大。

市场随时在波动，不是一波行情涨到顶或跌到底，每天的波动有三四波。最难的是买卖时，自己所买卖的那波行情幅度有多大。出早了，能赚的没赚到；出晚了，该赚的少赚了，甚至于倒亏钱。这是很难判断的，要靠经验和进出单的交易纪律。

空间感的应用还有一个重要的方面，即判断市场回调（反弹）的位置。涨势来临，先有第一浪上升、回调，如能比较准确地判断回调的位置，及时买入，止损在第一浪的起点，则损失小收益大。

上文主要讲的是技术面，难道基本面不重要吗？

李扬说，基本面也很重要，尤其在做中长线时。对于中长线来说，基本面决定技术面。政治、经济、政府政策、利率、汇率等基本面决定了股市长期走势，任何人、任何机构都无法与宏观趋势抗衡。

但对于短线来说，技术面可以战胜基本面。短期走势受市场操作者的情绪、对后市的看法，以及供求关系的影响，技术面可以背离基本面。尤其是大户的买卖，对市场影响尤为明显。比如，大户做多，市场出现利空，那么，大户可以"恃强欺弱"，利用资金优势强行拔高，加上盘中短线多头的推波助澜，逼死看基本面操作的空头，大户顺势出清持仓，在高位再反手做空。所以，短线是技术面战胜基本面，谁钱多谁说了算。做短线，研究技术是首要的。通过技术图形了解大户动向，从而把握方向、辨别交易机会。

而股票则有点不同。投资股票的实质是投资公司，不论做短线还是中长线，基本面无疑是首要的，牛股往往来自行业、个股基本面的变化。

二十四节气操作法

李扬知识广博，他研判市场，有很多买卖股票的方法。在他的博客上，写有一篇"二十四节气操作法"，详细讲解了在 A 股和港股上的具体运用，使很多投资者受益匪浅，广受好评。大致内容如下：

世界上好多事情都有重复，但唯有时间是单向流动的，"逝者如斯夫"，不可逆转。春夏秋冬四季，大自然的季节循环与股票、期货市场的关系，可从以下两方面来看：

从大的方面看，春天万物复苏，股市也蠢蠢欲动；夏季天热难耐，股市往往牛气冲天；冬季天寒地冻，股市一般熊气逼人。

从小的方面看，一年12个月，每半月有一个节气，全年有24个节气。那么，当二十四节气来临，股市有啥变化呢？我们来看一下具体的例子：

2008年10月8日，寒露，港股大跌（加速）。

2008年10月23日，霜降，港股反弹。

2008年11月7日，立冬，反转。

2008年11月22日（周六），小雪，前一天（周五）大反转。

2008年12月7日（周日），大雪，第二天（周一）大涨（加速）。

2008年12月21日（周日），冬至，第二天（周一）大跌（加速）。

2009年1月5日，小寒，大涨（加速）。（图2.36）

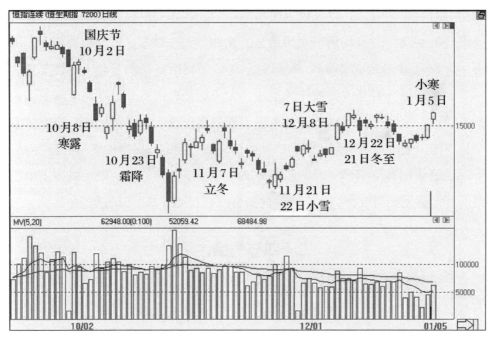

图2.36　节气与恒生期指走势关系图（2008年）

从上述例子可以看出，在节气日或节气前后一日，市场行情往往会反转或加速。行情一般会很大，给我们一个很好的交易机会。

那么，节气日到底是反转还是加速呢？这要根据其他分析方法，像道氏的趋势理论、波浪理论，并结合价格、形态等方法综合研判。

上海股市符合这个规律吗？也是一样的。（图2.37）

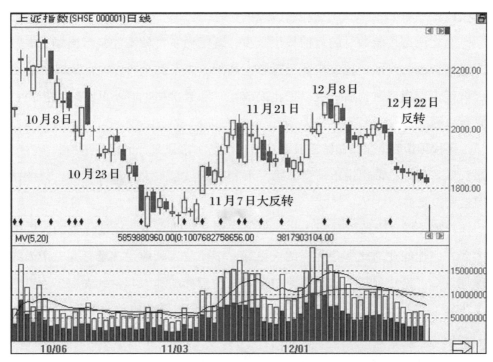

图2.37　节气与上证指数走势关系图（2008年）

小单量小止损做波段

在采访中，我问李扬："做短线有没有诀窍？"

他回答说："每个人有每个人在操作上的诀窍。我的诀窍在于有很强的自控能力。"

除此之外，李扬还向我公开他的一些止损实战技巧：

坚持小单量小止损做波段的买卖方法。任何时候单量都要小，动用资金不超过30％。这样可以永远不冒很大的风险。李扬买卖时，首先是衡量自己所冒的风险有多大。如果止损位大了，干脆不做，静待下一次机会。这一点和做股票是截然不同的，股票是向前看，往前冲，而期货是向后看。好多时候，涨得很厉害或跌势汹涌，若是股民来做的话，早就冲进去了，但李扬却只能干看着，没办法进单，因为找不到一个让人放心、让人心理上能承受的止损位。

上文说过，能做对的行情很少很少，既然做了，就不能轻易出场。一定要坚信自己的判断，把波幅赚足赚够。当然，为了防范行情突然反转，或自己看错市，当有盈利后，可以把止损改小，随着价格上升不断移动止损位，直至止赢。

不摸顶摸底，坚持做第三浪或Ｃ浪。市场非常强大，谁也不是神。顶在哪里？底在哪里？谁也说不清楚。第三浪和Ｃ浪波幅最大，最好辨别，只要做对这两波足矣。

严格止损。李扬能赚钱，并不是他比别人聪明多少。比他优秀的人太多太多，但他的业绩比那些优秀的人更好。李扬敢自豪地说：没有哪一个人能像他这么严格止损的。从进入股指期货这个市场的那天起，到现在，不管赚多少钱，也不管多么顺风顺水，任何时候，没有哪一单他会没有设置止损的。每一次买卖成交后，不超过10秒钟，李扬就会把止损指令输入交易系统。"不怕错，就怕拖。"只有把止损位放进市场，他才感觉比较踏实。控制风险第一，赚钱第二。

每天研究市场。十几年如一日，每天研究市场的走势规律，做笔记，写心得，这已经是李扬生活习惯的一部分。

大的市场走势规律亘古不变。但是每过一段时间，大户操盘手法就会发生变化，这对盘中短线交易至关重要。研究市场，就是通过细枝末节看看有无新规律，大户有啥新手法，自己的交易方法、策略也要随之做一些调整。

股票是研究庄家手法，而在期货市场，没有哪个人哪个机构能坐庄，只有能影响市场的大户。

李扬常常提到"小止损交易",那么小止损是多小？怎么放止损呢？他通常按以下方法操作：

恒生指数在每天七八百点波动时，李扬的止损设定在80～100点（1张合约亏损4000～5000元）；恒生指数每天在300来点波动，他的止损只有40～50点（1张合约亏损2000～2500元）。如果下单后止损位超过这个数，他在心理上就受不了这个损失，索性放弃不做。

在止损设定上，按照1:3的赔率设定比较好。三次交易，亏损两次，只赚一次就能把亏损的钱赚回来，并且还有多赚的。比如，100点止损，亏两次是200点，赚一次300点，盈亏相抵，还赚100点。

好的止损点就是好的入场点，这是非常重要的理念。波浪的起点、行情发动的起始点是最佳的止损点。其他地方也可以放止损，这需要在市场中积累经验。

我又问他：短线交易进出方便，是不是操作比较频繁？

他答"不一定"，因为做多错多。做单要少而精，抵御诱惑，确保成功率。对于交易机会问题，李扬专门研究过，发现任何投资品种，包括股指期货、国债、外汇、黄金、原油、商品等等，每天好的交易机会只有3～5次。

如果交易少于这个次数，说明把握交易机会的能力有待提高；如果远远超过这个交易次数，说明是跟着行情跑了，长久下来要亏钱。李扬对他的交易统计过，但凡超过5次交易的，一般是亏钱的；5次以下的交易，赚钱居多，赚大钱的时候往往交易次数更少。

期货上有一种"高频交易"，即通过多次数对冲交易赚钱，一般专业交易员才这么操作的。高频交易需要专业的知识，充沛的精力。一般人还是"少而精"比较好。

小单量多批次加码交易是长期稳定赚钱的好方法。小单量是个相对的概念，根据资金量，第一次动用30%以下的资金就是小单量。如果行情朝有利于自己的方向走，就找机会再加码一次。盘中交易只有1～2次好的加码机会，稳健的话，加码一次就够了。

这个买卖法则同样适用于股票。涨势来临时，每个月只操作3~5次，每次操作中间加码1~2次，则抓牛股，赚大钱的概率更大。不信？统计一下自己的交易记录便可验证。

短线变化很快，做交易时要注意什么呢？

短线买卖决策时间很短，有时候一念之间就做出了买卖决定，受市场情绪、个人状态影响比较大。作为交易员，在交易时，行为举止、日常生活等各方面要注意的问题很多，通常有以下几个方面：

不喝酒。做交易头脑要清晰，喝酒会误事。从星期天开始到星期四，李扬从不喝酒。周五、周六可以喝点酒，放松一下。

生病时，不做为妙。生病了，哪怕只是感冒，最好都不要交易。

开盘前清空脑袋。开盘前，不要预测今天会怎么走，清空自己的脑袋。等现货开盘了，盘面走稳了再来判断下一步怎么走。如果预测行情，会禁锢自己的思维，人会变得主观，不能根据盘面信号客观买卖。

开盘后，看半个小时再做。股指期货比股票早15分钟开市。开盘时段的波动比较频繁，做对赚得很快，做错赔得也快。早市单边走的概率很小很小。半个小时以后盘面基本就走稳了。

注意盘中转折的时间。在一些重要的时点，如10点30分、11点30分A股收市、下午3点A股收市、下午3点30分等时点，市场容易转折。

做对做错，都要调节自己的情绪。做错一次，至少休息半个小时，平静一下心情。做对了赚钱了，也休息一下，看看再说。

交易时要集中精力。全神贯注，心无杂念。不要跟人吹牛、玩游戏、聊天。由于工作关系，李扬经常要打开QQ。交易时，他从不聊天。如果有人找他，他就有事说事，没事的话，绝不瞎聊。

收市时段不做。股指期货比现货（股票）收市晚15分钟。现货收市后，有时人会比较情绪化。这时，除了想飘单以外，他通常只看不做。

根据自己的性格选择交易方法

在博客中，李扬把做短线比喻成做小偷。他认为，做盘中短线交易就像做贼一样。小偷小摸，乘人不备偷一把就走，每次都提心吊胆，赚点小钱而已，如果被逮着了就会挨打。

做中线、做波段的就像打劫的，凭着身强力壮，拦路抢劫，谁也不放过。做长线、做大波段的简直就是开屠宰场的，凶悍无比。

在市场里，要找准自己的定位，看自己擅长做什么。擅长做短线的就做短线，擅长做波段的就坚持做波段。

很多人看到别人赚到大钱就眼热，不顾自己的实际情况，盲目跟风，这是要不得的。市场上，每一种做法都有它的优点，也有它的缺点，不能一概而论。关键是要根据自己的性格特点，看看自己适合做什么。

性格对操作的影响很大。股市里有"涨停板敢死队"，有勇气敢追。有的人见到涨得高了就怕，喜欢跌下来再买。这都是性格决定的。不能看到"涨停板敢死队"赚钱了，也去追涨停，要看自己适不适合这种操作。

不同性格的人交易手法不一样。比如，慢性子的人做短线很吃亏，急性子的做长线没有耐心，稳重的人不喜欢冒大风险，贪念比较重的人或有钱人瞧不起小钱等。

此外，还要看所用的技术方法，是不是与交易周期协调、配套。市场这个认真、公平、铁面无私的老师，教导人们要准确认识自己。

股指期货考验遵守交易纪律的能力

很多人认为做短线交易需要反应特别快，李扬认为这是对期货的误解。

股指期货其实不考验反应能力，不考验你是否头脑聪明、思维敏锐，并不是知识渊博、学历高的人就该赚钱或赚钱多。如果是那样的话，市场里净是清华、北大的毕业生了，净是理科博士、奥数冠军了，其他人岂不是白白送钱给别人？谁还来做？

股指期货不考反应能力，考的是遵守交易纪律的能力。交易纪律，简单地说就是在什么位置、什么时间，出现什么信号才买卖；买卖多少（资金分配）；止损多大（风险控制）；在哪个地方、出现什么信号才出单等买卖规则。

情绪的控制也包括在交易纪律中。如果做对了，能不能坚持自己的看法，放胆去赢？如果做错了、亏钱了，能不能坦然处之，不急不躁，冷静等待下次行情来临？赚钱了好说，只是赚多赚少的问题；关键是在亏钱的情况下，控制住自己的情绪波动才是制胜的关键。

李扬的做法是，只要做错一张单，他一般至少要休息半个小时，让自己的情绪平静一下。如果连续交易，就很容易跟着行情走，一涨就买，一跌就卖，十有八九亏定了。

盘中交易跟着行情走最容易亏钱。这是好多人比较难理解的。很多人觉得跟着行情走是顺势买卖，其实不然。

期货是双向交易，90%的人是做盘中短线的。当行情涨起来后，看起来很强，其实获利回吐的压力很大，短线多头要平仓，空头逢高加码，行情有可能要回头。这时，眼睛看到的往往是错的，不能跟着行情跑。

许多投资者刚开始买卖股指期货时，感觉特好，常常赢钱，就像第一次打麻将的人，牌不怎么会打，但手气很顺一样。于是就飘飘然了，觉得股指期货不过如此，涨就买，跌就卖。过一段时间，慢慢地开始亏钱了，才发现感觉靠不住。

"眼睛看到的是错的"这个说法，我是第一次听到。出于好奇，我问李扬原因。

李扬说，这是他的切身体会。眼睛看到的是错的，不要相信自己的眼睛。如果经过自己的严密思考再买卖，十有八九是对的，而如果看到涨了再买，跌了再卖，十有八九是错的。

行情刚刚起来时，人一般不会相信。感觉到涨时，其实已经快到涨势的尾声了，或者要回调了；看到跌时，已跌得差不多了，要反弹了。好多人都有这个经验：一买进就开始跌了，一卖出就反弹了，好像市场有千里眼、顺风耳，能看到自己下单，能听到自己说话一样。其实，这是人们"用眼睛做单"的结果。

对待行情走势，要有批判精神，不要轻易相信自己看到的涨跌，要经过严密的逻辑思考以后才买卖。

李扬特别强调，逻辑思考能力在买卖中很重要，占有举足轻重的地位。

人有一个左脑一个右脑，右脑能接受大量的行情信息，但不能思考，追买追卖的行为就是右脑主导的操作。左脑能接收的信息很少，但有强大的逻辑思考能力。左脑思考非常重要的问题：为什么涨？谁在买涨，是多头大户入场，还是空头平仓买入？市场反应如何，有没有人跟随买卖？要涨到哪里去？等等。有了逻辑思维能力，人在市场面前就会理性、成熟，善于辨别交易机会，交易次数也会减少。投机成功的关键是多用左脑，善于逻辑思考。

一个普通的投资者只要经过严格的专业训练，就会强化逻辑思考能力。为此，他创立了"李扬三步操作法"，给股指期货、股票的学员进行实战培训，效果相当不错，很多学员取得了比较优秀的操作业绩。

常常听说"开发右脑潜能"，而我在采访李扬时，第一次听他说要"多用左脑"。

他说，开发右脑的潜能是没错的，在金融市场右脑也发挥着巨大的作用，比如悟性、感觉、联想等是做股指期货必不可少的。

股指期货（当然也包括股票）市场的信息量非常庞杂，哪些是真实的信息，哪些是虚假的信息？如何取舍？刚开始做股指期货交易的投资者，在没有积累丰富的市场经验的情况下，靠右脑很难判断，很容易被行情牵着鼻子走。

无规矩，不成方圆。做行情首先心里要有个框框，符合自己交易信号的才去做，不符合的不做。坚持自己的交易方法，遵守自己的交易规矩，需要多用左脑。当积累了很丰富的市场经验后，再适当应用右脑的参悟、联想功能。能够左右脑并用，就是一名成熟的交易者了。

分析复杂化，交易简单化

人生来就有弱点。赚钱时的贪婪，亏钱时的恐惧。买卖时的犹豫不决、做错后的懊悔，以及心存侥幸、幻想等心态都是交易员的致命弱点。

有人特别强调心态的作用，李扬倒认为，技术水平是第一位的。片面地强调心态，其实是放纵自己，为自己的错误找一个心安理得的借口，这并不利于反思错误的原因。提高交易技术，才有助于克服心态的影响。

李扬入行以来，用了七八套交易系统，每一次失败都促使他去研究技术，对自己的交易系统、分析方法不断完善、提高。每一次交易，只要是符合自己交易系统的，他就很有勇气，持仓有信心，是交易技术让他心态好。

在采访时，我问李扬，做期货有没有简单实用的技术方法，他的回答让我很意外，也可能让大家失望。他说，没有一个很简单的方法能屡试不爽、肯定赚钱的。许多股民喜欢去寻找一种买卖的方法，其实更重要的是要学会思考，掌握分析问题的方法。

股指期货不是涨就是跌，只有两个方向。认准方向了，下单以后，不用东想西想，设好止损，坚信自己判断，就这么简单。交易很简单，不是"买"就是"卖"，但要找出这个买卖的方向，却是非常花功夫的。要用不同的分析方法，从不同角度来研判方向。比如，用趋势、波浪、价格形态等方法，从价、量、时、空等不同角度，还要加上市场情绪、大户动向、外围股市表现等因素共同考量。

分析复杂化，交易简单化。好多人在分析市场时马马虎虎，交易了以后再来左思右想，这就不严谨，本末倒置了。

对市场要有敬畏之心

李扬的账户经常出金，我很疑惑，不明白他为什么不在账户中留多点钱，以便做得更大一些。

其实，他的想法很简单。之所以经常从账户中出金，一是为了保存胜利果实，二是让自己保持那种没钱的感觉，永远谦虚谨慎。

好多人觉得钱多了，就想把单量放大，以便赚得更多。比如，拿10万元赚了100万元，翻了10倍，他就想用这100万元再翻10倍，不就是千万富翁了吗？"贪心不足蛇吞象。"须知好景不长在，好花不常开，这样做，在期货市场很危险。

美国人做过一个研究：在期货市场一夜暴富、赚大钱的人，没有哪个能在市场中存活两三年的。真正在市场上赚到钱的，往往是那些日积月累赚小钱的人，以及把赚的钱拿出去做其他事情的人。

赚到钱的把钱拿出来，买楼，买股票，买黄金，存银行。真金白银，才是真正属于自己的钱。

我问李扬："沪深300股指期货要开出了，你对内地投资者有什么期望？"

他答道："股指期货在国外和香港已是非常成熟的交易品种了，在内地却是新生事物。逢新必炒。我期望内地投资者都能从沪深300股指期货市场上赚取更多财富。"

在采访中，李扬回顾20多年的投资生涯，透露了他的成功秘诀，在此奉献给大家，希望能对更多的投资者有所帮助：

要有大户思维。股指期货是零和游戏，盈亏永远相等。所以，不妨多想想，大户是怎么把别人腰包里的钱装到他的腰包的。要训练自己，用大户思维看待市场，和大户步调一致。

向书本学习，向别人学习。学习是成功的不二法门。学习经典理论、经典方法，找到适合自己性格特点的交易方法。

多看投资大师写的书。一个人有多优秀，要看他由谁指点。投资大师巴菲特曾经说过："在老师身边学习10个小时，胜过自己单独思考10年所获得的。"

不要自创一套。学习经典的思考模式、交易方法，学以致用，足以赚钱。不要自作聪明，自创一套。好不容易钻研了很长时间，自以为找到了一个独门买卖方法，其实翻翻书，几十年前别人就写在那里了。实践证明，这是在浪费时间。股票、期货在国外已有上百年历史了，啥方法别人都用过了。

不能满仓操作。股票满仓套牢还有解套之日，期货只需亏10%就爆仓。古今中外，没有哪一个人靠满仓操作最终赚钱了的。纵使一段时间赚钱，最终也会输得更惨。不要妄想创造神话。

贪多一点就是贫。股指期货是双向交易。赚钱时，尤其是赚到大钱时，要想想苦难深重的对手，得饶人处且饶人。同时，还要想想同样赚钱的同盟军，在别人没溜之前赶紧溜。贪心没有好下场。

多看少动，做单要少而精。操作少，才有时间多思考。谋定而后动。下单之前多问几个"为什么"，下单后才不会问"为什么"了。

只做自己看得懂的行情。行情很多，自己能看得懂的行情很少。有所为有所不为。没有人能做到所有的波幅。弱水三千，只取一瓢。

愿赌服输，严格止损。对就是对，错就是错。任何人都要对自己的错误承担责任，不认输就是想逃避惩罚。偏偏这个市场最喜欢跟死不认输的人作对。

风险第一，赚钱第二。市场里有人用几十万、几百万、几千万元的真金白银写了一副对联：

上联：止损永远是对的，错了也对；

下联：死扛永远是错的，对了也错。

横批：止损无条件

善待资本。市场机会是无穷的，而人的本钱是有限的。好好呵护自己的户口，小蚂蚁可以啃大象，小刀可以锯大树，小钱照样能办大事。

不能习惯于亏钱，要培养赚钱的习惯。赚钱以后要懂得珍惜，创业容易守成难，亏钱比赚钱更快。

对市场要有敬畏之心。务必要谦虚谨慎。不能一朝得意便张狂，谁都战胜不了市场。顺之者生，逆之者亡。顺应市势，跟着强者走，永为制胜之道。

尾声：天道酬勤

在采访股指期货高手李扬的日子里，透过香港恒生指数那跌宕起伏、波澜壮阔的走势，我真切地感受到世界金融市场是那么丰富多彩！感觉到同一个世界跳动着同一个脉搏，在金融市场上，我才真正知道了什么叫作"寰球同此凉热"！

回视 A 股市场，虽然走过了近 20 年的风雨历程，但至今仍是投机盛行的半封闭状态，投资者仍然不成熟。

随着沪深 300 股指期货的推出和金融创新步伐的加快，沪深市场将与国际慢慢接轨，很多更精彩、更激动人心的金融故事将在中国上演，深谙国际金融的人才必将以先发优势在国内站定先机，脱颖而出。

在采访李扬的过程中，我意识到，他已掌握到了一套在市场中稳定赚钱的操作模式。尽管他的操作成绩已很优秀，操作手法已很稳健，但我见他每天收盘后，仍然在不断地学习、看书、反思、做笔记，常常到凌晨才休息。他执着的专业精神，时时感动着我。

在他的"藏金屋"的书房中，我看到他多年来所作的几十本交易心得笔记。多年来，他每天都坚持记录自己当日的交易过程，慎思自己成功所在、失败所在。在笔记本上，他手绘的 K 线图，手写的交易心得，在每一个关键点位上的思考、判断及操作过程均一点一滴地被详细记录在案，密密麻麻，字迹工整。

每当翻阅这一本本浸染着他心血的交易心得笔记，我都会深深地被感动：天道酬勤！李扬为股指期货付出了多年的心血，正是每天从错误中吸取教训，每天都从零做起，才铸就了他的成功。学习、思考、交易，这是通向成功的三部曲。我想，这也应该是李扬多年来在股指期货市场上能长期生存，并能以8000元创造200万元收益传奇的奥秘吧！

同时，我坚信，在未来股指期货新的征途上，他的专业功底，加上他的执着追求，一定会让他以自己的智慧和勇气创造出更大更多的奇迹！

张卫东：

> 市场，永远奖赏真正理解它的人！

在变化莫测、涨跌无常的股票市场，他以理学博士的眼光和执着的探究精神，潜心寻找和发现股市的变动基因，并建立一套完整的投资理论模式，以及多因子投资框架，用神奇的投资公式指导实践，绩效卓著，被人们称为"股市基因解码人"。

投资简历

个人信息

张卫东，别名：金玄子。男，1971 年 11 月 12 日生，山东菏泽人。
博士研究生学历。

入市时间

2004 年。

投资风格

用物理学理论指导投资实战，用"公式"打败市场，创建并利用多因子
投资框架进行投资。

投资感悟

只要洞悉股市变动基因，就可选择最具有爆发力的股票，再进行具有概
率优势的择时，在基本面因子与量价因子指导下投资，高效且安全！

第**3**章

△

股市基因解码人

——揭秘张卫东制胜股市的神奇投资公式

2021年盛夏。中国上海。

这是我继2009年在深圳采访股市奇才张卫东之后，相隔12年的重访。

引子：12年后再探股市投资大智慧

中国的股市奇人真多，尤其是在股市诞生之初这个"证券摇篮"里，投资高手的传奇故事，更可谓精彩纷呈，数不胜数。

而在众多的传奇故事中，张卫东博士的投资故事，可称得上是奇中之奇，而且从2009年开始经历了长达12年的认证。他利用2009年提出的多因子股票投资框架，进行了12年的投资实践，获得了巨大的成功。理论指导了投资过程，投资结果印证了理论的有效性。

我在12年前采访他时，他入市才5年，就大赚了6倍多，连熊市时的机会也没错过。

更奇的是，在他的投资之路上，一"开盘"，就赢钱；一下单，就翻倍；一翻倍，就买房；一买房，就再翻倍……

而今，经过12年的投资实践，张卫东利用多因子投资框架理论指导，摸索出了基于量价的量化投资方法，也利用基于基本面数据的基本面因子投资方法获得了巨大的成功。

他创建了自己的私募基金公司，私募产品成绩优异，经常位列前1‰～3‰。尤其是重新整理思路后的2021年（重点把握高成长因子），他的成绩更是突飞猛进，在很多基金亏损连连的上半年，获得了166%的收益，比同期公募基金的第一名收益高出一倍，且在私募奇人林立的私募基金产品里排名3‰之内。（图3.1、图3.2）

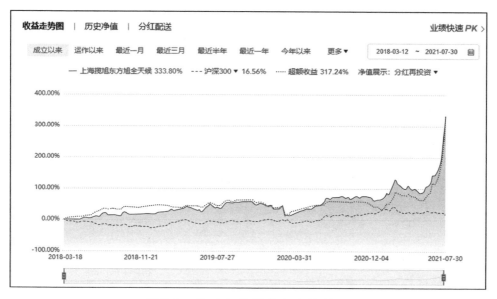

图3.1　张卫东私募基金业绩展示

张卫东在私募排排网2021年7月的排名中（股票多头策略，不分规模），按经理排名全市场第四名，按所在公司排名第三名，按产品排名第十名。全部进入市场前列的位置。（图3.3～图3.5）

是他运气好，还是他学历高、有智慧？现在，请随我再次探寻这位"大学究"成功的历程与奥秘。

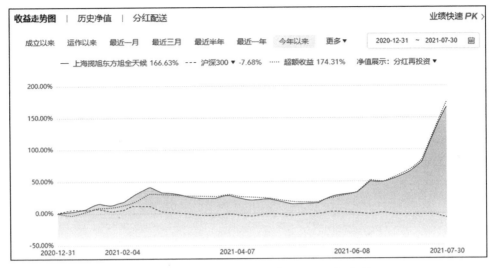

图3.2　张卫东私募基金产品2021年收益

图3.3　张卫东在私募排排网2021年7月排名（按经理排名）

图3.4　张卫东在私募排排网2021年7月排名（按所在公司排名）

图3.5　张卫东在私募排排网2021年7月排名（按产品排名）

闻着"茅台"酒香，开启投资之门

2004年以前，张卫东完成了从学士直到博士学位的完整学业历程：1998～2001年在香港理工大学作为助理研究员、副研究员工作了两年；2001年博士毕业后，在大型企业 TCL 集团做智能手机的研发主管。

2000年亚洲金融危机后，张卫东正在香港理工大学求学。那段时间，互联网泡沫产生又破灭，索罗斯想利用亚洲金融危机做空香港股市，却遭遇失败。这让他目睹了香港恒生指数从18000点跌到了6544点，下跌将近70%，部分个股更是接近90%。无数人倾家荡产，一位亿万富翁因为投资失败在维多利亚湾的游艇上烧炭自杀。由于香港理工大学就在维多利亚湾边上，张卫东看到了那艘游艇冒起的滚滚浓烟与天上盘旋的直升机。那时的金融市场给他留下了极为可怕的印象。由于对股市的无知，一直到2004年，他从未参与任何金融交易。

2004年，沪深股市还处在熊市中，证券交易所人流稀少，门可罗雀。为了招揽"生意"，一家证券营业部的工作人员专程来到位于广东惠州的著名企业 TCL 集团开发客户。

当时，张卫东正在这家著名企业的移动通信公司从事智能手机研发工作。

客观地讲，那会儿，从小学、中学到大学再到博士毕业，学业一直优秀的张卫东，立志"实业报国"，压根儿就没有想到过投资什么股票。2001年，他从香港理工大学学习回来，获得博士学位后来到 TCL 集团，工作敬业、出色，很快就升为智能手机研发部门总经理。他全身心地投入工作，很少去关心别的事。对于股市，只耳闻行情惨淡，不少人吃套，却从未深入地研究过。

殊不知，鬼使神差地，就是那一次，他这个与股市从没结过缘的人，竟被证券公司的人给说动，开户了。

刚开始，张卫东仅仅买了一些基金作为基础的投资，也没有投入精力研究股票。2004年底，国内手机市场发生了重大的变化，深圳的山寨手机对国产正规品牌的手机造成了重大的冲击，TCL 移动通信也发生了剧烈的人事变动。工作略有清闲的张卫东，开始在晚上研究起了股票。

就在这时，张卫东突然发现，股票投资中的技术分析，不就是自己研究生阶段所学的信号处理技术吗？只不过自己研究的是语音、图像等多媒体信号处理，而股票的价格变化则是另一种信号，在学术上称为"金融时间序列处理"。

由此，一下子激发了张卫东极大的研究兴趣。他走进证券公司。面对那魔术般变化的信号，他想，只要自己认真研究就一定能够快速获利。可是事情并没有想象的那么简单，很多技术指标常常产生错误的信号，如果完全根据现有的指标操作，他并不能够快速获利，不但不能稳健获利，而且极有可能产生亏损。

他，一个博士，开始以股市"小学生"的姿态，夜以继日地刻苦学习、钻研。在发达的互联网上，他阅读了大量的帖子，很快就发现了股票投资分为价值投资派、技术投资派、主题投资派。而进行股市分析又分为宏观经济分析、政策分析、产业分析、公司分析与技术分析。

张卫东在发现技术指标很难盈利后，迅速抓住了"价值投资"这个法宝，认为技术分析可以之后继续研究，而能够创造价值的公司的股票价格一定会长期上升。根据价值投资的理论，他很快抓住了"贵州茅台"这只优质的股票。他认为，酒文化是中华民族几千年传承下来的宝贵财富，贵州茅台这个品牌又是酒中的老大，值得青睐和投资。

2005年11月18日，沪深股市仍在绵绵下跌当中，张卫东开始逐渐买入自己看好的贵州茅台。一直到2005年12月28日，他的账户里，满满地，全买的是贵州茅台。当时成本均价在43元左右。

张卫东的智慧是超人的，他的运气也真够好的。就在他买入贵州茅台后不到两个月，沪深股市迎来了历史上最波澜壮阔的一轮大牛市！沉寂多日的贵州茅台先是急速拉升，后是连续涨停，到2006年4月25日，短短3个月的时间，贵州茅台就涨到了93元，张卫东的账户资金很快翻了一倍还多。

接着，好事连连。贵州茅台发布了分红方案，每10股发放现金3元（含税）；后又公布公积金送转方案，每10股送10股；不久又公布股权分置改革方案，每10股派发现金5.91元（含税）；最后贵州茅台又向全体流通股东每10股无偿派发16份欧式认沽权证。

他真够幸运，也真够厉害的。头次买股票，就获大捷，翻了倍，而且是在熊市中，非常难得！听到张卫东讲着精彩的投资故事，我心里也像喝了茅台一样兴奋："这么好的股票，给你带来这么大的财运，你岂不是一直抱了下去？"

"说实在的，直到现在，茅台就像我的情人一样，我一直都拥有着它。只有大盘暴跌中，我会战略性地出局一阵子，避开它下跌。自2006年6月份以后，贵州茅台与大盘一样陷入了调整。当初我以43元买入的10000股贵州茅台，股价已经翻倍，加上分红送股，资金已经到达100万元以上。当时，我账户总资金每天的波动都多达5万元。我看到波动太大，对股市的后续走向看不清，就清仓了股票。"

卖出贵州茅台后，正赶上房地产升温，他分析深圳中心区的房子最有保值、升值潜力，就购买了两套金中环的酒店公寓。他当时花掉了一半多的资金，账户上还有50多万元。（图3.6）

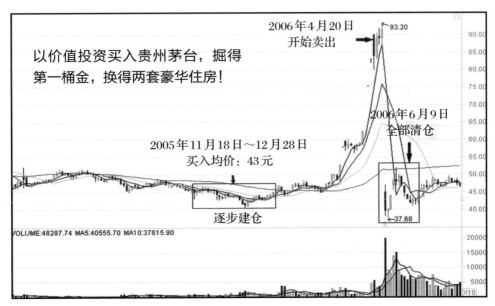

图3.6　贵州茅台走势图1

贵州茅台从上市后的最低点到2021年的最高点，股价上涨了593倍，张卫东那第一笔股票如果不卖，价值将近一亿元！

在2005～2008年的牛市中，张卫东赚取了6倍的收益且躲过了2008年的金融海啸。同时，为了钻研股市的奥秘，他阅读了上千本股市图书，终于在2009年悟出了股市投资的奥秘，提出了"多因子股票投资框架理论"，并第一次发表在2010年出版的《民间股神》第6集里。

在之后的12年中，张卫东依据这个理论，重新探索了量化投资，并在CTA投资、高频投资领域取得了比较大的成功。2016年，他创立了自己的私募基金公司，在私募投资领域里也取得了巨大的成功。

本文将再次描述张卫东最近12年的奋斗经历与丰硕成果，并深入探索张卫东的"多因子投资理论框架"。

他像谁？

面对茫茫险恶的股海，他时而用稳健的价值投资方法掘金，时而又以激变的投机方法迎敌，时而又转以投资加投机的怪异手段出奇制胜。他投资制胜的风格到底像谁？像巴菲特，还是索罗斯？是格雷厄姆，还是……

在采访张卫东博士的日子里，我一直力求挖掘他身上的亮点，捕捉他制胜股海、5年间翻6.8倍的"独门绝技"。

但是，没想到，天天在一起，天天听着他的故事，在我的心中，他却是一天天地变得模糊起来。他多变的"身影"，让我有点拿不准：他到底像谁？

巴菲特的影子：鏖战"煤海"，捉拿"双雄"

入市首战"茅台"获得大捷，掘得第一桶重金的故事，使我强烈地感到张卫东身上有着巴菲特的影子：选准一只好股票，抱上它安稳地睡觉，不用在意它的短期波动，到时准能获利！

从入住他用"茅台"换来的豪华套房的那一刻起，我的脑海里，就产生了这样的第一印象。

的确，在他的身上，巴菲特的投资方法如影随形，处处可见。

2005年，张卫东自打炒茅台一炮打响，开启了股市生涯后，便深深地爱上了这片波涛起伏的股海。

他说，他炒贵州茅台赚翻倍钱的那阵子，还只能算是一种机遇。当时，在股市里，他还处在懵懂的阶段。

他是个执着的人。从小到大，就是靠着执着，一步步，最终以优异成绩完成了博士学业。

现在，既然走向了股海，那就要探寻股市的真谛，找到制胜股市的规律，最终让自己从必然王国走向自由王国。

"唯一的路，还得靠学习！"他说。

为了全身心地投入，他立志付出一切。就在操作茅台翻番后不久，他做出了人生的一项重大抉择：辞去了近50万元年薪的高级管理职位，正式下"海"，开始了他在股市征途上的漫漫探索之路。

5年的时间，张卫东再次沉浸到了学海之中。他通晓了政治学、经济学、投资学等各个领域的知识，阅读了大量中外投资大师的传记和经典著作。而巴菲特，是他心目中值得学习的第一个榜样。

他说："巴菲特的价值投资法，很容易接受，很容易赚钱，不容易亏钱。"他鏖战"煤海"，捉拿"双雄"的故事，更能体现这一点。

那是2006年11月的事儿。

当时，沪深股市正处在非常红火的大牛市中。在此之前，初涉股市的张卫东已掘得了第一桶金。就在他雄心勃勃立志要在股市大干一场的时候，一位亿万富翁找上门来，想借助他开发智能手机的资历，和自己一起创业。这使得张卫东一度错失了一段宝贵的火热牛市行情。在他的交易记录中，2006年6月至11月，显示为基本空仓。

但到了 11 月底，行情苗头越烧越旺。已经尝到股市甜头的他，再也按捺不住心中的激情，不想再沉默于远离股市的世外桃源。他要珍惜这黄金般的日子，他要重新杀回股海。

行情好，满地都是金子，买什么好呢？

"挑最好的、最有希望赚钱的股票！"这是巴菲特"告诉"他的。

当时，他看到房价在飞涨，通货膨胀的倾向非常明显，煤炭的市场销售价格在一天天上扬，而开采煤的成本并没有多大变化。因此，他认定，煤炭股的盈利一定会大幅上升。

按照巴菲特价值投资的思路，他锁定了煤炭板块作为出击的首选目标。他把目光盯向了山西。那里，是中国的煤炭大省，埋的可都是"黑金"啊。

他详细分析了作为中国煤炭业龙头的两只股票：一只是西山煤电（000983）；另一只是兰花科创（600123）。两只股票的净资产收益率都非常高，市盈率均在 20 倍左右，估值不高，如果买入，后市一定会有较大的上升空间。

2006 年 11 月底至 12 月初，他分别以 8 元和 13 元的均价，买进了西山煤电和兰花科创。买完后，他不再"盯"着它们，照样干他的事。

一个半月后，时间到了 2007 年的 2 月，当西山煤电和兰花科创的股价接近翻倍之时，他卖出了它们，获利丰厚。（图 3.7、图 3.8）

当然，张卫东没有拿着这两只牛股走到最后，但他不后悔，不遗憾。一来，他那会儿做股票纯属忙里偷闲干点私活，在股市赚点外快，够满足了。二来，他的理念当时还没能支持他将手中的股票"拿"那么久。倒是他从操作这些股票中，悟出了一些宝贵的东西，为之后他创造自己的"价值投资模型"奠定了极为重要的基础。这是后话。

巴菲特理念助他逃大顶

当炒煤炭股资金账户再次接近翻倍后，张卫东再度清仓了股票。2007 年"5·30"前夕，他的股票仓位已经非常轻。"5·30"大跌中，他又进行了及时止损，这便使他在"5·30"中几乎没有损失。

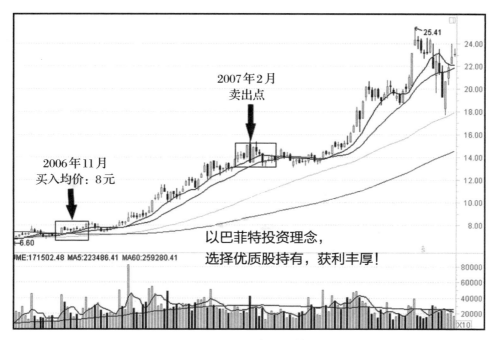

图 3.7　西山煤电走势图

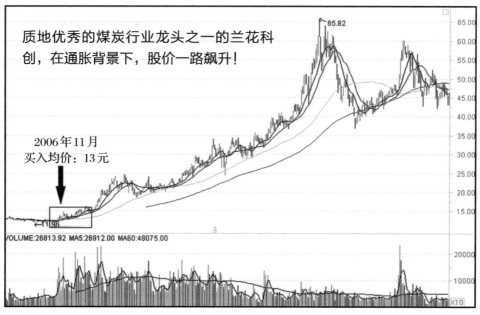

图 3.8　兰花科创走势图

不久，在如火如荼的上涨行情中，为了不再错过大的投资机会，张卫东辞去了手机开发的一切工作，开始专心投资股市。

2007年7月底，大盘从3000多点向4000点发起了强势攻击。张卫东意识到，国内A股重新进入了上升通道，A股的大成交量一定会对证券公司的业绩有很大的正面影响。虽然，这时许多股票从价值分析的角度已经不便宜了，但是他判断，作为中国证券业的龙头中信证券（600030）的业绩却会大幅上升。因此，他以65元的高价位，满仓该股。

他的运气好，买进的第二天，中信证券就以涨停给他回报。随后，中信证券随着大盘的强势飙升，股价从70元、80元、90元直线向上攀。看着天天拉大阳的账面，张卫东心里如打翻了蜜糖罐一样甜。

但几乎同时，一种不祥之兆也悄然笼罩在了他的心头：股市太热了，股价涨得太高了。他时刻准备抽身。

这是巴菲特给他的灵感。巴菲特不仅教他选最好的股票，在最便宜时买入，还教他要学会"看价"：股价炒高了，就要卖出，不能死守着。

2007年10月12日这天，中信证券放量上涨，历史性地站在了百元以上。而这天，大盘却以上下240多点的幅度剧烈震荡，当天收出了一条"上吊线"。面对如此激变的盘面，张卫东敏锐地感到盘面资金极度不稳，大盘到顶的信号已经到来。他开始卖出手中筹码。

就在此时，他在QQ上向群友发出撤出股市的"告别词"："股市随时就要下跌，这轮暴跌将十分惨烈，3000点将挡不住！"

当时，大盘在震荡中仍在上涨。在"牛市10000点"的呼声中，谁又会听他的呢？

2007年10月16日，大盘创出了沪深股市的历史新高：6124点！股市沸腾了！

但，张卫东在一片欢呼声中，却感到了极度的恐惧。10年前，他亲历的香港股市暴跌那最悲惨的一幕如现眼前：从1997年8月7日至1998年8月13日，仅仅一年，恒生指数就从16820点跌到了6544点！若不是政府救市，击败索罗斯，恐怕还要往下跌。从16820点到6544点，跌了近2/3。照此种跌法，6000多点除以3，沪深股市岂不要跌到2000点？！

想到这里，他感到不寒而栗……

"撤！继续撤！"他迅即打开账户，开始大批量地卖出中信证券。一直卖到10月18日，他全部清仓，卖出均价110元，总体获利70%。

而跟着他同时买入中信证券的不少人舍不得走，最后由盈到亏，损失惨重。

2009年，距离这次"逃顶"经历已经两年多了。回顾当时在这一重要历史时刻的决断，张卫东感慨地说："我在获利后能顺利逃顶，不是我比别人聪明，有先知先觉，而是理智战胜了自我。因为当时我感到股市太热了，手中股票的盈利已超出了我的预期。巴菲特的投资理念无时无刻不在警示着我。也就在那时（2007年10月19日），世界投资大师巴菲特清仓了香港的中石油股票，这一举动，不仅极大地坚定了我空仓的信心，还助我在关键时刻实现了胜利大逃亡，保住了胜利战果！"（图3.9）

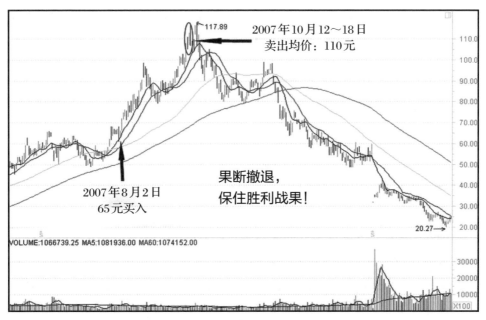

图3.9 中信证券走势图

索罗斯的影子：做空恒指权证，熊市大赚580%

看了上述投资故事，你一定会和我一样，认为张卫东是一个不折不扣的具有巴菲特投资风格的投资人。假如你真这样想，那你就错了。

要是你看了下面的故事，你就会有一个新的感觉：他怎么越来越像著名的投机家索罗斯呢？

是的。正是不同于巴菲特风格的索罗斯，给了张卫东不同的投资勇气和智慧，不仅让他挽回了2008年年初在熊市中的损失，还让他在熊市中创造出了投入资金盈利580%的惊人战绩！

2008年，是沪深股市最为惨淡的一年熊市。它来得那么突然，跌得那么凶猛，是万千投资人所不曾想到的。

股龄还不算长的张卫东，虽然在牛市的顶部顺利逃离，但和不少投资者一样，他的牛市思维并未立马扭转过来。

2008年年初，大盘在高位盘跌时，不断有小的反弹出现，他看了也有忍不住操作一把的冲动。有几次，他倒也赚了些钱。比如，他在180元的价位重新买进了一直存念于心的"白马王子"贵州茅台，214元顺利出手，在跌市中竟赚了不少钱。

也许，正是这样，他放松了警惕。在大盘向下猛跌后，在市场都对北京奥运会的举办存在极大的希冀时，他又想不失时机地抓几次反弹，但却屡屡失手。熊市就是熊市，它对"不识时务"者的报复，是凶狠的。尤其是当他买进东方电气（600875）后，他时运很差，正碰上了汶川大地震，该上市公司恰巧处在重灾区，复牌后连续几个跌停，给了他致命的打击，一下子让他的资金损失了近30%。

割肉出局后，在血的教训面前，他开始空仓。

难道熊市只能赔钱挨宰吗？他在痛苦的思考中，度过了一天又一天。奥运前6月的惨烈暴跌，他避过了。7月，还在跌，一切利好都没有挡住大势下跌的步伐……

在这种熊市的煎熬中，他想起了心目中仰慕的另一位投资大师，那就是著名的投机派代表索罗斯。在艰难的处境中，他研读了这位大师独到的放空赚钱的投资法，得到极大的鼓舞与启迪：大势熊途漫漫，何不趁此在香港股市来一把放空操作，抓一个绝佳的赚钱时机？

说干就干。他在 TCL 集团工作时，就开有香港投资的户头。

当他开始操作时，正是 2008 年的 7 月份，全球股市由于美国次贷危机的影响，均处于风雨飘摇之中，放空将成为重要的盈利方式。这是张卫东深入研究索罗斯的投资方法后得到的结论：如果一个系统极度不稳定，那么你就可以通过放空获利，而且你不必在牛市的最高点放空，最佳的放空时间恰恰是熊市后期的 C 浪杀跌！

2008 年 7 月 16 日至 24 日，香港股市在暴跌中来了一个剧烈的反弹，几乎上触到 60 日线。7 月 25 日，行情开始重新步入下跌通道。就在这天，张卫东开仓做空恒指权证。

在熊市中，跌势越凶猛，通过做空赚钱的机会越大。有人也许会想，那岂不是闭上眼就能赚钱？——没那么简单！

因为，在熊市暴跌过程中，反弹时刻会发生，而且有时非常强劲。所以，你虽买跌，但反弹与你买的方向相反，说不定，一个大涨，就会逼死你，让你爆仓！要想赢，有一个要点中之要点：仓位一定要控制好。这是没有庞大资金实力做后盾的情况下，唯一的活路。一般，仓位不能超过总资产的 25%。张卫东正是这样做的。

2008 年的整个 8 月份，恒生指数一直在连绵下跌，进入 9 月份跌势更趋迅猛。9 月 17 日、18 日，股市狂泻，每天下跌均接近 1000 点。连续两日的暴跌，技术指标中的"乖离率"显示已经过大，极有可能产生熊市特有的剧烈反弹。见此，张卫东迅速采取应对措施，调整仓位，使整体仓位降低 80%。

果然，9 月 18 日下午，恒生指数开始剧烈反弹。当天晚上，中国政府宣布了印花税单边征收 1‰的重大利好。第二天，受 A 股剧烈反弹的影响，港股开盘直接跳空高开 1200 点以上，全天高开高走，第三天继续高开。连续三天，恒生指数反弹已达3600点，反弹幅度20%，几乎接近熊市一般反弹的极限。要不是张卫东及时调仓，这次无疑会被"逼"出市场。

市场行情瞬息万变，稍有不慎，就会葬身其中。在震荡无尽的恒指权证走势中，正是索罗斯投资策略给予张卫东灵感和机智，让他在"放空"熊市中，得心应手。

在恒生指数连续反弹幅度达到20%之后，张卫东判断反弹动能将尽，迅速把降低的仓位重新开出。这时，恒生指数开始了更加剧烈的下跌。由于下跌剧烈，中间经常掺杂较大的反弹。为了避免思绪的混乱，他决定以30日均线作为标准，只要向上不突破这条线，就一直做空，直到这条线被有效突破才停止。

2008年10月27日，金融风暴越刮越狂，在雷曼兄弟倒闭的影响下，恒生指数当天急跌1942点。张卫东按照乖离率指标分析，判断恒生指数随时有可能产生大的反弹。

按理，此时应该做一定幅度的减仓，但由于已经定下了30日线的操作指令，张卫东决定继续坚守。10月28日，股市开始剧烈反弹，到11月5日，7个交易日就反弹了4641点，幅度达到43%。张卫东的利润回撤巨大，达到了40%！但由于反弹并没有超过30日线，他决定按照纪律继续守仓。而且，他判断这样的反弹是不可持续的，主要是做空盘回补（获利了结）和短线客做多造成的，并不是真正的买盘，熊市的大环境并没有改变，后续一定会继续回落。

于是，11月5日，他继续把剩余资金的一半加码沽空。11月10日，股指继续反弹，几乎触及止损线，幸运的是，股指在触到30日线的一刹那开始了下跌。11月21日，恒生指数在下跌时，接近10月27日的低点，形成二次探底的架势，很有可能触底反弹。张卫东迅速降低了50%的仓位，保住部分胜利成果。

2008年11月27日，恒生指数反弹超越30日线，张卫东估计市场已经探明10676点的底部，后续下跌空间不大，应该完全停止做空。他平掉了所有的

空头仓位，历经整整4个月的熊市大战，宣告结束。在此期间，张卫东投入资金总盈利达580%。（图3.10）

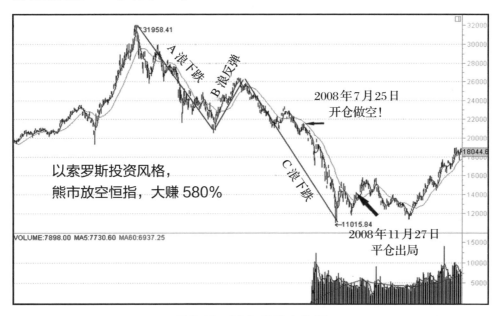

图3.10　恒生指数走势图

这是一个惊人的数字！

这一业绩，与2008年世界排前两名的对冲基金经理西蒙斯与保尔森全年的业绩相当。

世人都知晓，西蒙斯是美国量化基金的鼻祖，其收益率连续17年超越巴菲特，2008年获利80%；保尔森由于做空美国次债，投入资金获利500%以上，总资产获利80%。

正是放空恒指权证的丰硕收益，不仅让张卫东扳回了2008年上半年的损失，而且全年总盈利还有27%。

访谈中，靠索罗斯战法躲过熊市的张卫东，兴奋之情溢于言表："2008年放空恒指权证，对于我来说，如同度过了几个月的大牛市。我要是没有受到索罗斯的启发，空仓内地A股市场，而在香港做空恒生指数，将会损失惨重；如果我当时还做内地A股，说不定已经破产了。现在，我也就不会有这样的机会，坐在这儿与您交流了！"

说到这，他狡黠地做了个鬼脸，开心地笑了。

格雷厄姆的影子：袭击"金沙"，半年狂赚千万美元

"用四毛钱的价格去购买一元钱的资产！"这是巴菲特的老师格雷厄姆的一句传世名言。格雷厄姆的这一理念，不仅使他自己创造了无数辉煌，一直在世界著名投资大师中占据着显赫的地位，也影响了全世界几代投资人。

除巴菲特、索罗斯外，对张卫东投资理念影响最大，使他铸就巨大成功的，恐怕要数格雷厄姆了。

张卫东2009年度最出彩的一役"重磅袭击美国金沙集团，半年狂赚千万美元"，就深深地印有格雷厄姆的影子。

事情还得从2008年11月他停止做空恒指期货说起。当时，他大获全胜后继续寻找下一个投资机会。

他的视角是全球的，哪里有"猎物"，他就会扑向哪里。

此时，由于美国次贷危机的影响，全球股市仍然没有走出低谷。沪深股市虽然已经企稳，但美国股市在进入2009年后仍然继续下跌。而且由于美国的金融企业不断倒闭，由金融股带头引发的暴跌一直在继续着。

已是满目疮痍，目不忍睹的股市，还会有赚大钱的机会吗？有，但非常稀少！关键要有鹰一般的目光！

张卫东正是以睿智的眼光，发现了一只很肥的"猎物"，那就是美国博彩业的巨头、老大——金沙集团！

而赐予他这种眼光的，正是格雷厄姆那"用四毛钱的价格去购买一元钱的资产"的投资理念。

他注意到，美国的博彩业巨头金沙集团（NYSE: LVS）的股价在金融风暴中，犹如将要坠毁的飞机，正一头往下直裁（图3.11中编号"1"处）。金沙集团在金融危机前的股价为每股140美元（图3.11中编号"2"处），而当时市场价格已经跌至接近2美元！

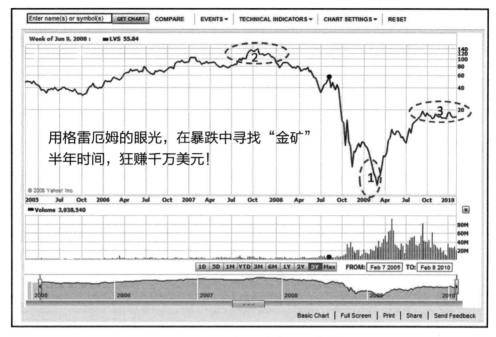

图 3.11　金沙集团（美股）走势图

张卫东对金沙集团进行了详尽的分析。他发现，金沙集团过往的盈利状况一直是良好的，其股价下跌主要有三个原因：

第一个原因，金融危机使得博彩业营业收入下降。

第二个原因，信用卡下注的应收账款由于金融危机的影响，有可能出现较多的坏账。

第三个原因，金沙集团当时有127亿美元的贷款，投资者担心公司还不起贷款而倒闭。

这几个原因，尤其是第三个原因是股价下跌的关键因素。如果公司倒闭，那么公司的股价将基本为零。

在这三种原因的"合力"下，投资者进行了疯狂的抛售。到2009年3月9日，公司股价跌破1.50美元，最低达到1.38美元，股价仅为最高点140美元的1%。

但是，张卫东通过研究公司的财务报表，发现公司的净资产为每股5.76

美元，每股现金含量4.62美元，竟高出现有股价很多。如果买进此股，就等于用1.50美元去购买4.62美元的现金或者公司每股5.76美元的净资产。根据格雷厄姆的投资原则"用四毛钱的价格去购买一元钱的资产"，此时的金沙集团已经完全满足条件！

可这时能不能立即买入呢？他觉得还要做深入的分析。因为，如果金沙集团真的像投资者担心的那样倒闭了，那可是血本无归呀！

在"廉价"的诱惑面前，他并未冲动，而是更加冷静地审视着一切可能出现的问题。他再次仔细地分析金沙集团的状况：

第一个原因，纯粹是出于金融危机的影响。不过，这个影响是短暂的，一旦危机消失，人们仍然会继续休闲，公司的营业收入会很快恢复，甚至会有大幅的增长。这个原因不会造成公司倒闭。

第二个原因，也是出于金融危机的影响。由于美国是信用社会，因此信用卡的坏账会极大地影响个人的信用。信用是个人最宝贵的资产，除非万不得已，是不能损坏的。所以，信用卡持有人是会想尽办法还上债务的，因此这个原因也不会造成公司倒闭。

第三个原因，是有可能造成公司倒闭的。因为公司的营收如果不能达到还债的速度，就有可能被债权方强制执行。通过仔细研究公司的财务报表，张卫东发现公司有103亿美元的长期债务，短期是没有还款压力的；另外，拥有金沙集团4.5亿美元债权的债权人已经同意其延迟还款。这样，公司就只有19.5亿美元的应付账款，这些账款是为其提供建筑服务的工程公司的。而通常这些欠款都是可以通过谈判延迟支付的。

因此，张卫东断定，金沙公司倒闭的可能性不超过1%！那么，股价上升的潜力又有多大呢？

他判断，由于公司并没有受到实质性损伤，公司股价有可能恢复到最高点140美元，甚至更高！获利潜力100倍！保守一点，恢复到60美元，获利潜力40倍！再保守一点，股价恢复到20美元，盈利潜力10倍以上！

通过透彻的分析，张卫东清楚地看到金沙集团的状况，与金融危机中受到重创的其他金融机构完全不同：那些公司的损失是实实在在的，即使没有倒闭，股价也不可能恢复到危机前的价格了；即使能够恢复，也需要很多年的时间。而金融危机一旦缓和，已沉入低谷中的金沙集团，一定会有"报复性"的反弹！

"庙算胜者，得算多也！"他决定谋定而后动。

望着大洋彼岸的"猎物"，一心想"吃"定它的张卫东却"吃"不到：一来，他的资金已经在2009年2月初满仓了；二来，他因没有美国的账户而无法参与投资。这让他颇感惋惜。

为了不浪费这个宝贵的盈利机会，他把这个"研究成果"告知了一位对其有过重大帮助的企业家。这个企业家有几亿元的身家，张卫东希望他能把握这次机会。当时，张卫东告诉他，这只股票保守一点说的话，在三年内有上升10倍的潜力，但也有1%的可能性血本无归，请他自己斟酌。

这位企业家仔细研究后，决定利用海外公司的资产投入100万美元。他从1.50美元开始往下建仓。之后，股价先是剧烈下探，后是剧烈反弹。在股价4美元之下，他完成了建仓，综合成本2美元。

之后，随着大势的好转，金沙集团的股价一路震荡上行。当到达10美元左右时，这位企业家已盈利了4倍，多次想获利了结，但张卫东告诉他，一定要坚持持有。

果然不出所料，在调整了两个月后，金沙集团又开始了一轮新的升势。2009年9月中旬，股价胜利到达20美元，这位企业家获利10倍，盈利千万美元！（图3.11中编号"3"处）

对自己没能亲自参与此次投资，张卫东并没有太多的遗憾。因为，这份优秀的"答卷"中，浸染着他的心血！况且，他在同期的中国A股中也发现大量优秀公司的股价非常低廉，按照格雷厄姆的投资方法，正是建仓的良机。他的主要资金都投入了中国的价值股，2009年综合获利80%，有些个股获利接近200%。

看了上述几则故事，你可能已对张卫东的投资风格有所了解，但也只能略见一斑。比如，在他的身上，还有彼得·林奇捕捉成长股的影子，也有江恩理论精确预测大势时间与点位的影子。多年来，他一直探索各路派别的赚钱模式，在这里不再赘述。其实，准确地讲，他应算是一个"多变的股市侠客"。在他的盈利模式中，集成了各路大师的投资理念和操作风格。

"失误"的根由在哪?

为什么卖掉的股票，又连续使劲翻番地往上涨？为什么有时死守的股票，却不动窝？股票涨跌的基因，到底是什么？几年来，张卫东苦苦地寻找着那躲在涨跌背后的神秘之手，探索着真正影响股价涨跌的"生命基因"……

"失误"中的迷惘

这几年，张卫东因投资业绩优秀而名声大振。登门取经的、托他帮助操作的，络绎不绝。

张卫东不仅是个爱动脑子的人，而且也是个"不知足"的人。采访中，我听得出，尽管他入市5年（从2004年开始。——作者注）资金翻了6倍多，而且还经历了两波熊市的"洗礼"，应该算业绩很好的了，但他并不满意。

他说，有一个问题，曾困惑了他好久。

"什么问题?"我问。

"你看，2005年11月到2006年6月初，我第一次操作贵州茅台，虽然赚了一倍的利润，可我卖掉后，茅台这只股票从2006年6月至2007年10月，又翻了四倍，我没有抓住。你再看，2007年我卖掉兰花科创后，它的股价又涨了三倍。卖掉西山煤电，它又大涨了五倍。这些巨额利润，我都没有抓住呀!"

"股市的钱，还能一次叫你赚完不成?"

"不能这么说。虽然说股市的钱没有穷尽，但是一个人不可能永远赚钱，也不可能一次就赚个够。按理说，我几次都赚了翻倍的钱，应该满足了，但我总觉得自己的投资还有许多问题，感到有点不对劲。我还处于迷惘状态中，我还并不了解股票涨跌的本质和股市的真谛。从这个角度讲，我的投资还不能算成功。"

接着，他打开K线图，给我举了一堆例子：

万科A（000002）股价向后复权，1991年上市初期股价只有5.54元，2007年最高点为4130.55元，17年上升745.59倍，年复利率47.5%。

贵州茅台（600519）股价向后复权，2003年的最低价只有25.88元，2008年最高点877.22元，4.5年盈利33.90倍，年复利率119%。

张裕A（000869）股价向后复权，2003年的最低价只有11.70元，2008年最高点207.47元，4.5年盈利17.73倍，年复利率89.45%。

烟台万华（600309）股价向后复权，2001年的最低价只有27.50元，2007年最高点618.97元，6.5年盈利22.51倍，年复利率61.45%。

…………

"当然，还有许多这样优质的股票，都有着极佳的表现。而我呢，5年6.8倍的收益，年复利率只有46.7%，能算好吗？这些年辛辛苦苦地研究，担惊受怕地操作，其回报还没有持有一只优秀股票的盈利来得丰厚。看来，股票的质地是能够严重影响股价走势的，格雷厄姆和巴菲特崇尚价值投资是很有道理的。你说是吧？"张卫东分析道。

我听着，点点头。

我开始明白他困惑、迷惘的原因了。

发现价值投资基因

失误，探索，执着，刻苦……牛顿的力学原理终于给了他灵光，他站在物理学原理的高度透析股票市场，终于发现了价值投资的四大生命基因！

价值投资的物理意义

在困惑中寻找根由，在迷惘中探索方法。张卫东在优异的投资战绩面前，不能饶恕自己的"过错"：一个投资人，在投资市场上，仅仅是买了后赚钱，就能说明投资是正确的吗？

"不是。"他心里已千百次地这样回答。

他着迷地看着茅台、万科 A、西山煤电……一只只"光彩照人"股票的走势，深深地思考着：这些好股票的价格到底是由什么决定的？

他明白，股票的价格，归根结底是由企业创造的价值决定的。像贵州茅台、煤炭股股价翻倍后的继续大涨，显然说明，自己卖出时的价格还没有充分体现出它们的真正价值。

那么，企业的价值究竟怎样体现？投资的本质又是什么呢？他天天在心里揣摩着这个问题。

一天，作为理学博士的张卫东，突然把自己的思绪勾回到了物理学的"原点"，来考虑上述问题：

世上万物都应该有它的物理意义，以及特有的运动规律，并可以用数学方程来描述。如果不能找到它的物理意义，也就很难找到它的运动规律，那更谈不上利用它来为我们服务了。在股票投资中，要想获利，首先要弄清投资的物理意义，并用数学方程加以清晰描述，我们才算是真正掌握了投资的规律。

那么，投资过程和什么物理现象最相像呢？物理学的各种概念：牛顿经典物理学、量子物理学、声光磁电，物体的宏观运动与量子的微观波动……在他脑子里飞转着。

在长期的苦思冥想之下，有一天，灵光一闪，他顿悟了：企业每天创造价值的过程，不就像一个物体在运动，速度越快，时间越长，才能运动得越远吗？这是多么简单的一个物理现象呀！

一个企业的净资产收益率越大，经营时间越长，那么，创造的价值就越大，其股票价格也应该最终反映这种价值的变化。

想到此，他豁然开朗。

学过物理的人都知道，在经典物理学牛顿力学体系里，距离公式表达式为：

$$s = vt$$

公式中的 s 代表距离，v 代表速度，t 代表时间。即使没学过物理的人，生活中的常识也会告诉你，跑的速度快，时间长，当然，跑出的距离就远了。

据此同理，企业创造价值的公式可表达为：

$$R = Et$$

公式中的 R（return），代表投资的回报，也表示股票的价值；E（earnings），代表净资产收益率；t（time），则代表时间。

从这一数学公式中，我们可以得出：如果一个企业的净资产收益率越高，随着时间的推移，创造的价值也就越大。

"就是这个简单的公式，它告诉了我们价值投资的真谛！"张卫东说。

四大基因解码价值投资原理

"你把牛顿的力学原理，运用到股市的投资上，这真是一个奇妙的创意。我曾采访过那么多的民间高手，第一次见到像你这样，从物理学的角度来理解股市，从距离公式 $s = vt$ 引申到投资公式 R=Et。价值投资的原理让你表达得真简单啊！"我由衷地赞叹眼前这位理学博士的重大发现。

"可别小瞧这个简单的公式，它里面可包含着股票价值的四大生命基因呢！"他说。

"公式的左端 R 是股票的价值，或者叫回报。公式右边是决定它大小的要素。从公式的表达式看，右边不是只有 E 和 t 两个元素，也就是股票的净资产收益率和时间吗？"我问。

"表面上看起来是这样的。时间 t 已经明确是价值投资的一大基因，问题出在 E 上。你不知道，单 E 这一项，可是包含了价值投资的三个基因呢！"

"是吗？此话怎讲？"

张卫东解释说："对于一个企业来说，代表净资产收益率的 E，是动态的，绝不是静态的，每年都不一样。如果一年比一年大，那就说明企业的成长性好，这个代表着成长性的 G（growth），就是又一个重要的基因。既然考虑到企业是发展的，不是静态的，那就还要考虑到它的初始净资产 B（book value），也就是上一年度的账面资产。这个 B，当然就又是一个不能不考虑的重要基因了。"

"所以，概括起来，就是四个基因了？"

"对。B、E、G 和 t，就是我苦苦找寻了几年才发现的价值投资的四大重要基因。"

"原来，就是这四大基因主宰着股票的价值？"我问。

"基本可以这么说。一只股票质地好，净资产收益率高，你持有的时间越长，得到的回报就会越高；如果持有的时间短，即使拿着一只好股票，获利也不会大。比如我买的贵州茅台和黑金煤炭股，它们的 E 值都很大，而且当时都处在高收益、高成长期，如果我拿的时间 t 长一些的话，收益就大多了，绝不是翻一倍的事了。（图 3.12）

"相反，你如果持有一只质地不好的股票，也就是说，它的净资产收益率（E）和成长性（G）都很差，你持有的时间越长，收益就会越差，甚至会亏损很大。比如当年沪深两市红极一时的四川长虹（600839），当它的基本面发生了根本变化，也就是它的 E 值和 G 值都成为负值时，这只耀眼的股市特大牛股的股价，从 66.18 元的高峰，一下栽到了 2.95 元，昔日的风光再也找不到了。"（图 3.13）

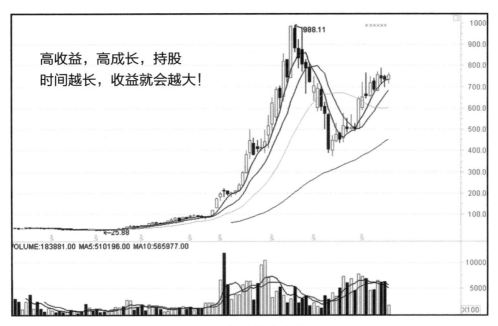

图3.12 贵州茅台走势图2

图3.13 四川长虹走势图1

张卫东说："当然，股票在市场上的价格是很复杂的，并不是一个简单的从价值到价格的映射函数，而且价格往往受宏观经济环境（利率、资金流动性、汇率）、财政政策（行业利好与利空、减免税政策等）、人们因价格变化而产生心理变化等因素的影响。此外，价格还具有很明显的波动特征和很强的不同特性的波动方式。"

价值投资的三种经典风格

为什么被称为世界第一股神的巴菲特投资业绩一直会那么优秀？为什么彼得·林奇掌管的麦哲伦基金13年间，资产能由2000万美元成长至140亿美元？又为什么格雷厄姆能在美国大熊市中重新崛起，称雄华尔街？"价值投资公式"将告诉你一切……

价值投资在世界上流行三种经典风格。它们分别是：巴菲特风格、费雪和彼得·林奇风格、格雷厄姆风格，也称'三大派别'，但很少有人知道这三种流派的根本区别在哪里。张卫东发现的价值投资公式，不仅找到了他们投资风格的本质所在，还深刻地揭示出这些世界级大师们投资背后的"物理意义"。

第一种经典风格：巴菲特风格

巴菲特的投资风格，是投资者最熟悉，也是全世界流行最广的一种投资风格。

张卫东说："在投资过程中，要想获得大利，就要像巴菲特那样，寻找回报高的公司，也就是投资公式中的 R 值要大。"

而要想 R 值大，就得找 E（净资产收益率）大的公司，并持有较长的时间 t。这正如沃伦·巴菲特的名言所说的："投资的一切在于，在适当的时机挑选好的股票之后，只要它们的情况良好就一直持有。""这种投资方法——寻找超级明星股——是我们通向真正投资成功之路的唯一机会。"

这就是价值投资的第一种经典风格，即巴菲特风格。它的代表人物，除了巴菲特外，还有查理·芒格。

由这一原理推论，我们可以得出这样一种结论：寻找净资产收益率（E）很大的公司，并持有相当长或尽可能长的时间。这就是目前最流行的巴菲特风格的投资原理。如他长期持有的质地优秀的可口可乐，近20年（1990~2010年）股价大涨数十倍，就是这一投资风格最好的诠释。（图3.14）

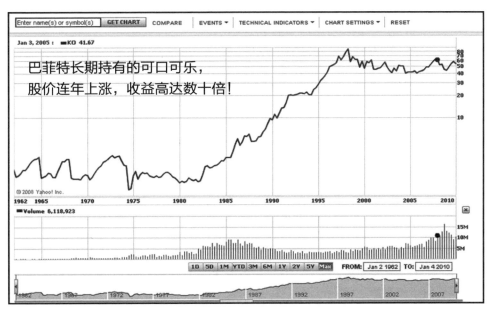

图3.14 可口可乐（美股）走势图

第二种经典风格：费雪和彼得·林奇风格

根据 $s=vt$ 这一距离公式再推而广之，如果我们考虑到加速度（a），那么，距离公式可表达为：

$$s = v_0 t + \frac{1}{2} a t^2$$

（公式中的 v_0 表示初速度，a 表示加速度，t 为时间）

这样，距离就与初始速度和加速度有关。有时候如果加速度很大的话，也会走很远的距离。

在价值投资中，加速度其实就相当于企业的成长性，我们用"G"表示。这样，价值投资公式 R=Et 就可以改写为：

$$R = E_0 t + \frac{1}{2} G t^2$$

（公式中的 E_0 表示初始净资产收益率）

如果我们忽略 $E_0 t$，即只考虑它的成长性，那么，新的价值公式就可表达为：

$$R = \frac{1}{2} G t^2$$

在这里，公司的成长性 G 就显得非常重要，如果 G 能维持相当长的时间，那么 R 的增加就非常可观。这就是目前流行的彼得·林奇或费雪这类"成长派"风格的投资理论依据和物理意义。他们在投资中非常强调追逐企业的成长性。只有企业成长性好，有发展前景，对投资者来说，收益和回报才会大。

这种风格追求的是，在一个不太长的时间内（比如几年），抓住成长10倍以上的公司。

例如，烟台万华（600309）就是一只典型的成长性大牛股。该公司是国内 MDI（二苯基甲烷二异氰酸酯）制造龙头企业，亚太地区最大的 MDI 制造企业，从2003年至2008年，其高成长性使股价大涨超20倍。（图3.15）

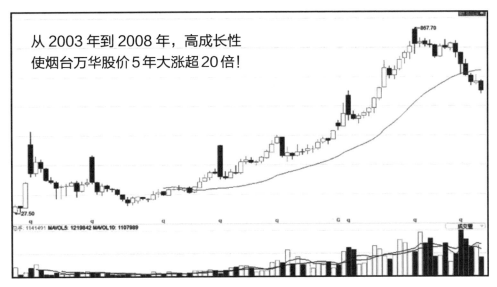

图3.15　烟台万华走势图

第三种经典风格：格雷厄姆风格

根据 $s=vt$ 这一距离公式再推而广之，如果我们考虑到初始距离，那么，距离公式可表达为：

$$s = s_0 + v_0t + \frac{1}{2}at^2$$

这里 s_0 表示出发时距离坐标原点的初始距离，v_0 为初始速度，t 是时间。

如果表现在投资上，s 可视为企业的初始净资产（book value），我们用 B 表示。价值仍用 R 表示。

这样，原来的 R = Et 公式，就可拓展成如下的价值公式：

$$R = B + E_0t + \frac{1}{2}Gt^2$$

上式中的 B 表示初始净资产，E_0 是初始年度的净资产收益率，G 是当年的或者是预估未来的成长性。

假如在这里，我们忽略了 $E_0 t$ 和 $\frac{1}{2}Gt^2$ 这两项，那么，就得出 R＝B 这样一个公式。

据此可以知道，如果 B 很大，资产价格（P）或称股票的市场价格就应该很大，但如果市场价格低于或大大低于每股净资产，也就是 P＜B 或 P≪B，那么就值得投资。这就是目前非常流行的价值投资鼻祖格雷厄姆风格的投资原理。

张卫东投资美国股票金沙集团的经典案例，便是这种格雷厄姆风格的运用。

再如，张卫东在2008年世界金融危机最惨烈时发现的香港上市公司互太纺织（01382），公司净资产为2.17港元，而当时股价最低竟跌为0.29港元，股价 P 仅为净资产 B 的13.36%，可谓 P≪B，极具投资价值。2009年该股上升20倍，验证了这一投资方式的威力。（图3.16）

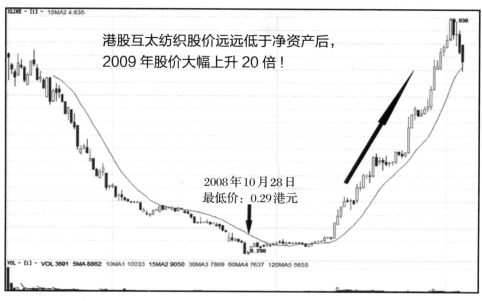

图3.16　互太纺织（港股）走势图

"价值投资公式"的实战要点

一个貌似枯燥的价值投资公式，究竟有何实战意义？在投资过程中，怎样选出好股票？又怎么实现低吸高抛的愿望？价值投资的五大实战要点，将给投资者以启迪。

张卫东认为，在证券市场上，获利的根本是低买高卖，就是要寻找股票价值的低估期买入，价格高估时卖出。

他对价值投资公式的实战操作要点，归纳如下：

$$R = B + E_0 t + \frac{1}{2} G t^2$$

第一种情形：如果只考虑净资产，用 B 来衡量，则公式可简化为：

$$R = B$$

就是要找股票价格远远低于净资产（B）的公司，在股价恢复到合理价格时卖出。这是格雷厄姆风格。

第二种情形：如果只考虑净资产收益率，用 E 来衡量，则公式可简化为：

$$R = Et$$

就是要找净资产收益率（E）足够大的公司，这类公司赚钱能力很强，但通常股价远远高于净资产 B，要想获大利，就要在 PE（市盈率）不是很高时买入并持有相当长的时间，比如 5 年或 10 年以上。股票的价格必将反映企业创造的价值，即价格必有大幅升高，投资者必将获得大利。

这是巴菲特和芒格风格，同时也是所有价值投资流派的理论依据。

第三种情形：如果只考虑成长性，用 G 来衡量，则公式可简化为：

$$R = \frac{1}{2}Gt^2$$

就是要寻找成长性最好的公司，成长性能在短时间内给企业带来价值的巨大变化，从而股票价格迅速上升，以反映企业价值的变化。可以说，成长性是短期内获暴利的重要因子。

这就是费雪和彼得·林奇的投资风格。上述公式也是成长性投资的理论基础。

第四种情形：同时考虑 B、E、G，则主题投资的理论依据公式为：

$$R = B + E_0 t + \frac{1}{2}Gt^2$$

国内所谓的"主题投资"，也就是国际上所谓的"事件驱动投资"，即由于企业内部或外部发生了某一事件（比如，行业利好利空、区域经济概念、并购重组等），引起了企业净资产 B、资产盈利能力 E、成长性 G 突变，从而引起股票市场价格短时间内剧变，被主题投资者利用来获暴利。这就是主题投资的理论依据。

第五种情形：考虑盈利重要因子时间 t，则公式为：

$$R = B + E_0 t + \frac{1}{2}Gt^2$$

在这个公式的后两项中，时间因子 t 起着更加重要的作用。

如果持有的时间很短，那么即使购买了盈利能力很高或成长性很好的公司，也难以获得很大的利润。

价值投资的精髓，就是除了选择购买好公司以外，还需要持有的时间 t 足够长，才能达到价值投资的目的。

净资产收益率 E 稳定、成长性高的公司，公司股价一般会稳定持续向上，它的买卖时间点 t 比较容易把握，获利较为容易，易于操作，为多数价值成长性资产管理者所推崇。

价值突变的公司，买卖的时间点 t 很难把握，只有知晓内幕的人才能获利，而内幕交易是多数国家法律禁止的行为，这种获利方式为多数资产管理者所不齿。

以上综述的五种情形，就是价值投资的精髓。B、E、G、t 就是价值投资的"四大基因"，它建基于经典物理学中的牛顿力学体系的距离公式，具有明确的物理意义，对投资具有很强的指导性，我们称之为"经典价值投资学"，这要感谢伟大的科学家牛顿先生。因此，价值投资法也可以称为"牛顿经典投资法"。

股价波动的"五大基因"

在发现价值投资"四大基因"的同时，张卫东发现市场上股票价格的波动性有时远远大于企业价值的变化。从而，他把探索的目标，从牛顿价值投资的"粒子性"，引向了股票价格"波动性"的新领域，并用著名量子物理学家德布罗意提出的微观粒子具有的"波粒二相性"理论来解释，从而把投资理论上升到量子物理学的理论高度，提出了股价波动的"五大基因"，也使得股票投资的概念更加清晰，操作更具有实战性。

股价的三种静态估值法

"张博士，你潜心研究和发现了价值投资的四大基因，并用牛顿力学的经典理论，把价值投资的关系简单而完整地表达出来，一目了然，明晰、透彻。在投资领域，这可算是一个创造性的发明和极有价值的贡献。"采访中，我由衷称赞张卫东。

"能把自己多年来研究的一点成果，呈现给广大的投资者，一直是我的一个心愿。回过头看，公式看来很简单，但它的含义却很深，为了它，我耗费了几年的心血。"张卫东说。

"的确不容易。只要每一个投资者用心去领会，对投资实践一定会有很大帮助的。但我还想问你一个问题：一只股票在市场中所表现出的价格，是否就是它的价值的真正体现呢？如果是的话，我们根据公式，按照四大基因选出股票，不就能轻松获大利吗？"

张卫东说："你提的这个问题很重要，正是我下面想要进一步表达的。价值投资公式，为我们选到优质的股票，获取大的收益，确实提供了非常简便而可靠的依据。一般来说，符合四大基因选出的股票，都会有好的收益。但是，也有些上市公司的股票质地非常好，可在二级市场上表现却不尽如人意。为什么呢？这就是我要强调的，股票的价格并不简单等同于企业的价值。从理论上讲，价格应该是对价值的一个映射，只不过这个映射关系在股票市场上并不是一个简单的函数形式。但我们依然可以把价格 P 和价值 R 用一个映射函数来表示。"

接着，张卫东向我演示了这一映射函数：

$$P = F(R)$$
$$= F\left(B + E_0 t + \frac{1}{2} G t^2\right)$$

这里 P 是股票在市场上的价格，B、E、G、t 的物理意义与前文所述一致，F 就是一个价值到价格的映射函数。

我们先看一看几种常见的静态估值法：

PB（市净率）：所谓 PB 估值，就是把价值投资公式中的 $E_0 t + \frac{1}{2} G t^2$ 舍去，映射关系变为：

$$P = F(B)$$

把映射函数简化为线性函数，就可以得到：

P=AB，即：

A=P/B

这个 A 就是线性系数，也就是估值因子，它就是 P/B，通常称为"PB"，即市净率。

PE（市盈率）：如果我们忽略企业的净资产 B，成长性 G，只考虑企业的净资产收益率，就得到：

$$P=F\left(B+E_0t+\frac{1}{2}Gt^2\right)$$
$$=F\left(E_0t\right)$$
$$=F\left(E\right)$$

这里 E 是企业的净资产收益率，如果也假设成线性映射，那么：

P=AE，即：

A=P/E

这个 A 就是线性系数，也就是估值因子，它就是 P/E，通常称为"PE"，即市盈率。

PEG（成长性估值）：如果我们忽略企业的净资产 B，净资产收益率 E_0，只考虑企业的成长性 G，就得到：

$$P=F\left(B+E_0t+\frac{1}{2}Gt^2\right)$$
$$=F\left(\frac{1}{2}Gt^2\right)$$
$$=F\left(G\right)$$

如果也假设成线性映射，那么：

P=AG，即：
A=P/G

这个 A 就是线性系数，也就是估值因子，它就是 P/G，通常称为"PEG"，即成长性估值因子。

DCF（discounted cash flow，现金流折现估值）：如果我们不做任何简化，而且考虑以后 n 年内企业创造的总价值（总现金流，每年的企业利润约等于每年的现金流），就得到：

$$P=\sum_{t=1}^{n}\frac{CF_t}{(1+r)^t}$$

在这里，P 表示企业的评估值，n 表示资产（企业）的寿命，CF_t 表示资产（企业）在 t 时刻产生的现金流，r 表示预期现金流的折现率。

这个 DCF 模型与 PB、PE、PEG 显著不同，后面三个都是即时估值，没有考虑以后的变化，可以认为是静态估值，而 DCF 则包含了整个股票存在的生命"久期"，也就是时间的价值。因此，将时间 t（不要与时机 timing 混淆，这里的 t 表示的是"久期"的概念。——作者注）作为一个价值投资的基因是非常有物理意义与实战价值的。

股价波动的五大基因

"上述四种估值方法就是价值投资中常用的静态估值模式，一般投资者都是很熟悉的。但是这种方法有一个很致命的弱点，就是假设映射函数是一个线性的映射，这与股票市场上实际的映射关系是不符的。"

张卫东指出，股票市场永远是波动型的，而绝不是静态型的。著名的投资家索罗斯在他的《金融炼金术》里，提出了一种经典的映射模型，称为

"Boom–Bust"模型，中文可以称为"繁荣－崩溃"模型。他虽然将这个模型运用在投机"英镑汇率""亚洲金融危机"等经典案例中，但并没有给出一个具体的数学表达式，只给出了一个示意图。（图3.17）

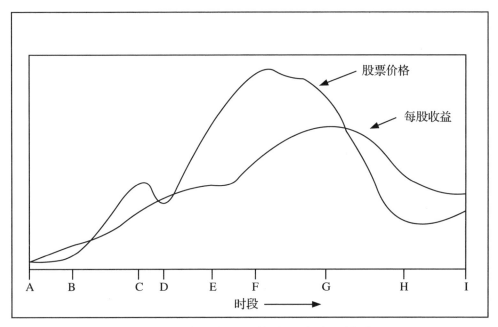

图3.17　索罗斯的"繁荣－崩溃"模型

从图3.17中可以看出，股票市场上股票价格与价值（收益）的动态映射关系为：

AB段：市场还没有认清企业的价值，价格低于价值，此时价值处于被低估阶段。

BC段：市场逐渐认清企业的价值，股票价格持续上升，到图中的 C 点，价值已经被高估。

CD段：价格远高于价值，价格开始向价值回归，但由于企业的成长性仍在，价格只是短暂调整，并不会崩溃。

DE段：经过一段时间调整后，市场重新认识到企业的价值，价格不断上升。

EF 段：人气鼎盛，价格被越推越高，市场进入繁荣阶段，最后进入疯狂。

FG 段：精明投资者开始认识到股价不可能持续上升，开始卖出，股价出现高位盘整，进而缓慢下降，股价趋于崩溃边缘。

GH 段：市场普遍认同企业价值开始下降的事实，卖出远大于买入，股票价格剧烈下降，市场处于崩溃阶段。

HI 段：价格下降过于剧烈，出现对价值的低估，买盘开始出现，股价出现反弹，但已很难再现繁荣阶段的价格暴涨。

由此看来，股票价格的波动除了与价值 R 有一个理论上合理的映射外，还有很多其他的影响价格的因素。这些因素主要是因为价格形成中参与者的心理变化过程造成的。索罗斯在他的《金融炼金术》中对此有精彩的描述，这里不再赘述。

采访中，张卫东强调说：“正是因为市场的波动性，决定了股票价格的多变性，我们只有认识波动的规律，才能更好地掌握股价涨跌的秘密。”

他对股市波动的分析与索罗斯有些不同。他认为股市的波动主要分为牛熊波动、中期波动、短期波动、日间波动以及其他突发性事件引起的异常波动。

牛熊波动

股市整体的牛熊波动主要由宏观货币政策以及财政政策等大的可以造成货币泛滥（流动性）的因素引起。根据经济学原理：

$$PY=MV$$

其中 P 是资产价格，Y 是资产数量，M 是货币总量，V 是货币流动速率。那么：

P=MV/Y

在货币政策宽松的时候，货币总量 M 很大，货币流动速率 V 也很大，资产数量 Y 在短时间内很难增加，而且由于惜售的因素，可供流动的资产数量 Y 很少，这时资产价格就上升。价格上升在心理学上引起人们购买的欲望，形成价格上升的正反馈，从而形成牛市。

在牛市的末期，由于价格的大幅上升，价格与价值严重背离，长期价值投资者开始离场，从而造成可供交易的资产数量 Y 增加。同时，政府为防止资产泡沫，会采取回笼货币、收缩流动性的政策，从而造成 M 以及 V 下降，最终资产价格 P 开始下降，下降的价格会引起中期投机者的抛售，从而更多的可以交易的资产数量 Y 流动在市面上，导致资产价格进一步下降，从而形成熊市。

牛熊波动是造成大部分投资者亏损的主要原因，而且亏损幅度巨大，通常为50%至80%，甚至超过80%，降低了投资者再投资的能力。精明的投资者由于能够正确衡量资产的价格，在熊市末期或牛市初期资产价格比较低的时候买入，在牛市末期或熊市初期价格还比较高的时候卖出，因此能够大幅获利。

由于牛熊波动信号清楚，很多指标可以测量，因此历史上一些伟大的投资者或者股市中的理智投资者都能够很好地运用。而一些股市知识比较浅薄的初入市的投资者，则会损失惨重。

比如，2006～2007年的中国大牛市，就是由于对人民币升值的预期，造成中国 A 股流动性增加，股价狂升，引起更多投资者入市，股价再上升，从而形成大牛市。

2007年10月份，由于股票价格已经严重脱离基本面，精明的投资者开始抛售，进而引起投机者的抛售，形成股票价格下跌的正反馈，从而在2008年造成了沪深股市历史上最惨烈的下跌态势。从2006年至2008年，3年完成了一个牛熊的循环。（图3.18）

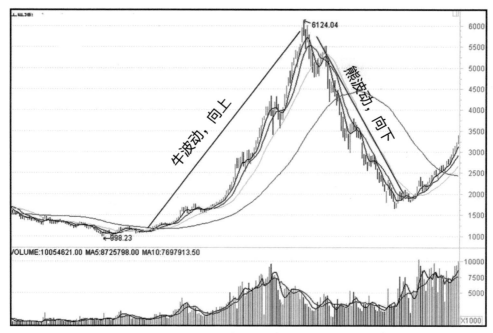

图 3.18　上证指数走势图

中期波动

　　股价的上升过程或者下降过程并不一定是一帆风顺的。在上升过程和下降过程中会由于涨跌幅过大而进入一个中期的调整，同时政府针对股市过热或过冷采取的很多调控政策，也会加剧中期调整的幅度。比如，2007年5月30日上调印花税、2008年9月18日下调印花税等政策都引发了股市的中期调整。

　　中期调整表现形式通常为短时间内剧烈下挫（或反弹），达25%～30%的幅度。整个调整周期一般为1～3个月，也有的调整3～6个月。极端情况下，甚至出现超过9个月的调整期。

　　在牛市中，中期调整主要是由中期投机者的卖出产生的，因此盈利的主要是中期投机者。

　　长期价值投资者由于没有看到价格被严重高估，宏观政策也没有大的转向，除了微幅调仓外，一般都不进行出货动作，因此他们会忍受30%左右的震荡。这个震荡期一般只有几个月，之后会恢复平稳状态，因此并不会造成长期价值投资者的亏损。

中期投机者则要冒着卖早和买晚的风险，也不一定能够增加盈利。缺乏经验的散户则可能忍受不了震荡的煎熬，在震荡中失去筹码，只能在更高点买回来，从而造成亏损。（图3.19）

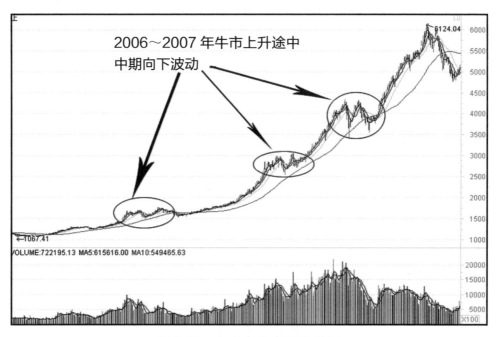

图3.19　牛市中的中期波动图

在熊市中，中期调整主要是由中期投机者的买进产生的。

长期价值投资者由于没有看到价格被严重低估，宏观政策也没有彻底转向，一般都不进行建仓动作，因此他们会错失30%左右反弹的利润。中期投机者虽有获利的机会，但也要冒买早和卖晚的风险。

缺乏经验的散户则可能忍受不了反弹的诱惑，在反弹高点中追高买入，当股价重新进入下降通道时，他们又会在更低点割肉出局，从而造成亏损。（图3.20）

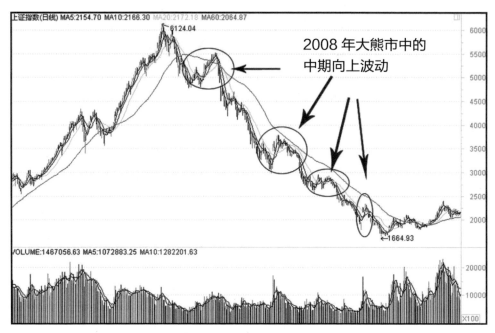

图3.20　熊市中的中期波动图

短期波动

　　在上升途中，短期波动主要是短期投机者看到价格短期有10%～15%的涨幅后抛出以期获利，从而造成价格约15%的调整。缺乏经验的投资者由于追高套牢，很可能在调整的过程中割肉离场，造成亏损。而中期投资者以及长期投资者则不会理会这个短期的波动，因此他们一般都不会在短期波动中损失利润或筹码。（图3.21）

　　同样，在熊市中也存在向上的短期波动，这个原理与牛市中的短期波动相反，这里不再赘述。

日间波动

　　日间波动包含日内波动、当日尾盘波动和次日开盘一小时内的波动。

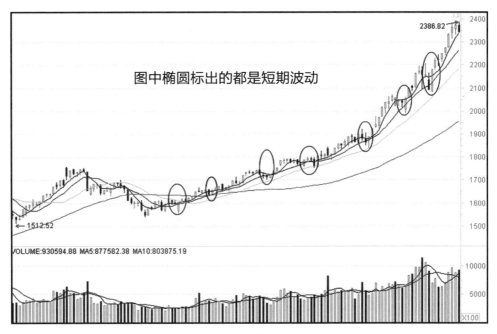

图中椭圆标出的都是短期波动

图 3.21　短期波动图

　　股票是每天交易的，由于受短期价格走势、参与者的心理变化等多种因素影响，会产生一些日间的波动规律。一些超级短线客试图捕捉这些日间的波动。日间交易是一种纯粹的"负和"游戏，主要是因为波动本身是零和的，而较大的交易费用以及很多国家对短期交易征收资本利得税等因素使日间交易变成了"负和"游戏。因此除非能力非常强的短线高手，普通投资者基本上是很难盈利的，但也不乏获暴利的超级短线投资者。

异常波动

　　异常波动主要是由于股票反映的企业价值发生突变或外在环境发生突变所致。企业价值发生的突变是由于企业经营发生重大变故，主要影响因素有企业进行兼并重组、企业产品质量剧变、企业获得专利或损失专利授权费、企业盈利能力发生重大提升或丧失、高级管理层发生人事变更等。外在环境发生的突变可能是国际国内的货币政策或者财政政策突然发生比较大的变化，以及战争、天灾、地震等可能对企业产生重大影响的事件。

这里，列举一些近年来发生的重大事件导致异常波动的例子，如：

2008年乳品饮料业的三聚氰胺事件导致受影响的乳品企业股票价格连续暴跌和未受影响的乳品企业股票价格暴涨。

2008年"5·12"汶川大地震导致地处灾区的东方电气等企业遭受重大损失，股价连续暴跌。而受益的水泥、基建板块连续暴涨。

2008年香港上市公司中信泰富突然曝出过百亿元的外汇投资损失，导致股价暴跌。

2009年发生的甲型流感事件导致受益的疫苗研制企业股票持续几个波段上涨。

2010年中央开发海南岛旅游的政策导致海南板块股票的暴涨。

…………

以上均为股市中异常波动的表现。

根据信息处理理论，信号的波动是可以叠加的，也就是可以用加法把所有的波动加在一起作为一个统一的表达式。

综合以上列举的五大波动形式，我们可以把价格波动表示为：

价格波动 = W（bull-bear 牛熊）+ W（medium 中期）+ W（short 短期）+ W（day 日间）+ W（delta 异常）

这里是价格的波动，这个波动主要是市场的原因引起的。W（bull-bear 牛熊）表示牛熊波动，主要是指一个大的牛熊周期的波动，在此不考虑大于一个牛熊波动周期的波动。W（medium 中期）表示中期波动、W（short 短期）表示短期波动、W（day 日间）表示日间波动、W（delta 异常）表示异常波动。

由此可以看出，股价波动主要由五种不同性质、不同周期的波动叠加在一起，最后组成了非常复杂、非常迷惑人的波动形式。这五种波动形式也就是张卫东总结的股价"五大波动基因"。

九大基因奏响股价涨跌"交响乐"

股海波浪起伏，股价变化无穷，它们涨跌背后的驱动力到底是什么？"九大基因"和那近乎完美的神奇数学公式，最终揭示出了其中的奥妙……

多日的采访，张卫东就像是领着我在迷宫中转悠。基因，波动，一串串公式，听起来真像他的网名"金玄子"一样，让人感到玄而又玄。

只有当他讲完了价值投资的四大基因和股价波动的五大基因，我才透出一口气说："这下，股票价格涨跌的秘密才终于揭示出来了，原来它是由九大基因决定的呀！"

"对。股票价格是由企业本身的价值投资四大基因和股价波动的五大基因共同决定的。这九大基因犹如奏响股价涨跌交响乐的音符。它们的不同变化导致每只股票的涨跌节奏都不相同，能够认清九大基因的人宛如聆听一曲优美的交响乐，领略其中的妙处，看清其中的关键，尽情享受并可轻松获利。而不知九大基因妙处的人，则会陷入纷乱的音符而被迷惑，不知所措，慌张决策，亏损累累。"

接着，他向我讲述了他最终找到股票价格波动的一个完整式的过程：

$$P = P_E + P_W$$
$$= F\left(B + Et + \frac{1}{2}Gt^2\right) + W(bull-bear\ 牛熊) + W(medium\ 中期) + W(short\ 短期) + W(day\ 日间) + W(delta\ 异常)$$

其中，P_E 是价值基因导致的股价波动，P_W 是市场波动导致的股价波动。

"这就是我们要找的股价表达式。它包含了股价涨跌的几乎全部秘密！"采访中，当张卫东最终把凝聚着他多年心血的一个完整数学公式呈现在我眼前时，他兴奋地说，"世界上绝大部分的投资风格都可以从这个映射公式的各种简化形式中找到。深刻理解这个公式，就等于找到了股市投资盈利的基因！"

他用一个表格（表3.1），列举了世界上不同流派的不同操作风格：

表3.1　不同流派的不同操作风格

序号	公式形式	风格类型	代表人物
（1）	$P = F(B)$	价格超低	格雷厄姆、巴菲特
（2）	$P = F(Et)$	长期收益大	巴菲特、芒格
（3）	$P = F\left(\frac{1}{2}Gt^2\right)$	成长性	费雪、彼得·林奇
（4）	$P = F\left(B + Et + \frac{1}{2}Gt^2\right)$	价值投资	巴菲特、芒格
（5）	$P = F\left(B + Et + \frac{1}{2}Gt^2\right) + W(\text{bull-bear})$	价值投资、牛熊波动	巴菲特
（6）	$P = F\left(B + Et + \frac{1}{2}Gt^2\right) + W(\text{bull-bear})$	"繁荣－崩溃"模型	索罗斯
（7）	$P = F\left(B + Et + \frac{1}{2}Gt^2\right) + W(\text{bull-bear})$	空中楼阁	凯恩斯（英）
（8）	$P = F\left(B + Et + \frac{1}{2}Gt^2\right) + W(\text{medium})$	趋势跟随、中线投机	比尔·顿 亚历山大－埃尔德
（9）	$P = F\left(B + Et + \frac{1}{2}Gt^2\right) + W(\text{medium})$	主题投资	保尔森、索罗斯
（10）	$P = W(\text{short})$	短线投机	拉里·威廉斯
（11）	$P = W(\text{day})$	超级短线	西蒙斯

表3.1中的（1）（2）（3）（4）已在前文中详细作了介绍，此处不再赘述。而（5）（6）（7）公式的形式虽然一样，但代表人物对它们的理解却是不同的。

巴菲特认为，股价最终会反映企业的价值，我们要做的是，在熊市中股价低估时买入，在牛市末期股价高估时卖出。他几乎从不在熊市中卖空获利。

索罗斯认为，人们的知识是有限的，对价值的理解是不全面的。当大家对价值都认同时，股价会大大超越企业的真实价值，此时要考虑卖出获利；当企业的基本面恶化，且市场投资大众对此都开始有所认识，股价就会剧烈下跌，此时应卖空获利。由于下跌比上涨要迅猛得多，因此卖空可以短期获得暴利。索罗斯的经典投资战役大部分都是卖空，比如放空英镑、在亚洲金融风暴时放空东南亚各国股市，均属此列。

凯恩斯认为，股票的价格并不是仅由其内在价值决定的，而主要是由投资者的心理决定的。此理论称为"空中楼阁"。心理的预期会受乐观和悲观情绪的影响而起伏，从而引起股票价格的剧烈波动。只要投资者认为未来股票价格会上涨，他就可不必追究该股票的投资价值而一味追高买进；而当投资者认为未来股票价格会下跌时，他也不顾市场价格远低于内在价值而杀跌抛出。所以，股票投资往往成为"博傻游戏"，成为投机者的天堂。

公式（8）（9）的表达虽然也一样，但同样存在代表人物对其理解的不同。

公式（8）的特点是，主要考虑趋势跟随和中期波段投机操作。买进卖出的依据主要是技术面，但也考虑企业价值本身对股价的影响。

公式（9）主要是考虑企业内在价值剧变（兼并、重组或其他突发利好、利空等）会导致股价在中期波段上产生剧变。这就是国内流行的主题投资风格的理论依据。国际上的代表人物是保尔森，他在2008年的美国次贷危机中，放空次债的衍生品而获利500%以上。

公式（10）（11）所代表的短线和日间操作，国内外有大量的著作论述，技巧高超者可以获得暴利，一般人容易产生亏损。国际上著名的新兴量化投资的鼻祖西蒙斯，是这种风格的代表，他的投资收益已经连续17年超越巴菲特和索罗斯。

无论是日内的趋势波动还是短期的震荡，只要进入日内，均可以称为"高频交易"，也就是高频率的交易。高频交易根据原理的不同，主要分为套利模型交易、订单流模型交易、做市模型交易以及事件驱动交易。这里的事件驱动交易主要是指单日内由于重大利好、利空而导致股价单方向运动30分钟、60分钟以上的交易。

"张博士，你总结出那么多的投资形式，你认为哪一种方案是最好的？投资者在实战中到底应采用哪一种呢？"采访中，我问。

"在这里，我不想对这11种风格进行优劣的评判。实际上，他们的代表人物都获得了很好的投资业绩，这是有目共睹的。投资者应该考虑的是，自己本身的性格和偏好，适合哪一种方式，而自己的能力又能掌握哪一种方式，这才是最主要的。偏好的，而且能掌握的，才能带来利润；不喜欢或不能掌握的，即使勉力而行，最终结果也肯定不会好。"张卫东回答说。

采访中，张卫东多次谦虚地说："我总结出的这个看似包罗万象的公式，其实也不能穷尽股市所有的变动因子，更多的变动因子可以由投资者根据自己的理解继续添加。不过，这个公式已经包含了股市的绝大部分和主要的变动因子，对投资行为已经可以进行非常大的理论指导。可以说，这是很有意义的。如果运用，要根据自己的实际情况灵活把握，方能取得好的效果。"

应用"公式"制胜的经典案例

自从2008年6月发现股市九大基因建立了投资公式后，张卫东就开始了运用公式制胜股市的历程。在短短一年半的时间里，他创造了许多的经典案例，验证了这些公式在实战中对投资行为的神奇指导意义。

应用牛熊波动原理

实战案例：熊市清仓所有股票

应用公式：$P = F\left(B + Et + \dfrac{1}{2}Gt^2\right) + W(\text{bull-bear})$

关键词：熊波动　空仓

执行时间：2008年5月25日至28日

清仓理由：

其时，全球股票市场一片熊气。中国A股在2007年10月份牛市见顶以来，经历了第一波剧烈的杀跌，上证指数从6124点腰斩一半，一路杀跌至3000点。在2008年4月22日中国政府救市政策刺激下，上证指数大幅反弹800点后，在60日线的压力下，开始了继续缓慢下跌。熊市，好像没有尽头的样子。

国际上，美国次贷危机愈演愈烈，全球股票市场在2008年4月、5月经历了一个多月的反弹后，重新步入了下降通道。

大宗商品期货市场的商品价格，经过前几年的大幅飙升，都处在历史的高位。这对经济的发展以及下游企业的盈利是极为不利的，企业盈利处在下降的阶段。

应用公式（5），按照巴菲特理论的解释，股市此时处在牛熊波动的向下波动阶段，应该空仓。

应用公式（7），按照凯恩斯理论的解释，股市的第一波剧烈杀跌，已经改变了人们对未来的心理预期，未来会更糟，股价会剧烈下跌，应该毫不犹豫地卖出所有股票。

结论：清仓所有股票以及期货的多头仓位，伺机放空！

结果：2008年5月25日开始卖出股票，5月28日清仓了所有股票以及期货市场的多头仓位。几天后的6月10日，中国A股跳空低开，剧烈杀跌，当日指数下跌7.73%，上千只股票跌停，开始了最为惨烈的C浪杀跌历程。

张卫东的操作不仅截断了上半年的部分亏损，而且避过了下半年第二个"腰斩"的暴跌。（图3.22）

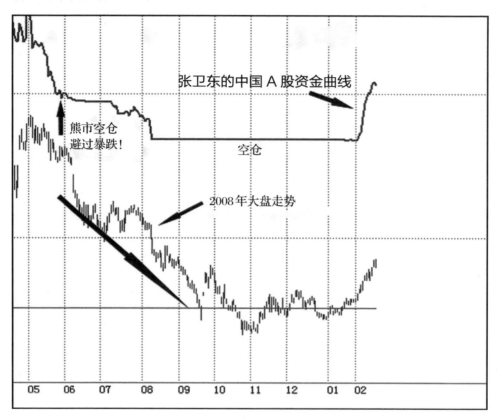

图3.22　2008年大盘走势和张卫东A股资金曲线对比图

实战案例：放空恒指权证

应用公式：$P = F\left(B + Et + \dfrac{1}{2}Gt^2\right) + W(\text{bull-bear})$

关键词：熊波动　放空操作

执行时间：2008年7月25日至11月27日

放空理由：

在美国次贷风波引发的世界金融危机中，全球股市熊气弥漫，暴跌不止。

应用公式（6）：$P = F\left(B + Et + \dfrac{1}{2}Gt^2\right) + W(\text{bull-bear})$。这时，公式中体

现牛熊波动的 W（bull-bear），在此阶段熊市向下波动中占据着主导地位。按照索罗斯理论的解释，股价剧烈下跌引起心理恐慌，而这一恐慌心理可能会导致股价更加剧烈的向下波动，投资者应该伺机放空获取暴利。

恰在此时，经过了一个熊市向上的中期波动后，恒生指数重新进入熊市向下波动的主方向，呈现出一个放空的良机。

结论：放空恒指权证。

结果：2008年7月25日开始放空，至2008年11月27日停止放空，投资资金获利580%，全部资金获利82%，抵消上半年的亏损后，全年盈利27%，创造了"用公式打败市场"的神话。（图3.23）

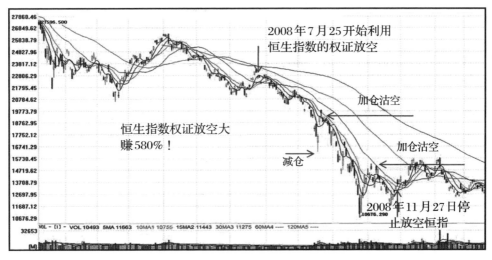

图3.23　恒指权证放空操作图

实战案例：四川长虹

应用公式：$P = F\left(B + Et + \dfrac{1}{2}Gt^2\right) + W(\text{bull-bear})$

关键词：牛波动　做多操作　空中楼阁

买入时间：2006年11月8日

买入理由：

沪深股市当时正处在一轮波澜壮阔的大牛市中，蓝筹股已经经历了几倍的股价增长，但还有些二流、三流业绩的股票才刚刚有启动的迹象，被冷落了多年的沪深股市的"老典型"四川长虹就是其中的一员。

当时，四川长虹集团公司的一个下属手机企业的手机业务正高速成长，其利润将会对四川长虹集团的整体利润有较大影响。恰在此时，市场上有关四川长虹（600839）的利好消息不断，尤其是"四川长虹与微软签署战略性合作协议"的传闻，犹如一把干柴，重新点燃了人们对这只被冷落多年的"老牛股"的热情。

结论：一个重磅传闻，很可能激起巨大的浪花，耸起一座漂亮的"海市蜃楼"，恰逢牛市整体向上的波动大势，又符合凯恩斯的"空中楼阁"理论，坚决买入！

结果：2006年11月3日，四川长虹突然涨停，有大资金介入迹象。从11月6日开始，张卫东持续买入，成本在3.50元。2007年4月底，该股股价接近10元，5个月上涨超过两倍。就在股价节节攀高中，四川长虹"业绩增长""参股券商"等利好不断涌出。

另外，"四川长虹与微软签署战略性合作协议"的传闻也越传越神。一个光彩夺目的"空中楼阁"越来越吸引大众的眼球，长虹股价频创新高。而此时张卫东却判断，利好频出，预示着"海市蜃楼"即将消失。他反其道而行之，开始抛出四川长虹。

不久，遭遇"5·30"，股价开始暴跌，但由于所持股份已经不多，张卫东并未在恐慌中出局。6月份，四川长虹又开始了继续拉升，连续三个涨停板，第四个涨停板没有封住，形成一个"断头铡刀"，振幅达到15.6%，换手率达到23.72%。此时，张卫东判断该股上涨行情已经走到尽头，便在第二天的反弹中，以11.50元的价格悉数抛出。

此后，该股震荡做"头"，再次遁入下跌途中，于2008年10月27日，股价创出了2.69元的历史新低，形成了一个真正完美的空中楼阁与牛熊波动形态，其走势与张卫东后来所发现的理论公式（7）所代表的凯恩斯的"空中楼阁"有着惊人的吻合。四川长虹的大起大落，上演了一出"空中楼阁"

的闹剧。（图3.24）

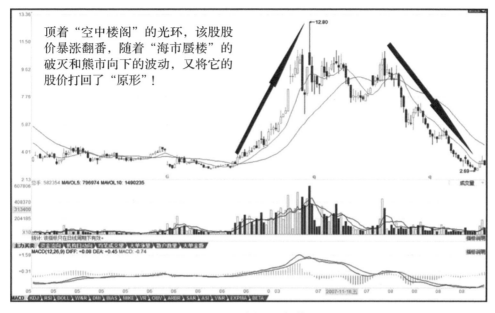

顶着"空中楼阁"的光环，该股股
价暴涨翻番，随着"海市蜃楼"的
破灭和熊市向下的波动，又将它的
股价打回了"原形"！

图3.24　四川长虹走势图2

应用价格超低原理

实战案例：金沙集团

应用公式：P = F（B）

关键词：价格低于净资产抄底

买入时间：2009年3月4日

买入理由：

由于利空的影响，金沙集团股价在2009年3月份大大跌破净资产。

据分析，该公司破产的可能性很小。

应用公式（1）：P = F（B），公司的净资产B = 5.76美元，而价格P<2美元，按照格雷厄姆理论的解释，坚持"用四毛钱的价格去购买一元钱的资产"的理念，可判断一旦金融危机结束，股价必将大幅回升到净资产以上。

结论：买入后，大幅获利的可能性大于80%。

结果：自2009年3月4日开始买入，27日建仓完毕，综合成本2美元。半年后，股价上升至20美元，获利近10倍。（图见前文"格雷厄姆的影子"一节）

应用价值投资原理

实战案例：张裕B（200869）

应用公式：$P = F\left(B + Et + \dfrac{1}{2}Gt^2\right) + W(\text{bull-bear})$

关键词：高收益率　高成长性　熊末牛初阶段

买入时间：2008年12月26日始，持续不断买入

买入理由：

张裕葡萄酒是中国驰名的品牌，多年来维持很高的净资产收益率（E一般大于30%）。

张裕B（200869）业绩具有很好的成长性（G一般大于30%，有的年份甚至大于50%）。

熊市当中，其股价同样经历了暴跌，下跌幅度达到70%。这时，其市盈率PE已小于20，PEG已小于1，显示成长性好，价格低。

符合公式（2）要求的净资产收益率大的指标，也符合公式（3）要求的成长性高的要求，具备公式（4）的全部特性。根据公式（5），在熊市波动的末期和牛市波动的初期买入，长期持有，必将获得很大的利润。（图3.25～图3.27）

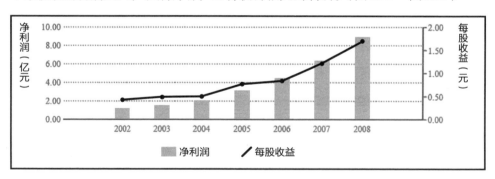

图3.25　张裕B净利润和每股收益

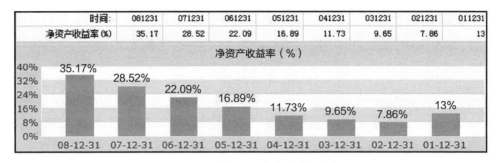

时间:	081231	071231	061231	051231	041231	031231	021231	011231
净资产收益率 (%)	35.17	28.52	22.09	16.89	11.73	9.65	7.86	13

图3.26 张裕B净资产收益率

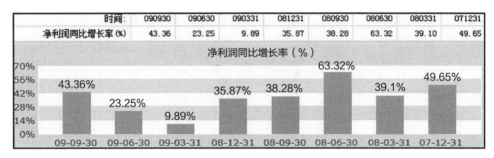

时间:	090930	090630	090331	081231	080930	080630	080331	071231
净利润同比增长率 (%)	43.36	23.25	9.89	35.87	38.28	63.32	39.10	49.65

图3.27 张裕B净利润同比增长率

2008年10月至12月底，大盘在暴跌至1664低点后，已到熊市末期，张裕B已经开始反弹，到了买入良机。

结论：持续不断买入，长期持有，获取巨大利润。

结果：2008年12月26日开始买入后，股价一直震荡上行，其间不断加仓，到2009年1月份，股价突破70元，上升200%。（图3.28）

实战案例：贵州茅台

应用公式：$P = F\left(B + Et + \frac{1}{2}Gt^2\right) + W(\text{bull-bear})$

关键词：高收益率　高成长性　熊末牛初阶段

买入时间：2009年2月3日第三次买入

买入理由：

茅台酒是中国的国酒，驰名中外。其股票贵州茅台（600519）多年来维持很高的净资产收益率（E一般大于28%）。

熊市当中，其股价同样经历了暴跌，下跌幅度达到70%。这时，其市盈率 PE 接近20倍。

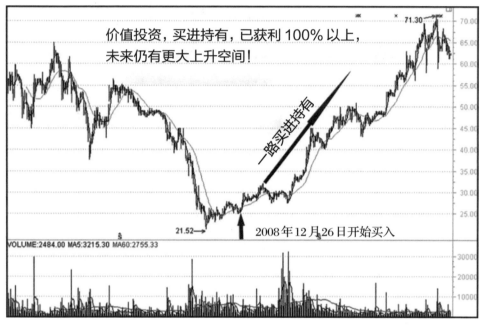

价值投资，买进持有，已获利 100% 以上，未来仍有更大上升空间！

一路买进持有

71.30

21.52→ 2008年12月26日开始买入

VOLUME:2484.00 MA5:3215.30 MA60:2755.33

图 3.28　张裕 B 走势图

根据公式（5）：$P = F\left(B + Et + \dfrac{1}{2}Gt^2\right) + W(\text{bull-bear})$，它符合净资产收益率 E 大和成长性 G 高的要求；在熊市波动的末期和牛市波动初期的2009年2月份买入，长期持有，必将获得丰厚的收益。

2009年2月，大盘已到牛市初期，贵州茅台股价已经开始反弹，到了买入良机。

结论：买入并长期持有。

结果：2009年2月3日以104元买入后，曾于2月16日以121元高抛一次，在6月5日再次买入后，一直持有。至2010年春节，获利已超60%。（图3.29、图3.30）

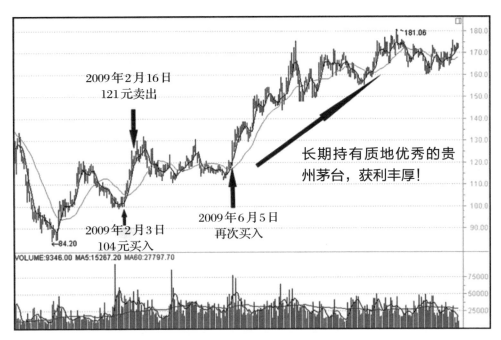

图3.29　贵州茅台走势图3

代码	名称	买入			卖出			实现盈亏	盈亏比例(%)
		建仓日期	数量	均价	卖出日期	数量	均价		
000002	万 科A	20090213		8.340					
000792	盐湖钾肥	20090212		51.250	20090218		52.180		1.81
000568	泸州老窖	20090204		20.040	20090216		23.610		17.81
000792	盐湖钾肥	20090204		44.900	20090211		56.660		26.19
600519	贵州茅台	20090203		104...	20090216		121...		16.83
600036	招商银行	20090119		13.760	20090218		15.020		9.16

图3.30　张卫东买卖贵州茅台截图

📑 *画外音*

贵州茅台：永远的爱

采访张卫东时，我看到他操作的许多账户，发现了他的一个"最爱"，那便是消费品中的"白酒类"板块，什么张裕A、张裕B、五粮液、泸州老窖、山西汾酒等，但说起他的最爱，则非贵州茅台不可了。

"为什么这么痴迷茅台？"我曾不止一次问张卫东。他说："因为它太优秀了，它的收益年年稳步增长。净资产收益率很高，也很稳定，也就是公式中的E值很少有大的波动，只要持有较长时间，它就亏待不了你，比较适合做中长线投资。你想，它每年带给你几乎30%的收益，存银行哪来这么高的利润呢？"说着，他打开了贵州茅台的成长性和收益率的图表给我看。（图3.31、图3.32）

时间:	081231	071231	061231	051231	041231	031231	021231	011231
净资产收益率(%)	33.79	34.38	25.51	21.97	19.68	17.06	13.21	12.97

净资产收益率（%）

- 33.79% 08-12-31
- 34.38% 07-12-31
- 25.51% 06-12-31
- 21.97% 05-12-31
- 19.68% 04-12-31
- 17.06% 03-12-31
- 13.21% 02-12-31
- 12.97% 01-12-31

注：2006年净资产收益率下降是由于该股10送10造成的，并非业绩下降。

图3.31　贵州茅台净资产收益率

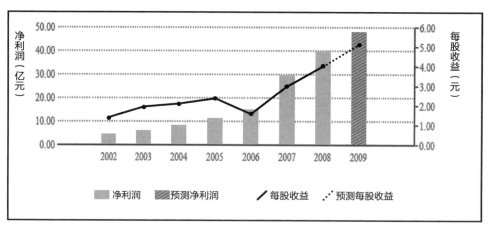

图3.32　贵州茅台净利润和每股收益

"你想，有这么好的成长性和稳定增长的收益率，谁能不喜爱它呢？！"张卫东对我说。

实战案例：五粮液

应用公式：$P = F\left(B + Et + \frac{1}{2}Gt^2\right) + W\,(\text{bull-bear})$

关键词：高收益率　高成长性　牛市初期

买入时间：2009年6月5日

买入理由：

该公司是中国著名的酒类品牌，几乎与贵州茅台齐名，产品具有很大的市场竞争力。

五粮液（000858）的净利润基本每年都有所增长，每股收益也基本呈上升趋势。（图3.33）

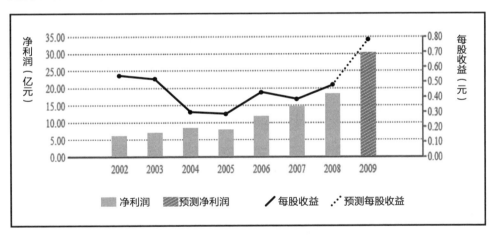

图3.33　五粮液净利润和每股收益

该股净资产收益率一直稳定在10%以上，而成长性也保持在每年20%以上。（图3.34）

更可贵的是，该公司将不再给集团公司输送利润，绝大部分都将留在上市公司。这样，该公司的净资产收益率将会稳定在30%以上。这意味着两年

内该公司的成长性最少有100%，业绩呈现爆发式增长。（图3.35）

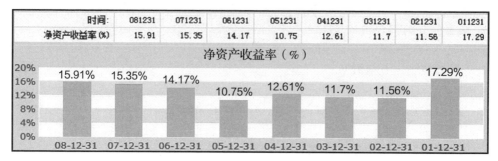

时间:	081231	071231	061231	051231	041231	031231	021231	011231
净资产收益率(%)	15.91	15.35	14.17	10.75	12.61	11.7	11.56	17.29

图3.34　五粮液净资产收益率

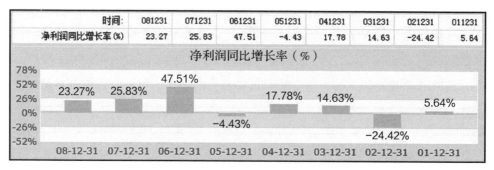

时间:	081231	071231	061231	051231	041231	031231	021231	011231
净利润同比增长率(%)	23.27	25.83	47.51	-4.43	17.78	14.63	-24.42	5.64

图3.35　五粮液净利润同比增长率

结论：根据 $P = F\left(B + Et + \frac{1}{2}Gt^2\right) + W(\text{bull-bear})$ 公式，E、G 的值都很大，大盘又处在牛市初期向上波动的阶段，值得买入，长期持有。

结果：2009年6月5日买入后，一直持有。至2010年春节，获利已近100%。（图3.36）

实战案例：山西汾酒

应用公式：$P = F\left(B + Et + \frac{1}{2}Gt^2\right) + W(\text{bull-bear})$

关键词：高收益率　高成长性　牛市初期

买入时间：2009年6月5日

买入理由：

山西汾酒生产的是清香型白酒，在中国独树一帜，有很强的竞争力。

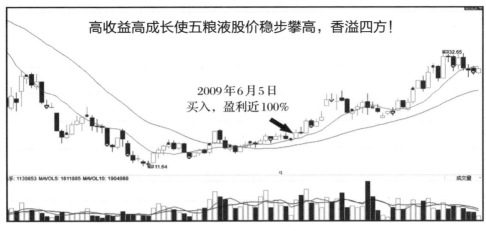

图3.36　五粮液走势图

山西汾酒（600809）上市后其净利润连年升高，净资产收益率（E）一直保持在较高的水平。（图3.37～图3.39）

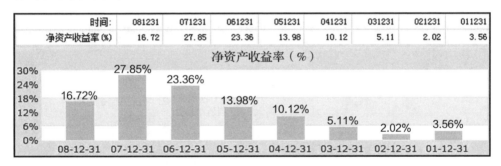

图3.37　山西汾酒净资产收益率

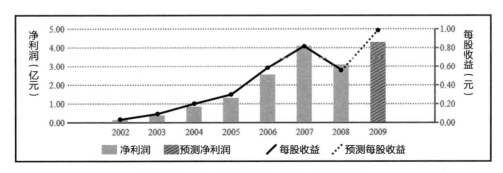

图3.38　山西汾酒净利润和每股收益

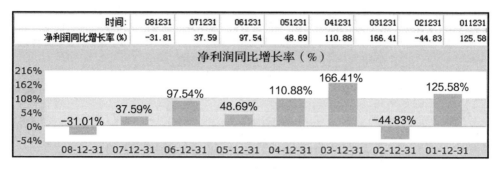

时间:	081231	071231	061231	051231	041231	031231	021231	011231
净利润同比增长率(%)	-31.81	37.59	97.54	48.69	110.88	166.41	-44.83	125.58

图3.39　山西汾酒净利润同比增长率

该公司学习贵州茅台、五粮液的营销战术，推出"杏花村"高档白酒，价格直逼贵州茅台和五粮液，山西汾酒盈利能力非常突出。

后来者的竞争能力居上，成长性更好，股价上涨概率极大。

结论：根据价值与成长性投资理论，该股质地好，潜力大，买入！

结果：2009年6月5日以20.05元买入后，一直持有。至2010年春节，已获利近100%。（图3.40）

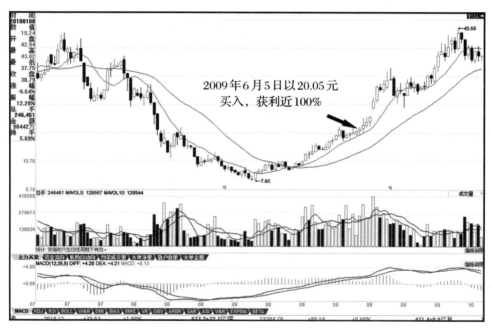

图3.40　山西汾酒走势图

实战案例：泸州老窖

应用公式：$P = F\left(B + Et + \dfrac{1}{2}Gt^2\right) + W(\text{bull-bear})$

关键词：高收益率　高成长性　牛市初期

买入时间：2009年6月5日

买入理由：

该公司拥有中国最大、最古老的白酒窖池，这是其他公司不可复制的优势。

该公司推出国窖1573系列高档酒后，盈利能力猛增，至今仍保持良好的成长性。（图3.41、图3.42）

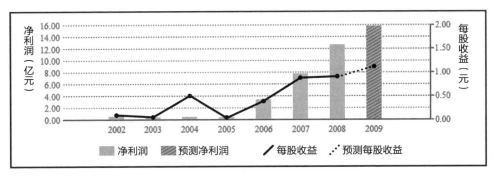

图3.41　泸州老窖净利润和每股收益

时间：	081231	071231	061231	051231	041231	031231	021231	011231
净利润同比增长率(%)	63.70	129.75	628.89	1.70	8.53	-18.64	-39.57	-48.99

净利润同比增长率（%）

		628.89%					
63.7%	129.75%		1.7%	8.53%	-18.64%	-39.57%	-48.99%
08-12-31	07-12-31	06-12-31	05-12-31	04-12-31	03-12-31	02-12-31	01-12-31

图3.42　泸州老窖净利润同比增长率

由于泸州老窖（000568）净资产收益率一直保持较高的水平，根据公式（2）：$P = F(Et)$，这样的公司很值得投资。（图3.43）

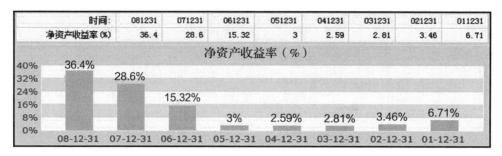

时间:	081231	071231	061231	051231	041231	031231	021231	011231
净资产收益率 (%)	36.4	28.6	15.32	3	2.59	2.81	3.46	6.71

图3.43　泸州老窖净资产收益率

结论：根据价值投资和成长性的投资原理，在牛市初期买入该品种，是个稳步获利的好选择。

结果：自2009年6月5日买入后，一直持有。至2010年春节，已获利超过60%。（图3.44）

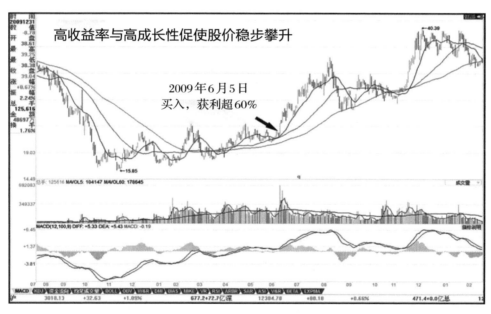

图3.44　泸州老窖走势图

应用高成长性投资原理

实战案例：腾讯控股

应用公式：$P = F\left(\dfrac{1}{2}Gt^2\right)$

关键词：高成长性

买入时间：2005年6月第一次买入，2009年7月17日第二次买入

买入理由：

公司具有独特的商业模式。该公司的网络通信软件，在中国市场的占有率以绝对优势排名第一，形成了事实上的垄断。

该公司业务上的垄断性以及中国网民的成长速度，使这只"小企鹅"的增值业务利润呈现爆发式增长，宛如坐在一座金山上，有无尽的宝藏等它来挖掘。（图3.45）

▶ **财务比率 – 00700 腾讯控股**
更新时间：2010/02/19 21:29:34 HKT

	12/2008	12/2007	12/2006	12/2005	12/2004
流动比率（倍）	3.11	2.93	4.30	5.35	12.10
速动比率（倍）	3.10	2.93	4.30	5.34	12.10
总债项/股东权益（%）	0.00	5.65	0.00	0.00	0.00
总债项/资本运用（%）	0.00	5.54	0.00	0.00	0.00
股东权益回报率（%）	39.66	30.29	28.61	16.57	16.63
资本运用回报率（%）	35.87	29.68	28.12	16.57	16.63
总资产回报率（%）	28.25	22.61	22.87	14.16	15.41
经营利润率（%）	43.40	40.17	39.88	30.64	40.55

图3.45　腾讯控股财务比率

根据公式（3）：$P = F\left(\dfrac{1}{2}Gt^2\right)$，成长性 G 在迅速增长，腾讯控股（00700.HK）股价的大幅上涨是必然的。

随着时间的推移，其净资产收益率 E 也必将快速增大，从而造成企业的盈利能力大幅增长。（图3.46）

由此，根据公式（3）和公式（4）：$P = F\left(B + Et + \dfrac{1}{2}Gt^2\right)$，公司的股价必将由于内在价值的快速上升而飙升。

结论：快速的成长性，将使公司股价长期大幅上扬。

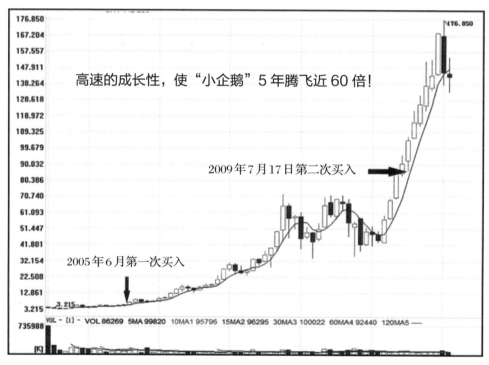

▶ 盈利摘要 - 00700 腾讯控股
更新时间: 2010/02/19 23:31:13 HKT

00700	去				
(港元 149.100)	12/2008	12/2007	12/2006	12/2005	12/2004
盈利（百万港元）	3,160.77	1,672.51	1,063.91	466.68	416.15
盈利增长（%）	+89.0	+57.2	+128.0	+12.1	+36.9
每股盈利（港元）	1.762	0.940	0.603	0.263	0.273
每股盈利增长（%）	+87.5	+55.8	+129.0	-3.6	+18.7
每股派息（港元）	0.350	0.160	0.120	0.080	0.070
市盈率（倍）	84.61	158.67	247.26	566.27	545.75
周息（厘）	0.23	0.11	0.08	0.05	0.05
派息比率（%）	19.86	17.03	19.90	30.38	25.62
每股账面资产净值（港元）	4.436	3.087	2.103	1.592	1.418
核数师意见	不保留意见	不保留意见	不保留意见	不保留意见	不保留意见

图 3.46　腾讯控股盈利摘要

结果：该公司自2004年上市后，五年半的时间里，股价最高飙升至176.85港元，上升了近60倍。中间仅由于大熊市的影响，而调整了一年半时间。其余时间，都处在单边上扬的状态。（图3.47）

图 3.47　腾讯控股（港股）走势图

留在"金山"上的遗憾

说起腾讯控股，张卫东喜忧参半。在这只大黑马股上，曾留有他的遗憾，他的"大败笔"。2004年，腾讯控股一上市，张卫东就非常看好它的成长性。他曾对许多朋友说："这是一只坐在金山上的股票！"不久，他第一次在8港元左右买入。但那时的他，炒股的理念和方法都还不够成熟，没有持股多长时间，就获利了结了。当卖出腾讯控股后，他意识到自己与这匹飞奔的黑马擦肩而过，只能扼腕长叹。然而，经过几年的求索，在发现了股票市场的九大基因后，他才真正读懂了这只美丽"小企鹅"的价值所在。于是，在2009年7月，在理论指导下，他非常理智地战略性买入了腾讯控股，而且不断加仓。尽管这份"爱"来得有点迟，但"亡羊补牢，为时不晚"，在遗憾和"补牢"后，他一定会得到丰厚的回报。

经历10多年的实践，由于搞量化投资，张卫东不得不在2012年再次卖掉了贵州茅台与腾讯控股。这样一来，虽然让他避开了贵州茅台在2013年全年的下跌，但是也让他错过了腾讯控股由于商业模式以及微信的成功而带来的近百倍收益。但同时，量化投资的成功，又让他恰如重仓持有贵州茅台与腾讯控股，并未错失这个时代，只是把凭借高成长因子获得的成功换成了凭借高频量化因子获得的成功。

实战案例：罗欣药业

应用公式：$P = F\left(\dfrac{1}{2}Gt^2\right)$

关键词：高成长

买入时间：2009年7月17日

买入理由：

罗欣药业是在香港创业板上市的一家药业公司。该公司在制药领域有独特的竞争能力，成长性非常好。（图 3.48）

▶▶财务比率 - 08058 罗欣药业
更新时间: 2010/02/19 23:37:23 HKT

08058　去

	12/2008	12/20	12/2006	12/2005	12/2004（上市前）
流动比率（倍）	2.26	1.92	1.61	1.49	1.32
速动比率（倍）	1.49	1.39	1.16	1.26	1.12
总债项/股东权益（%）	0.00	9.49	37.21	64.64	111.04
总债项/资本运用（%）	0.00	8.93	33.94	57.48	91.22
股东权益回报率（%）	37.21	37.96	28.45	22.58	30.09
资本运用回报率（%）	35.73	35.69	25.95	20.08	24.72
总资产回报率（%）	26.87	25.91	15.08	10.46	9.96
经营利润率（%）	36.32	35.94	28.70	22.59	27.58

图 3.48　罗欣药业财务比率

根据公式（3）：$P = F\left(\dfrac{1}{2}Gt^2\right)$，该公司成长性 G 一直保持在高位，股价必将大幅上涨。

罗欣药业（08058.HK）净资产收益率 E 也保持在高位，企业的盈利能力非常强劲。（图 3.49）

▶▶盈利摘要 - 08058 罗欣药业
更新时间: 2010/02/19 22:45:47 HKT

08058　去

（港元 6.200）	12/2008	12/2007	12/2006	12/2005	12/2004（上市前）
盈利（百万港元）	207.90	130.24	60.18	35.51	26.64
盈利增长（%）	+59.6	+116.4	+69.5	+33.3	-5.0
每股盈利	0.341	0.214	0.099	0.076	0.058
每股盈利增长（%）	+59.6	+116.2	+30.7	+30.6	-5.1
每股派息（港元）	0.023	0.021	0.020	0.019	NA
市盈率（倍）	18.18	29.03	62.75	82.01	107.08

图 3.49　罗欣药业盈利摘要

由此，根据公式（3）和公式（4）：$P = F\left(B + Et + \dfrac{1}{2}Gt^2\right)$，公司的股价

必将由于内在价值的快速上升而大幅上涨。

结论：高速成长性与高盈利能力，将使该股股价大幅上扬。

结果：该公司自2005年年底上市后，两年内股价上升20倍。在2008年的熊市中，股价虽然也被腰斩，但它的高成长性使它在2009年的反弹中表现非常强劲，股价涨幅达两倍多。张卫东带领股友们在2009年7月17日的回调中重仓买入，一直持有至2010年春节，盈利超过100%。（图3.50）

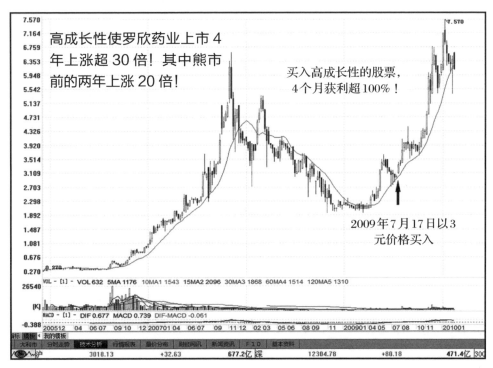

图3.50　罗欣药业（港股）走势图

🎬 画外音

张卫东"大闹"香港创业板

操作罗欣药业，是张卫东"大闹"香港创业板、擒拿大黑马的一个典型案例。2009年，他根据自己发明的股市九大基因的数学公式，紧紧抓住高成长这个重要因子和香港创业板提供的机遇，重拳出击，连获大捷。除罗欣药业外，他还成功操作了东江环保（08230.HK），获利也超过100%。

他说："创业板，无论是香港的创业板还是内地A股市场的创业板，埋藏着许多'金矿'，许多企业的成长性都非常好，只要投资者能慧眼识金，择机在相对低位介入，一定会有所斩获。"

2015年的中国A股出现"中小创"的大牛市，美国出现互联网大型科技公司的长期牛市，都是"成长因子"最重要的论证依据。

2021年上半年的大牛市，半导体板块、新能源车板块、光伏板块大放异彩，投资到这个方向的基金经理获得了巨大的收益，坚守传统板块的基金经理经历了非常灰暗的半年。其实万变不离其宗，脱离了高成长因子，必然陷入业绩的泥潭！

应用主题投资原理

实战案例：莱茵生物

应用公式：$P = F\left(B + Et + \frac{1}{2}Gt^2\right) + W(medium)$

关键词：主题投资　热点

买入时间：2009年6月12日

买入理由：

莱茵生物（002166）的净资产收益率及业绩的成长性都非常不稳定，而且处在下降的趋势中，根本不符合价值投资的买入原则。但是，由于世界范围内发生了重大的甲型流感，该公司生产的药品有防治甲型流感的作用，具备了产生大题材、大热点的条件。（图3.51～图3.53）

随着甲型流感的不断蔓延，该股概念题材不断得到深化，并被市场热烈追捧，其业绩有在短期内爆炸式增长的可能性。根据主题投资原理和"空中楼阁"理论，股价飞速飙升的可能性极大。

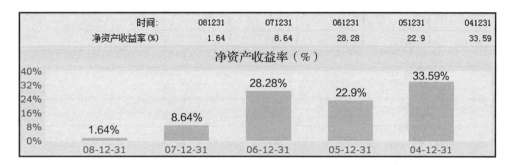

图3.51　莱茵生物净资产收益率

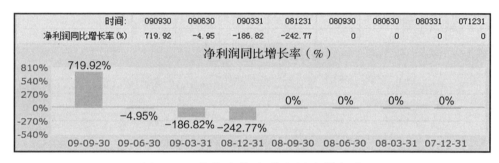

图3.52　莱茵生物净利润同比增长率

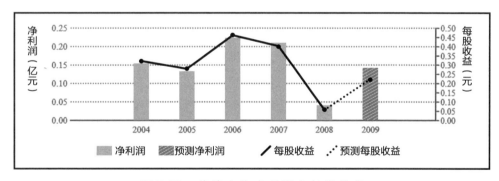

图3.53　莱茵生物净利润和每股收益

该股从2009年4月27日开始，连续涨停，展现了大题材大热点的王者风范。

结论：介入这种具备爆炸性题材的主题投资品种，可以短期内赚快钱。

结果：2009年6月12日，当该股再次向上突破时，果断介入。4个交易日连续4个涨停后，立即减仓一半。6月30日，再次介入，至7月8日，全部获利抛出。两次操作，共计盈利63.5%。（图3.54）

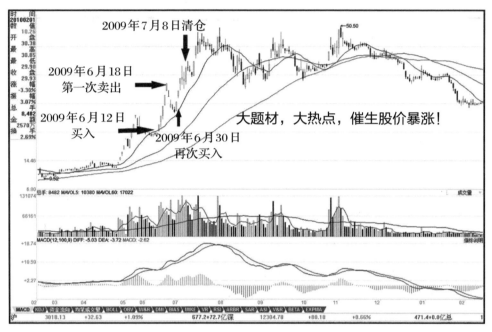

图3.54　莱茵生物走势图

事后，该股三季报果然公布业绩增长719.92%，证明原先的判断是正确的。

实战案例：达安基因

应用公式：$P = F\left(B + Et + \dfrac{1}{2}Gt^2\right) + W(\text{medium})$

关键词：主题投资　热点

买入时间：2009年6月12日

买入理由：同莱茵生物一样，达安基因（002030）具有"防治甲型流感"的概念。

结论：紧跟市场热点，在主题投资中稳赚快钱。

结果：短短6个交易日，获利39.2%。（图3.55）

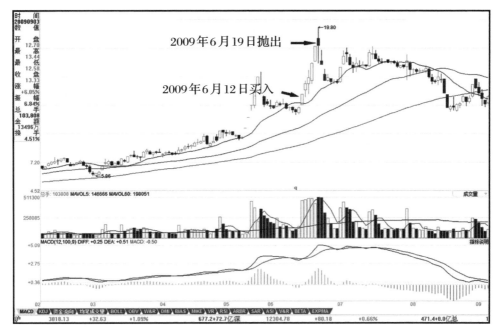

图3.55 达安基因走势图

在热点中赚快钱

张卫东的主要操作手法，属于稳健的价值投资。但在防治甲型流感的战役中，他却连续快速出击，不仅擒到了在这波行情中涨势凶猛的龙头股莱茵生物（002166），还操作了达安基因（002030）、海王生物（000078）、华兰生物（002007）和科华生物（002022）等热门股票。时间之短，收益之大，在他过去中长期投资中是少见的。

这些成功，他说要归功于他的投资公式和对各类投资机会的把握。他说：“对这种主题投资型的股票，只要有强烈的市场敏感度、洞察力，紧抓热点，勇擒龙头，在短期内赚取快钱并不是梦。”

应用中线波动投资原理

实战案例：中国平安

应用公式： $P = F\left(B + Et + \dfrac{1}{2}Gt^2\right) + W(medium)$

关键词：中期波动

买入时间：2009年9月1日

买入理由：

大盘从2008年10月28日创出的1664点反弹以来，到2009年8月4日的3478点，涨幅已达109%，具有中期调整要求。

大盘连续调整近一个月，到达2009年9月1日的2639点，跌幅为24%，非常接近中期调整25%的理论经验跌幅，随时有可能产生中期反弹的要求。

2009年9月1日上午，中国平安拒绝继续下跌，显示有机构资金介入迹象。

此时，在中国平安（601318）的K线图上，其股价恰好位于120日均线的下方，120日线是中期调整的理论极限，该股随时可能向上突破这条均线。

结论：该股调整已充分，面临中期向上波动，提供了介入的最佳时机。

结果：2009年9月1日，以44.18元的价位买入该股。2009年10月21日，以58.48元获利了结，盈利32%。（图3.56）

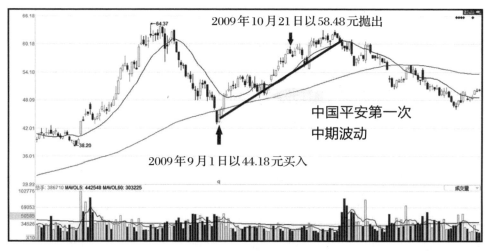

图3.56　中国平安走势图

迈向量化投资新天地

学无止境，投资天地变化无穷。如何进一步提高投资绩效？张卫东运用自己掌握的数学、物理、电子计算机、语音识别、信息处理等丰富的知识，向着世界最高端的量化投资领域迈进，迎接新的挑战……

不懂量化投资，OUT 了！

在我多年采访中，张卫东是少有的令我"头疼"的人。因为，他讲的东西，一套套理论，一套套公式，让人一听"头就大"。放弃吧，他用他那套东西真能稳健赚钱；听吧，写吧，还真难懂，很艰涩。

更令我"头疼"的是，我对他的投资模型还没完全搞明白，他就急着要给我展示他编制的投资程序。一天夜里，我写作已到凌晨了，休憩间，他很有兴致地与我聊起了他的新投资模型，并打开他的计算机，向我神秘地展示他正在日夜加紧完成的量化投资程序。

他知道我看不懂他编制的程序，于是，直接向我模拟起利用这些程序炒股的"精彩游戏"：他把价格、数据输入电脑中设置的公式，瞬间，计算机就闪电般地跳动起来，一会儿，就把买点、卖点全部自动显示了出来，其收益率，比他原来的投资方法，要高出十几倍呢！

"这玩意儿，真神，像个智能炒股的机器人似的。"我问他，"这在实战中能用吗？"

"很有用。这叫量化投资，是目前世界上最先进的投资方法。我琢磨这种方法，已有一年多了。真正把它搞出来，那可就厉害多了。"他回答说。

"量化投资？"

"是。它运用的多是我读硕士和博士所学的专业知识，我很感兴趣。"

第二天，他说他要到上海参加一个重要的会。我问他什么会值得他这么辛苦晚上飞过去，第二天开完会再连夜飞回来，又赶在春运高峰期间。但他抱歉地说，采访要耽搁一天，这是个有关量化投资的重要研讨会，他想去听听各方专家人士的看法。

临走前，他送给我一本书。我一看，是《量化投资》。只见书的封面上醒目地写着一行字：还在学习巴菲特？不知道西蒙斯？你OUT（落伍）了！

当我捧看西蒙斯用公式打败市场的这本书，当我回味张卫东给我讲的、演示的一切，我感触颇深，量化投资这么神奇，看来，我真正的有点OUT了！

寻找"超额回报"的新途径

采访张卫东时，为了零距离地跟踪他，我一直住在他家里。除了年初一至初三"放假"三天外，我们一直吃住在一起，鏖战了20多个不眠之夜。

在他家体验生活，我印象最深的是——书多！大小几个书架，数千本关于中外投资的书，真是"应有尽有"。只要书店投资类的新书一出来，他必买来学习。连他的硕士妻子都向我抱怨，张卫东的书太多，以至于把她和女儿的书都挤得没处放了。

面对瞬息万变的市场，张卫东遨游在书海中，不断探索着投资新路径。

为寻找投资背后的物理原理，并最终建立可以用"牛顿经典物理学"以及"量子物理学"解释的投资理论与公式，他花费了5年的时间。这5年里，他潜心阅读投资图书500多本，还涉猎哲学、经济学、心理学、兵法谋略、商学等多学科图书，合计阅读1000多本。我看到他的书架上、书柜里摆满了各个学科的图书，许多书都被他翻掉了书皮。

张卫东说："正是这些图书开拓了我的视野，完善了我的心智，因此，在初学投资的5年里，我没有像许多投资者那样遇到亏光、破产的威胁，反而稳稳地获了大利。这要感谢我所受到的良好教育以及工业界的经验。学术界的经验告诉我，这一切背后一定有物理的以及数学的原理。探索到这些原理，投资实战就有了理论基础，投资的盈利也就有了保证；而工业界的经验告诉我，投资一定要以企业的盈利模式以及盈利能力为中心，也就是一定要坚持价值投资。"

几年来，经典投资的理论突破给张卫东带来了稳定的收益，但却没有给他带来超额的回报。

他说："5年6.8倍的业绩相当于年复利46.7%，相对于股市每年高达100%以上的波动以及几天内高达10%以上的波动来说，这个业绩显然是微不足道的，说明我并没有利用好股市的这些波动获利。"

因而，继续进行深入研究，以获得"超额"利润成了他投资征途上一个新的研究方向。

走出"追涨杀跌"的致命循环

在完成价值投资模型后，他将下一个进攻的目标转向了利用"短期波动""日间波动"盈利的量化投资方向上来。读博时，他的研究方向是信号处理，而股市的价格变化就是他要研究的"金融时间序列"，这正是他熟悉的"专业"。

张卫东说，前文总结的股市"九大基因"也是量化指标的一种。其中有三大基因（B、E、G）与股票所代表的企业本身有关，其他的六大基因都与波动有关。但是，投资者天生的心理弱点是不能承受股市的波动，因此，心理上的干扰是投资者获利的主要障碍。

不管投资目标如何，在整个投资过程中，也充满了中期波动，如25%～50%的波动幅度。而这样的调整幅度，是很多投资者不能承受的。他们往往因此波动而斩仓、杀跌，因此普通投资者常常处于"追涨杀跌"的致命循环之中。巴菲特、费雪、索罗斯等投资大师正是解决了股市投资的理论问题并克服了人性的弱点，才最终取得了巨大成功。

然而，最近十几年来最著名的基金经理并不是巴菲特与索罗斯，而是数学家出身的西蒙斯。西蒙斯获得了连续17年80%以上的复利。他的公司有超过100名博士，来自数学、物理、统计、电子计算机、语音识别、信息处理等各个学科领域。他们利用数学理论对股市波动进行建模，利用电脑根据公式计算出应该买卖什么、买卖多少、在什么价位进出货，然后利用电脑自动交易。

西蒙斯的故事深深地激励着张卫东。他的博士研究方向正是信息科学中最偏向数学的"信号处理"。因此，在这方面，他有着天然的优势，决意沿着这条路探索下去。

建立量化投资模型

"量化投资最主要的优势在哪儿？"

"量化投资由来已久，出现过不少很有名的赚钱高手，西蒙斯应该是这一长串名单中最有名的。量化投资的最大优势就是可以将一切的投资思想用数学建模，然后让电脑自动执行这些模型。这就完全克服了人的心理弱点，获利更加有保证。"张卫东说。

"它和投资者在操作中运用的一些传统技术指标相比，又有什么区别？"

"传统的技术指标，如 MACD、KDJ、RSI、BOLL 等，可以说也都是基于信号处理技术。虽然这些技术指标都一定程度地表达了股市信号的某些波动特性，但这些指标都存在很多的问题。那就是它们的思路太简单了，而股市太复杂了，这些简单的信号处理技术不能很好地被应用来获利。

"我用计算机进行过模拟测算，很多技术指标的胜率都低于50%，甚至有的技术指标本身就是亏损的，即使某些好的技术指标能够盈利，但也很少有适应性广泛的、可以大幅获利的。即使有好的技术指标，其盈利也很难有超过20%复利的。用句时髦的话说，就是它们已 OUT 了！"

"这些年，在量化投资方面，你都进行了哪些探索和研究？"

"量化投资的模型和研究的手段很多，涉及很多貌似不相干的学科领域，基本上所有理工科能用到的工具我都已经在投资模型上试过了。除了高等统计学的研究方法以外，还有很多的其他研究工具和方法，比如：小波变换、聚类分析、分型几何、混沌、神经网络、基因算法等，我都在潜心研究它们。"

"难道这些都能用到投资上？"

张卫东回答："不是那么简单。上面的这些数学方法虽说都是我的硕士与博士研究所用到的主要手段，我对它们非常熟悉。但是，这些数学方法都不能简单地在金融投资上进行应用，而要开发很多复合的组合模型。实际上的应用要复杂得多，否则全世界那么多博士不是都发财了吗？"

"你的研究有没有一些初步进展和成效？"

"目前，我已经展开了很多具体的利用更加复杂数学模型的研究，这些复杂的技术模型能够适应复杂的股市波动信号，能够获得更好的模拟效果。有些模型的理论模拟结果已使年复利超过80%，显示出良好的超额利润前景。"

"真要祝贺你取得的新成绩，并希望你能早日获得成功！"

尾声：梦已成真

采访结束的前夕，我和张卫东为赶稿，都很晚才休息，几乎天天工作到凌晨。有时，我去睡了，他书房还亮着灯。他仍在工作，在加班完善他的量化投资系统。

张卫东说，他搞的这些模型，首先都必须在历史数据上有良好的验证效果，更重要的还必须是在未来的实战环境中能稳健快速盈利。这的确是个非常困难的课题，但他很有信心攻克它。

他还告诉我，有一天，他做了一个梦：梦见自己的数学模型终于验证成功，自己带着"千军万马"驰骋在金融的战场，股票市场开始奖赏他这个真正理解它的人。

…………

2021年盛夏。一晃，距离首次采访张卫东已过去了12年。在这12年里，他在量化投资、股票投资方面获得了巨大的成功。

在量化投资领域他完成了套利、订单流、做市三大最前沿的短线投资技术，利用计算机建立的高频模型，使用高速的通信网络，获取了巨大稳定的回报。他还创立了自己的私募基金公司。

在股票投资领域，他也利用量化回测的模式，验证了成长因子G、低估值因子 PB 是非常有效的因子。他利用自己独创的九大因子模型，在股票投资领域里也获得了不错的成绩，在所有私募基金经理的 1～3 年期的排名中，他的排名经常在前 3.1%。

关于投资的"基因"，后来他才了解到，金融行业里已经逐渐建立起了"多因子投资框架"。基因（genesis）与因子（factor），基本是对同一个事物的不同称谓。张卫东称之为"基因"，是因为他认为这些是"关键要素"；而金融行业内称之为"因子"，是因为有太多的因子虽不是那么关键但也起作用，只是一个"因素"。

国际上第一篇关于"多因子"的文章，是 1993 年由美国经济学家尤金·法玛（Eugene F. Fama）和芝加哥大学商学院教授肯尼思·弗伦奇（Kenneth R. French）提出的三因子模型。除掉大盘，实际上是两因子：小市值因子与市净率（PB）因子。这篇文章目前成为一切研究多因子模型的初始起点与比较基准。（见本章末"参考资料"［1］）

直到 2013 年，耶鲁大学的经济学博士、AQR 基金合伙人安德烈·法拉瑞利（Andrea Frazzini）才加入了一个质量因子，并在 2018 年才正式发表文章。（见本章末"参考资料"［2］）

2015 年，法玛教授发表了五因子模型，加入了价值、概率两个因子。（见本章末"参考资料"［3］）

张卫东完全通过自学（在 2009 年以前，没有过金融教育背景，也没有在任何金融机构任过职），独立在 2009 年总结出九因子模型，并于 2010 年在《民间股神》第 6 集里公开。张卫东九因子理论的物理意义、推导过程的严谨性、模型的完备性以及表达公式的统一性都超出了法玛教授在 1993 年和 2015 年的研究。张卫东也是中国发表关于多因子模型的第一人，更是从事民间金融研究的金融业外人士第一人。

国内发表相关文献最早的是葛新元、罗艺婷、林晓明等人。从万德金融终端的查询结果来看，他们是从 2010 年开始发表文章的，略晚于张卫东获得研究成果的时间。这几位人士要么已经创立了自己的基金公司，要么在券商的多因子研究方面独挑大梁。

巴菲特与芒格一直认为股票价格最终与EPS（英语earnings per share首字母缩写，中文名为"每股收益"，指每股税后利润。——作者注）相关，实际上EPS是经过成长后的EPS，因此其模型的本质还是EPS的成长值，还是成长因子起决定作用。

法玛教授因为资产定价理论获得了2013年诺贝尔经济学奖。2010年采访张卫东时，他就对我说过，"多因子投资模型"是诺贝尔经济学奖级别的理论贡献，他之所以选择公布在《民间股神》第6集上，就是为了在将来相关理论获得诺贝尔经济学奖的时候，可以查到，在中国早已有文献记录在案。

张卫东在本章提到的个股主要是白酒股和创业板股票，以及腾讯控股。在2014～2015年和2019～2021年，创业板股票都是大牛板块，印证了成长因子的重要性。在2014～2021年，尤其是2020年，白酒股是大牛市中第一牛的板块，有的公募基金甚至50%以上都是白酒股。腾讯控股10年上涨几百倍，更是成长因子的典型注脚。

在2021年的大牛市中，要是不重仓高成长的半导体、新能源板块，业绩必然惨不忍睹。正是靠紧紧握住高成长因子，让张卫东业绩名列前茅。这一切不是马后炮，而是张卫东提前10年的预言！

参考资料

［1］ FAMA E F, FRENCH K R. Common risk factors in the returns on stocks and bonds [J]. Journal of Financial Economics, 1993, 33 (1): 3-56.

［2］ FRAZZINI A, KABILLER D, PEDERSEN L H. Buffett's Alpha [J]. Financial Analysts Journal, 2018, 74 (4): 35-55.

［3］ FAMA E F, FRENCH K R. A five-factor asset pricing model [J]. Journal of Financial Economics, 2015, 116 (1): 1-22.

何学忠：

" 投资，就是学会当老板！"

他，以一个优秀企业家的眼光和巴菲特式的价值投资理念，潜心寻找并深度挖掘被市场严重低估、未来极具成长性的小盘股，并以"老板"的姿态战略性建仓，连续多年获得"小投入，大产出"的惊人收益，成为上海滩一名耀眼的投资明星！

投资简历

个人信息

何学忠，别名：江恩的徒弟。男，1966 年 9 月 10 日生，内蒙古人，硕士研究生学历，双硕士学位。

入市时间

1993 年 11 月。

投资风格

崇尚巴菲特的投资理念，挖掘被低估的成长股，潜伏其中，中长线持有，适当波段操作，最大限度发挥复利效应。

投资感悟

选好被市场低估的成长股，一定要耐心长期持有，才有机会获得巨额收益！

第**4**章

△

草根巴菲特

——记上海企业家何学忠从价值洼地挖掘未来成长飙股的故事

当我飞抵上海时，已是子夜时分。

何总和他公司的投资部经理尹俊早已在浦东机场迎候。寒风中，当我们的手热情相握时，我把钦佩的目光再次投向面前这位成功的"草根英雄"——何学忠——的身上。

我们并不陌生，这是我们在上海的第二次握手。

引子：让我悄悄地告诉你

此次见面的一年前，我接到一封署名为"小尹"的上海读者的来信。他向我隆重举荐他的老板何学忠，说何总是他见过的少有的极具投资眼光和取得骄人战绩的高手。信中列举了何学忠炒过的吉林敖东、驰宏锌锗、西水股份、南京高科等一只只飙涨股，还悄悄地把他的账户收益"透露"给了我。我当时为之一震：一个企业家能有这么独到的投资眼光，取得如此辉煌的业绩，竟比一些股票市场的专业投资者还优秀，真值得钦佩！

2009年秋天，我出差到上海。临走，我特意抽空看望了小尹向我推荐的民营企业老板何学忠。何总热情接待了我，并领我参观了他创办的两家颇具规模的外贸公司。他还向我介绍，他从复旦大学管理学院毕业后，先创办了一家服装外贸公司，不久又和学友合伙创办了一家建材外贸公司，还有四家配套的工厂，分布在上海和浙江等地。如今，白手起家的他，身家已过数亿元，企业年出口额已达6000多万美元。

更可贵的，也是那次见面给我留下最深印象的是，何学忠不光企业办得好，在金融投资领域也很出色。他热爱投资，一边抓企业，一边钻研证券投资。另外，他与别人不同的是，虽然他资金雄厚，但他做的股票并不多；虽然他是中金的VIP客户，背后有一流的证券分析专业人士为他服务，但他却习惯于独立研判，从不吃"现成饭"。几年来，他以一个企业家的独到眼光精选出的高成长性股票，收益巨大。但由于我们是首次见面，并且时间匆匆，因此没能深入采访，留下了一点遗憾。

大半年过去了。当我在深圳采写《民间股神》第6集，并因日程排满无法北上，就要结集出版之时，我一再想到上海的何学忠——这位巴菲特式的草根投资高手，他事业和投资股票"双赢"的光辉形象，一直在我心头萦绕着，怎么也割舍不下。于是，我决意飞赴上海，心想就是加班加点，也要把他的投资经验采写出来，以最快的速度早日奉献给中国的投资者，让更多的人受益。

于是，就有了本文开头何总和小尹在浦东机场热情迎候的一幕。之后，何总开着"大奔"，穿越美丽的黄浦江，向灯火辉煌的繁华市区驶去。

"你知道吗？打你去年秋天来后，何总的收益又上了一个台阶，真喜人哪！"在车上，小尹悄悄地附在我耳畔说，"单算他2009年一年的成绩，收益就达156%，超越大盘一倍的涨幅。要是从他1993年11月进入股市到现在算的话，他证券投资的收益都达210%了呢……"说着，他赞许地伸出大拇指。

真不容易！真不简单！一个公务繁忙的企业家，证券投资竟也如此出色，难得啊，难怪有人称他是"草根巴菲特"呢！

是夜，我躺在黄浦江畔的宾馆里，一夜未眠，心中如黄浦江一样波澜起伏：何学忠，一个证券、企业的双料赢家，他成功的秘诀到底是什么呢……

11个投资故事，惊心动魄

采访一开始，何学忠便打开他操作的几个账户，坦诚地对我说："你先看看我的账户吧，它们是我实战的最真实记录。看后，咱们再谈啊！"（表4.1）

表4.1　何学忠资产盈亏表　　　　　　　　　　　单位：元

币种	余额	可用	参考市值	资产	盈亏
人民币	685.90	685.90	30439068.04	30439753.94	30114797.69
美元	37.98	37.98	2420.32	2458.30	2971.32

何学忠说："成功与失败，都应记录在案，这样对自己今后的成长有好处，不能好了伤疤忘了痛。股市是一个非常容易犯错的地方，投资完全可以认为是不断地向失败学习和总结教训，再简单重复成功的过程。其实，成功的投资就是不断地重复成功的操作。"

投资南京高科——一座A股市场的大金矿

我认真地观看他先打开的一个账户，首先映入眼帘的是他持有的南京高科（600064），截至2010年3月24日，已盈利达1431万元！（表4.2、图4.1）只一个账户就赚了这么多！我不禁咋舌。

表4.2　何学忠股票投资明细表

证券名称	证券数量（股）	可卖数量（股）	成本价（元）	浮动盈亏（元）	盈亏比例（%）	最新市值（元）	当前价（元）
民生银行	155	155	6.14	208.32	21.90	1159.40	7.48
中国联通	100	100	3.14	955.80	0	642	6.42
南京高科	1118699	1118699	14.37	14315991	89.04	30395052	27.17
中船股份	100	100	35221.20	3523736	0	1615	16.15
两面针	3	3	1225041	3675153	0	29.88	9.96
兰生股份	1	1	383.92	402.52	0	18.60	18.60

注：账户中留有的100股、3股、1股等，均为操作股票的"留念"。

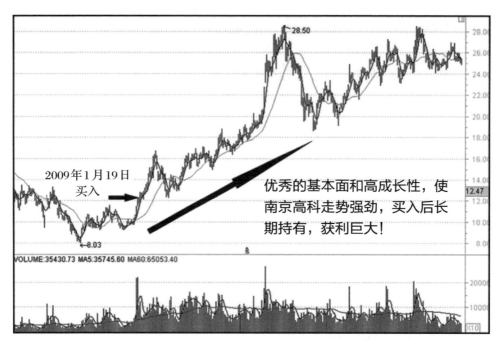

图4.1　南京高科走势图1

"何总，现在还一直持有南京高科？"

"是，你看。"何学忠又打开中金交易所和别的证券交易所的一个个操作账户，那上面，"爬满"了南京高科，红彤彤一片，收益额巨大，真是令人瞠目。

"那就请你先说说投资南京高科的故事吧！"我说。

何学忠说："好。它是我目前重点投资的一个目标。发生在南京高科上的故事，真多啊！"

接下来，他用一天多时间，向我详细讲述了他投资南京高科的前前后后——

何学忠关注这只股票有3年了。3年前，在2007年7月18日做西水股份（600291）之前，他就开始注意南京高科了。这只股票吸引他的一个亮点是它的股权投资比较成功，这和当时他正在投资的西水股份非常相似。但当时因为它的股价比较高，在30元以上，且盘子也比西水股份的大，巨大的股权大部分还没有像西水股份那样马上就可解禁，所以何学忠暂时没有买它，而是一直处于关注阶段。

何学忠是2009年1月买入南京高科的。2009年1月15日，他正在海南参加中金公司的"2009年投资策略会"。这天，南京高科突然拉出第一个涨停，股价达到11.48元。当时，他的第一反应是："南京高科的一轮大行情要启动了！"

于是，周末从海南回来后，何学忠又认真研究了南京高科的基本面和大盘的运行趋势，感到目前它的股价被市场严重低估，是长线介入的好机会。因而，在1月19日周一开盘之后，他就开始分批逢低介入南京高科。从11.60元左右开始建仓，直到股价达13元左右，连续几天，基本建仓完毕。

除了价格低之外，何学忠介入这只股票的原因还有以下几点：

其一，在2006年的12月，他曾以11元多重仓买入过岁宝热电（600864，现名：哈投股份）。当时，南京高科的情况和岁宝热电的情况非常相似，前者的股价已经从2008年1月14日的最高价41.85元跌落到了8.03元，最大跌幅达80%，超过了上证指数的跌幅（上证指数的最大跌幅是72.8%）。南京高科的股价已经跌破了净资产，其持有资产的质量又相当好，可持续发展性非常强，这是何学忠买入的原因之一。

其二，南京高科的主业是房地产行业。虽然经历了世界金融危机，但房地产行业在中国的景气度依然比较高，南京高科的主业还在持续盈利增长。

其三，南京高科用了很少的钱，为股东赚到巨大的收益，它投资了4家上市公司的股权，主要有：南京银行（601009）、中信证券（600030）、栖霞建设（600533）和科学城（000975）。对这些上市公司原始股权的投资，使南京高科获得了巨额收益。

虽然收益巨大，但这些收益并没有以每股收益的形式在损益表中体现出来，而只是被当成公允价值记入资产负债表中。也就是说，有60亿元左右的利润没有被记入公司的损益表。这是一笔相当大的"隐藏利润"，而且非常容易被那些浅薄的报表分析投资人认为净资产收益率不高，因此不容易被市场察觉和认识。

其四，除了以上四家上市公司的股权投资之外，南京高科还投资了许多非上市公司的股权：以5亿元投资南京高科新创投资有限公司，拥有100%的股权；投资南京臣功制药有限公司，拥有100%的股权；投资南京赛世科技创业投资有限公司，拥有19%的股权；投资3200多万元于南京LG新港显示器有限公司，拥有25%的股权；投资南京高科置业有限公司，拥有80%的股权。另外，还有许多参股公司，其效益都不错。公司投资上市公司及未上市公司股权初始投资额合计10.76亿元。截至本次采访时的投资市值为68.51亿元，溢价部分主要体现在投资上市公司的股权溢价57.75亿元。

从上文来看，南京高科的确有许多亮点，但它的主业房地产并不如其他上市的房地产企业那么突出，况且由于近年来房价高企，国务院的十大振兴产业也没有将房地产行业列入其内，反而是调控政策频频出台，股票市场中许多房地产企业的股票价格大幅下滑，这造成了很多投资者都不敢投资房地产相关股票。

那么，在这种情况下，何学忠还持有这么多南京高科的股票，难道他就不担心会出问题吗？

对此，何学忠有他自己的看法。

首先，他认为要辩证地看问题。调控房地产政策出台的原因是房地产行业太好，而不是太坏。公司土地储备全部位于南京市，合计面积149.92万平方米，除了在建的3个项目外，2010年计划新开工仙林G81项目，新城邻里、诚品城及仙踪林苑成为公司2010年主要结算项目。

南京高科作为行业内的企业，在行业景气的时候，即使经营者水平不太高，也会获得相当高的利润。何况在当今"地王"频现的情况下，南京高科还有巨大的土地储备，比如G81地块于2010年5月开工，并将于10月开始预售。从经济学的角度看，政府的价格管制，往往会出现更大的市场供应短缺或过剩，当房地产价格由于政府调控而低于房地产市场的均衡价格时，房屋的供给量就会严重不足。最终，由于需求严重大于供给，房地产的价格不会降低，反而会进一步走高。

其次，同其他房地产上市公司相比，南京高科有更多的利润来源，这些利润主要来自上文提到的四家上市公司的股权投资和许多未上市的公司的股权投资。这是其他房地产上市公司所无法比拟的。而且，更重要的是，南京银行和中信证券、栖霞建设等上市公司的成长性非常好，像发动机一样，会不断推动南京高科向前发展。

再次，南京新港开发区13.37平方公里的土地已经基本用完，南京正在筹划开发区的东扩和三区合一，主管13.37平方公里土地开发的南京高科将因此而获得更多的发展机遇。

最后，从大股东担保贷款支持南京高科拿下G81土地和将南京新港LG显示有限公司25%的股权原价转给上市公司南京高科来看，大股东对南京高科呵护有加。和有些上市公司的大股东侵占上市公司利益的恶劣行为相比，南京高科的管理层更值得投资者信任。

"从你的回答和分析看出，南京高科的确是一家值得投资的成长型公司。你在2009年1月中旬买入后，一直持有没有进行买卖操作吗？"我问何学忠。

"有的。因为股票的一个最大特点是股价永远会处于不断的波动当中，我手中的股票当然也不会例外。如果有一定的技术能力，在持有这些股票的过程中，会有一些交易获利机会出现。当这些机会出现时，我会全部或部分参与交易，来获取一定利润。

"你可别忘了，我的网名叫'江恩的徒弟'啊！我认为，江恩所代表的技术派是所有进行股票波段操作和交易水准最高的一个技术派别。正是根据他的技术方法，在坚持长期持有南京高科的同时，我适当进行了波段操作。不过，我并没有像江恩那样同时买卖多只股票，而主要是在两三只长期持有和长期看好的股票上适当地进行波段操作。"

在2009年1月中旬，何学忠建仓后几乎半年没有动过南京高科。而比较大的操作，发生在他买入半年后的7月下旬，并在7月28日完全沽空南京高科。

在运用江恩理论研究沪深股市运行规律的时候，他发现，沪深股市有一个重要的时间周期：9个月。大盘是在2008年的10月28日见到1664.93低点，那么，9个月之后的2009年7月28日则是大盘的重要"时间周期之窗"。因此，他在此时卖出了手中的全部股票，南京高科的卖出均价在27.62元。

何学忠卖出股票的第二天，也就是2009年的7月29日，大盘开始了暴跌，当日跌幅达5%，南京高科最高跌幅达8%以上。股价从头天收盘价的27.60元，跌到了25.51元。看到当天跌得这么凶猛，他又补回了一点筹码。

现在回过头来从技术角度看，他认为这是一次大的操作失误（后来居然跌破了20元）。刚开始大跌就买进，是操之过急了，但因为他实在太看好南京高科的未来了！当时他想，一天能有5%以上的收益，是相当不错的了。他的大部分筹码，是在南京高科股价跌到2009年7月6日向上突破的跳空缺口附近时回补的，均价是24.10元。但是之后，其下跌趋势并没有改变，居然出乎他的意料，跌破了20元，但他没有止损出局。

这样凶猛地下跌，市场当时一片恐慌，许多投资者都慌了神，但何学忠却不慌。2009年8月17日，南京高科跌停板收盘价21.09元，晚上他在东方财富网的"南京高科吧"里，发出一篇帖子——《巴菲特的价值投资法则》。他认为，南京高科很有投资价值，不应该在股价下跌26%的情况下继续卖出。

这个帖子基本上反映了何学忠的价值投资理念。在帖子当中，他和很多技术派的投资朋友发生了非常激烈的争论。当时，很多南京高科的长线投资者认同他的观点，但一些短线投资者和趋势投资者却不予认同。其实，和他争论的多数是因为买入南京高科的价格过高而割肉止损的投资者。他们认为股价还会进一步下跌，不同意他的估值方法。实际上，股价也确实下跌了，并跌破了20元。

"这样看来，难道你在'股吧'发帖的观点真的有问题？"带着疑惑，我问他。

何学忠并不这样认为。他解释说，在股票市场中，买在最低，卖在最高，是人们的理想和追求，但现实中并不存在。许多人在止损之后，并没有在更低的位置买回之前看好的股票。因为这时股票的下跌给他们带来了亏损，在感情上他们无法再有勇气在低位买回原来看好并止损的股票。那时，因为恐惧，他们把当初买入股票的理由忘得一干二净。

其实，这正是许多投资者投资失败的一个重要原因。后来，南京高科的股价走势，证明了他的预测是完全正确的。所以，他认为，不应在股价已下跌26%的情况下继续卖出之前看好的股票。

此后，在反弹中他又操作过一次。2009年11月23日，在南京高科反弹到26元左右时，他出掉了一部分筹码，并在之后的回荡中又捡了回来。

当时的卖出和买进，他主要是依据江恩的压力线。凡碰到江恩的压力线和支撑线时，股票价格走势一般会在短期内改变原来的运行方向。（图4.2）

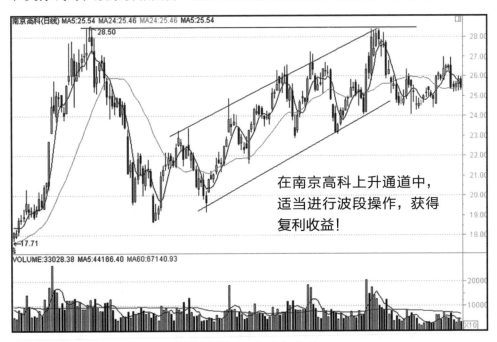

图4.2　南京高科走势图2

我问他："你持有这么多的筹码，南京高科的庄家会放过你吗？"

他答道："我不知道南京高科是否有庄。但是空方在股价被打到低位仍表现嚣张的时候，我会出手吃掉空方的一部分筹码。"

何学忠说，对空方的狙击一共有两次。

一次是2009年2月18日，南京高科股价从16.70元调整到14元的时候，空方非常嚣张，几十万股的压盘（卖出）压在14元上，他一次全部将它"打掉"，股价马上反弹到14.30元。空方不甘心，又来压盘，那时他的买盘还在14元，他没有直接压在14元上，而是在14.02元的价位上压出32万多股，和他14元的买盘对峙。当时，他还有资金，直接把14.02元的32万多股的卖盘全部吃掉！之后，直至收盘，空方再也没有出现大的卖单，当日收盘在14.10元。

另一次狙击空方是在2009年9月28日。当时，南京高科的股价有第二次跌破20元的迹象，他就在20多元对空方的"压盘筹码"进行了分批"偷袭"，并在股吧中提示了他的操作——"20元还敢压盘吗？"但这并没有成功阻止空方将股价打到20元之下。然而，作为南京高科的多方，他已尽力了。

其实，那次在20元狙击空方之后，南京高科的股价在两天后就开始回升了，并且再也没有回到过20元以下。其间最高达到28.49元。他的收益还是蛮可观的。

那么，对南京高科现在的股价，何学忠怎么看呢？是否还适合投资者介入？

南京高科的股价目前虽然已达26元左右，但他认为它仍处在价值被市场低估的阶段。

之所以这么讲，是因为他算过这样一笔账：从南京高科的财务报表上可看到，11年前它的每股净资产是2.86元；11年后的今天，它的每股净资产达到了18.45元，增值了6倍多；截至2008年年底，南京高科共分红8.26亿元，超过南京高科上市以来在二级市场募集资金的总额；南京高科的股价，11年前，最高是25.18元，现在是26元多，几乎没有涨；11年来，3.44亿股的总股本没有变，股价却没有上涨，但同期大盘，从11年前最高的1756.18点，至现在（2010年3月19日）的3067点，涨了近75%。南京高科在股本不变、净资产翻几番而同期大盘上涨了近75%的情况下，股价几乎未涨，这绝对不正常，却也是长线投资的良机。

如果将南京高科（600064）与云南铜业（000878）这两只股相比较，就会发现二者的区别。云南铜业的股价是26.01元（2010年3月19日），它的每股净资产按2009年第3季度报表显示是2.95元，每股收益是0.08元，净资产收益率是2.76%。

同期，南京高科的每股净资产是16.41元，每股收益是0.66元，净资产收益率是4.04%，股价却几乎相同，在26元左右。相比之下，难道不能说南京高科的股价被市场低估了吗？至少可以说，买云南铜业的现有投资人可以换到南京高科上，来获得更高的收益，这是一个非常好且无风险的选择。所以，南京高科股价的上涨是必然的，只是时间问题。

采访到此，我问他："照你这么说，对南京高科来讲，市场是无效的啰！"

他答："对。市场有时是有效的，有时是无效的。但我认为市场在多数时间都是处于无效的运行状态。这样，市场的'愚蠢'波动会给我们价值投资者带来非常好的投资机会。很多人认为，市场中存在的就是合理的，其实，这完全是一种悖论。如果说存在的就是合理的，就没有价值投资生存的空间，也没有技术投资者的生存空间。实际上，你看到的市场，在大多数时间是不真实的，是欺骗你的。这是由于大多数投资人没有正确的投资方法造成的。"

对于南京高科今后的走势，何学忠认为主要取决于两个方面。

一方面，其主营的房地产业务会因为G81地块项目的开发，而获得巨大的利润。

另一方面，就是其投资的上市公司的股权资产的合理运作。其中，由于南京银行的增资配股（待批），需要6亿元左右的现金，南京高科将通过抛售手中的股权换取6亿元左右的现金，用来购买南京银行5000万股左右的配股。南京银行是成长性非常好的小银行，资本充足率达13%以上，通过配股会进一步提高其资本充足率。配股为南京银行的进一步扩张和发展奠定了基础，同时，南京高科也将会因此而大大受益。这次为配股而售出6亿元左右的股权，将给南京高科2010年的损益表增加5亿元左右的利润。加上G81地块5月开工建房，10月开始预售，他认为2010年南京高科10送5后的每股复权收益将至少达1.50元以上。

纵观南京高科的基本面，可以看到，它才是真正的创投股，但却没有被市场发现。假设南京高科到创业板上市的话，按创业板现在的估值水平，3.44亿股的盘子，其股价至少应该达到200元才对。

既然南京高科这么好，可它的财务报表上显示出的净资产收益为什么连5%都不到呢？

原因主要是现在通行的财务报表的编制方法虽然能反映大部分上市公司的经营情况，但对南京高科，用净资产收益率来评价其盈利能力是不公正的。净资产收益率反映的是公司用多少权益资本为股东获得所投入资本的增值状况。通常上市公司是将增值部分先利润化再权益资本化，但南京高科的按公允价值计算的做法正好相反，没有利润化却先权益资本化，这样就会造成它的分母（净资产）变大的同时分子不会变大（增值部分没有被计入损益表），结果就是二者相比的值即净资产收益率大幅度变小了。

南京高科实际上是用了很小的资本（7.2亿元资金）购买了4家上市公司的股权，而它所持有的这4家上市公司股权的价值现在为61.7亿元，增值收益达到54.5亿元，收益率高达757%。54.5亿元这么大的收益，却没有先利润化，而是被权益资本化，当然会造成南京高科的净资产收益率较低了。若简单地用南京高科2009年的增值股权计算它的净资产收益率，那么它当年的净资产达80%以上，但实际上这些增值并没有被计入损益，这使很多人误读了南京高科的财务报表。

其实，解读报表不能浅尝辄止，常规思维很可能会让人错过非常优秀的好股票。财富有多种表现形式，对于南京高科而言，不能只看其报表中的每股收益和净资产收益率。实际上，南京高科巨大的投资收益已经对公司原来的主营业务利润产生了颠覆性的改变。也就是说，大家认为房地产是南京高科的主营业务，但在何学忠看来，它已变成南京高科的副业了。南京高科目前已经开始搞创投资产管理了。如果还用十几年前的眼光来分析南京高科，那就落伍了。

何学忠认为南京高科是中国 A 股市场少有的一座金矿，他很珍惜它，热爱它，对它充满信心。南京高科投资了两家银行，两家证券公司，还有两家大的房地产公司。南京高科这样的公司，如果今后管理得好，再投资一家保险公司，很可能会发展成为第二个中国平安集团。

作为以从事开发区基建起步的上市公司，南京高科的园区建设是其公司优势及重心所在。公司背靠南京市政府100% 控股的南京新港开发总公司，在土地开发上有着无与伦比的政府资源支持优势。公司的储备土地主要是工业用地，取得成本相对较低。

根据新公布的《投资性房地产》准则，上市公司可以通过赚取租金或持有房地产等待其增值并获取利润。在具体的计算方法上，该准则引入了公允价值模式。一旦投资性房地产的公允价值提升，上市公司的财报将体现出这些利润。该准则使得像南京高科这样经营园区的上市公司，受益于公允价值的调整，具有巨大的土地和物业增值潜力。

但实际上，南京高科并没有使用公允价值核算相关投资性房地产，而选择了成本法核算，公允价值核算方法只用在其持股的四家上市公司上了。不仅仅在土地和房地产物业上如此，南京高科在其他参股的子公司上都是按成本法计算的。

比如它参股25% 的南京 LG 新港显示有限公司，该公司年销售额就有160亿元以上，在 LED 产品如此畅销的情况下，这25% 的资产还是以其原始投资额3216万元计入南京高科的报表当中的。

虽然 LED 行业竞争非常激烈，但一个销售160亿元以上的企业，怎么说其25% 的股权也不止区区3216万元吧。看看海信也知道，这种算法是不对的，何况 LG 的液晶显示器并不落后于后起之秀海信电器，其国外的销售渠道非常畅通。

很多人看好山东黄金，看好中金黄金，这些公司的黄金还要投入多少时间、资金和设备才能开采出来，而且储量非常有限，没有持续性可言，南京高科拥有的却是轻而易举就能变现的60多亿元的金矿，用不着费力开采，只不过是用人民币表现出来而已。

现在南京高科每股净资产在18.45元左右，任凭庄家K线风吹雨打，何学忠自岿然不动。他只重视南京高科良好的基本面而绝对不会将低位买来的筹码交给庄家和机构。目前，它的股价只有26元多，现在买它就像买原始股一样。若有更多资金的话，他会进一步增持南京高科并打算长期持有！

放飞10倍飙股的启迪

大学毕业后，何学忠一直在做企业和投资企业，投资过盈利的企业，也投资过亏损的企业。从中他发现，一个企业发展的快慢，与它所处行业的经济状况、自身的竞争优势及管理水平都密切相关。企业亏损往往是由于竞争优势丧失或经营管理水平落后造成的。

比如，何学忠投资的上海信语语音芯片有限公司的关键技术专利"变速不变调的语音处理技术"被盗用后，官司打到北京也没有结果，对方采取长期拖延的战术导致公司无法生存，最后该企业只好关闭，使原始投资全部损失。这件事使他了解到企业竞争优势的重要性。一个企业要在竞争激烈的市场上生存，必须保护并不断发展企业的竞争优势。

这次失败的投资，也使他得到许多启迪：有竞争优势的企业才能在市场上生存，因而，寻找有竞争优势的企业投资，作为股东才能真正获得企业未来成长的收益。

只有在企业盈利的情况下，股东才会获得价值增长和投资收益。企业创造的价值最先是分配给企业的利益相关者，比如员工、管理人员、政府管理部门、银行等机构和相关债权人。股东虽然承担风险并投资了原始资本，但必须在以上相关利益者分配之后，才能参与公司所创造价值的最后分配。若一个企业一年到头经营亏损的话，相关利益者的分配利益还是要保障的，而股东则必须承担当年的亏损。

因此，何学忠认为，投资亏损的企业对股东来说一点意义都没有。不管二级市场上亏损的企业有多么美丽的"故事"和诱人的"题材"，他都不会去投资。

因为他认为这种盈利模式不具有可持续性，他也不相信一个病入膏肓的企业通过什么重组就会绽放青春活力。随着市场的进一步成熟，慢慢地，理性投资将会主导市场的发展。因为在他看来，投资就是要会做股东，会做老板，投资就是要有回报。所以，在二级市场的投资中，何学忠非常重视企业未来的获利能力和成长性。

这种理念初步形成之后，何学忠非常关注能为股东赚到钱的企业，也就是非常关注绩优股和成长性好的股票。在多年来的投资实践中，他深切地体会到股价真正上升的动力是公司的业绩和成长，而不是所谓的"庄家"能够长期控制的。尽管庄家短期内对股价有影响，但是公司股价长期走势则是由公司的内在价值决定的，不是由庄家决定的。这一点，他在投资的初期并没完全认识到，常常被庄家提前逼出局外，放飞了许多看好的股票。

那是1993年，何学忠刚入市。入市后他就非常关注绩优股，买入过四川长虹（600839）、江苏春兰（600854，现名：春兰股份），还有五粮液（000858）、王府井（600859）等。这些股票都曾有过卓越的表现。

1996年何学忠买入四川长虹时，它是一个非常优秀的企业，市场占有率相当高，每股收益2元左右，股价才7元多，而且当时长虹年终分红居然每股能分到0.98元。

他领红利时，收单子的营业部工作人员都不敢相信竟有分红这么高的股票存在。他当时非常开心。后来，股价很快翻倍，他在16元多卖出，获利丰厚。没想到，这只股票在其内在价值的驱动下，一路飙升，最高竟涨到了66.18元，如果复权的话，会更高。那时，看着它涨上去，他懊悔极了，但又不敢再追。

接下来，何学忠买的江苏春兰也是这样。他买入后，该股涨到21元，后股价又被砸到18元左右。他虽知道它是只好股票，但当时市场上很少有20元以上的股票，他不敢持有，还是放掉出来了。料想不到的是，它一路飙涨，除权后，又涨到64.30元，真是非常彪悍！当时，他恨自己恨得咬牙切齿，连公司同事也都笑话他放走了一匹超级大黑马。

放飞后来涨10倍的飙股，令人惋惜之余，何学忠也从中吸取了深刻的教训。最主要的教训，是对股票的运行规律认识不透，尤其是对好股票的成长性还不太理解，只知道买绩优股，有点钱赚就放了。至于好股票能涨到多少，心中根本没谱。

由于年轻，涉市的时间还不长，价值投资的理念可以说在脑子里还没有深深扎根。虽然当时他也读过几本关于巴菲特的书，但对于长期持有可以获利这一点，那时他根本还没有一个清醒的认识。

潜伏廉价的"王府井""五粮液"

卖出长虹和春兰后，何学忠仍非常关注绩优股，也关注高净资产、低股价的股票，其中业绩好的股票，就算是王府井（600859）和五粮液（000858）了。

那是2005年初，王府井出现成交活跃放量现象。当时何学忠看到它的净资产比较高，股价一直在净资产附近波动。他了解到王府井在中国几大城市都建立了王府井百货分店，因此，对这只股的未来有良好的预期，便在4.90元左右买进了这只廉价股。

何学忠买入王府井后，它一直在4.30元至5.50元间来回震荡，很磨人。但不管它怎么磨，何学忠都没有出，拿了它将近一年的时间。2005年11月，这只股上冲到6元多时，他卖出了。后来它回荡到5元多，他没有及时回补。（图4.3）

之后，王府井走得非常好，后来一直涨到56.97元，但何学忠没有再买。这在他的投资生涯中，又是一次教训。因为，他对它的了解不够深入，它能涨这么高，当时出乎了他的意料。

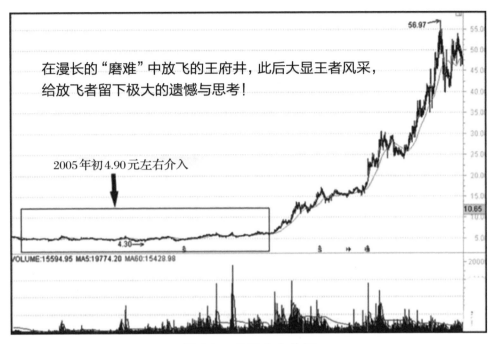

在漫长的"磨难"中放飞的王府井，此后大显王者风采，给放飞者留下极大的遗憾与思考！

2005年初4.90元左右介入

图4.3　王府井走势图

　　卖出了王府井后，何学忠买入了看好的绩优股五粮液（000858）。在2005年12月初，以7元多的价格买进的，当时买入的价格相当便宜。2006年4月28日，在该股除权后不久，主力拉出第一个涨停板时，他出差在外，公司楼下的银河证券客户服务经理好心地打电话给他的爱人，让她卖出五粮液，她便以10.58元涨停板价卖出了该股。

　　结果，此后五粮液连续拉出了四个涨停。出差回来了解情况后，他非常恼火。之后，他决定不能两人同时操作一个账户，夫妻更不宜同时炒股。（图4.4）

　　对于这两只飙股的投资，何学忠是遗憾的。可以说，对于王府井和五粮液的投资，是长虹和春兰投资的重蹈覆辙，半途而废。

　　但是，这些经历对他此后正确投资理念的形成非常重要。对于绩优、高成长股票，不能以普通股票涨幅和大盘涨幅来衡量其上涨空间。事实证明，往往这些高成长的股票，上涨空间巨大，常常是数倍数倍地涨，完全超出常人的预料。

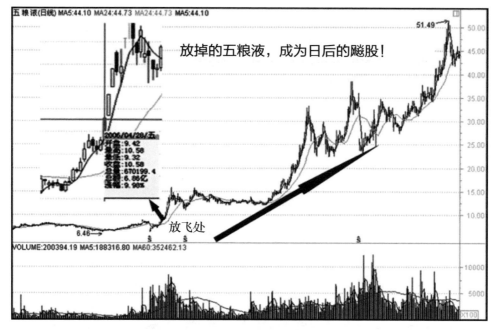

图4.4　五粮液走势图

投资驰宏锌锗被强制平仓

2006年下半年，何学忠已意识到大势明显转牛，投资的大机会已经到来。于是，他召开公司董事会，要求取消公司资金不准投资股票市场的规定。这个规定是他们在公司成立时就制定的，并且使他们避免了2000年至2005年的熊市调整。要改变这个规定谈何容易，经过激烈争论，公司董事们勉强同意拿出100万元投资股市。大家商定，每盈利20%，就在市值基础上再增加一倍的投资。

当时，何学忠看好的股票有鲁泰A（000726）、鞍钢股份（000898）。当时，为了使公司能尽快增加股市的投资额度，他对鲁泰A和鞍钢股份、国阳新能（600348）几只绩优股票进行短线交易，使资金迅速增值了20%。有了业绩后，公司按约定增加120万元的投资，结果业绩又很快增值了20%；此时公司又追加资金，使原始投入资本达到471万元。

2006年11月1日，何学忠以41.18元的涨停板价，全仓追进当时的绩优股驰宏锌锗（600497）。驰宏锌锗没有辜负他的信任，迅速上涨到50多元，该资金账户又有了超过20%的收益。他再次要求公司追加资金，公司决定再增加200万元的新资金投入。由于当时行情瞬息万变，调动资金手续麻烦，公司就将一个申购新股的账户（这个账户当时有1650万元左右的现金一直在申购新股）交给了他，但规定他只能动用其中的200万元资金。

2006年11月15日，驰宏锌锗涨到54.40元后开始回调。回调到48.41元时，公司将新账户的操作权也交给了何学忠。他在次日就开始买入，买入时他动用的是规定的200万元。可刚买入，驰宏锌锗就开始下跌，由于过于看好它，他就动用了所有资金，把账上余下的1400多万元全部买入驰宏锌锗。不料，买入当天就被套了。

第二天，公司发现何学忠越权使用资金，要求他马上平仓。但因为他实在太看好这只股票了，就没有平仓，甚至在股东会上说出"亏损由他个人承担"这样的话，但股东们没有同意，并收回了他手上所有账户的操作权。

结果，在2006年11月21日，驰宏锌锗反弹到47元多时，公司平掉了所有驰宏锌锗的仓位，连在前期何学忠以41.18元买入的已盈利的股票也被平掉。他知道后，非常生气。透资操作的资金造成的账面经济损失有5万多元。

之后，驰宏锌锗很快涨到了60元以上，并于2007年4月11日创出了154元的高价。（图4.5）

这是多么遗憾的一件事呀！不然的话该赚多少钱啊！如果不平仓的话，当时正是大牛市的初期，这么多现金投入，真是赚大了。

这件事情对何学忠触动很大。不过，他也认识到不该越权操作，过多使用公司的资金，造成这么大的被动局面。同时，他也认识到，做股票，多人决策是滑稽可笑的。因为多数人不懂股票和股票市场的运行规律，但却都以投资行家的身份来参与股票投资决策，就必然会出现上述滑稽可笑的资金分批追加投入方式和被迫平仓放掉飙股的结局。

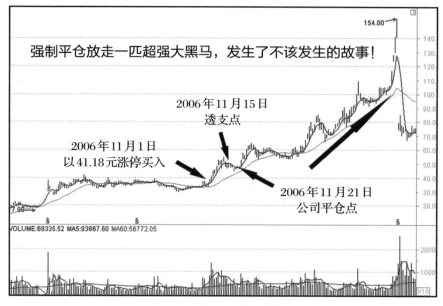

图4.5　驰宏锌锗走势图

投资2007年大飙股岁宝热电

驰宏锌锗平仓后，何学忠一直持有现金空仓观望。一来是由于被强行平仓放掉了驰宏锌锗心情不是很好，二来是平时关注的很多绩优股股价都已高高在上，有点不敢追高买入，所以，便只能努力在市场中寻找新的投资品种。

当时何学忠复旦的同学向何学忠推荐了岁宝热电。他也在做股票，希望何学忠帮他研究一下该公司是否值得投资，并介绍说岁宝热电持有民生银行大量股权，公司近期有抛售民生银行的计划并已公告。

于是，何学忠仔细地研究了一下岁宝热电，发现它持有2.2亿股的民生银行，这2.2亿股是它以5050万元现金作为发起人投资民生银行获得的，折合成本每股只有0.23元。而当时的民生银行股价已经在7元左右，并且岁宝热电公布了在6元以上适当时机减持民生银行的公告。

而当时投资民生银行的收益并没有按公允价值记入岁宝热电的资产负债表，更没有记入岁宝热电的损益表，单单从报表上看，岁宝热电还是一只亏损股票。何学忠发现这是一个非常好的投资机会。

此项对民生银行的投资使岁宝热电已获利近15亿元，对于一个总股本1.37亿股、流通股不足6000万股的小盘股来说，如果平均到每股上，其收益超过每股10元，而当时的岁宝热电由于主营亏损，股价只有11元多。于是，何学忠于2006年12月13日至20日，在11元至12元之间全仓买入岁宝热电。

何学忠买后一路持有，直到股价接近40元时，何学忠于2007年4月19日至20日在37至39元抛出，获得了近4倍的收益。原指望做个差价，可是市场没有给他这个机会，他当时犯了非常严重的战略错误。

因为当时何学忠从民生银行公布的报表中得知，岁宝热电一季度已经减持了民生银行3778万股，那么，其2007年第一季度报表每股收益应当在2元以上。那时何学忠卖出岁宝并不是因为不看好它，而是没有经历过如此凌厉的上涨，赚得不敢持有该股了，主观上认为应该会回调，但事实上，该股的主升浪并没有什么像样的回调。按说，半年不到获得了近4倍的收益，是不错的。但若再持有10天左右，将会再多获得3倍以上的收益。岁宝热电的股价最高达到了83.38元，是当年涨得最凶猛的飙股之一。（图4.6）

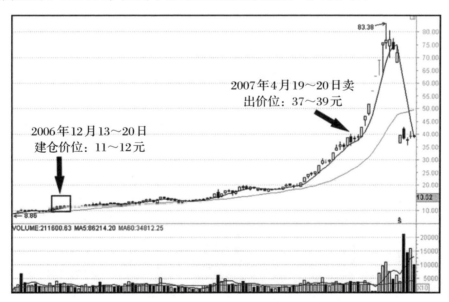

图4.6　岁宝热电走势图

投资飙股两面针

何学忠还买过一只"牙膏股"两面针（600249）。对这只股，何学忠曾在14元建了一小部分仓位。后来一直在跟踪，对其基本面也比较了解：它的总股本有1.5亿股，流通盘有8270万股，比岁宝大。它持有中信证券5500万股，卖了一部分后，还余4136.38万股，而当时中信证券已经涨到50元左右。由此可见，两面针具有巨大的潜在收益，这是他买入它的主要理由。

放掉岁宝热电后，何学忠的手里持有大量现金，便在2007年4月19日至23日，两面针股价上冲到35.51元后开始回调时，以31元到33元重仓买入了。4月27日这天该股跌停，他再次加仓，并在东方财富网的"两面针吧"里留有帖子："今天跌停板买入的请顶一下。"

此后，它的涨势还是不错的，但远没有岁宝涨得那么好。在5月中旬，何学忠以40多元的价位抛出。抛出后，该股又继续涨，在5月份冲至57元，8月份冲至67.09元。他抛出后，只是在"5·30"后少量地介入过它。（图4.7）

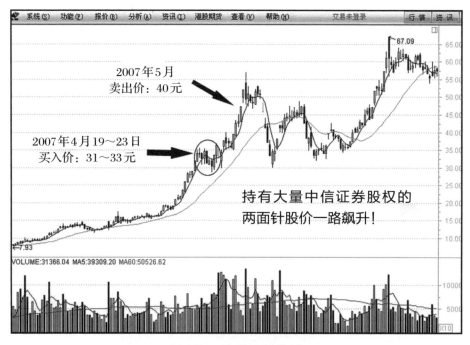

图4.7　两面针走势图

"5·30"血战吉林敖东，跌停建仓

当投资两面针的资金出来后，它又涨了上去，没有机会回补。在复旦同学聚会相互交流股票时，有人说吉林敖东也不错，也和何学忠投资的股票相似，它持有大量的广发证券，又有高送配的题材，希望何学忠好好研究一下它。

这时，吉林敖东正好在10送10后除权，市场对它填权的预期较大。于是，2007年5月18日，他以56元左右买入除权后的吉林敖东，期望它除权后涨上来。敖东果真不负众望，在5月29日最高涨到73.50元。这时，他并没有抛出。接着"5·30"发生了，吉林敖东出现了三个跌停，他是在它第二个跌停，即6月4日这天，在55.80元满仓了吉林敖东，并在股吧里留下帖子："今天是敖东建仓的好机会。"

不承想，他买进后又吃了它的第三个跌停，但他没有割肉。次日，股价又差点被砸至跌停，结果后来盘中反转，上涨了3.93%。之后，吉林敖东持续反弹到66元多。他于6月14日清仓，并在股吧里发出题为《大盘上来做右肩，顶部出货了结为上，持币观望》的帖子。他在帖子中写道：

> 巨量是顶，在4000点以上堆积的成交量是历来没有见到的，甚至超过香港股市和美国股市的成交量。前些天提高印花税公布之前，沪深股市的成交量超过了亚洲其他国家股市的成交量的总和。对于一个新市场，迅速成为世界的经济中心，我们应当欣慰，但必须警惕市场的头部已经来临。多年的经验告诉我们，巨量产生的地方就是顶。不要指望在这样的点位还有什么利润可图，断胳膊断腿都要出来。今天我开始唱空！

2007年7月2日，吉林敖东股价跌破45元，何学忠再次建仓。当天，他还在股吧的帖子中写道："大盘不可能迅速突破前期恐慌杀跌的3400点，吉

林敖东在45元以下可以考虑分批建仓。从业绩预期角度考虑，45元以下是安全区域。如果大盘向下带动吉林敖东来到40元至45元区域，完全可以考虑战略建仓。广发即使不上市，业绩也能支持这个价位。"

7月12日前后，它反弹到56元左右何学忠就撤了，主要是因为新的投资目标西水股份的出现。（图4.8）

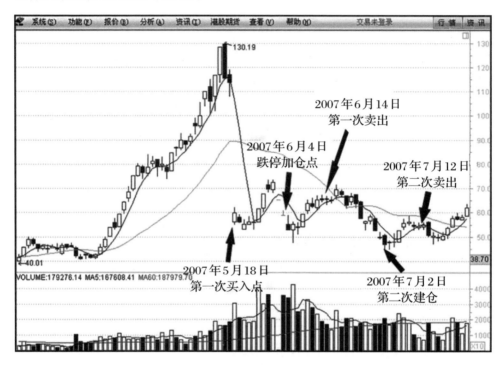

图4.8　吉林敖东走势图1

投资飙股西水股份赚取翻番收益

第二次卖出吉林敖东后，何学忠转战西水股份（600291）。他是在2007年7月18日买入西水的。在东方财富网的股吧里，至今还有他当时的帖子《兄弟姐妹们，今天正式转战西水战场！》。

这和他先前做岁宝热电、两面针有很大关系。西水持有7600万股兴业银行的股票，在2008年的2月5日可以全部解禁；它的流通盘仅1.2亿股，总盘子只有1.6亿股；它的股价当时只有22元左右。

买入前，他调查和研究过兴业银行的股权结构，发现兴业银行的流通股被105家大机构和基金所持有。研读兴业银行的财务报表，他坚信兴业银行会大涨。那么持有兴业银行7600万股的西水股份这只小盘股，也一定会再现岁宝飙升的风采。

之所以没有直接选择兴业银行而选择投资西水股份，主要是因为兴业银行的股价已在40元以上，几乎是22元的西水股份股价的两倍。而且，兴业银行是大盘股，西水股份是小盘股，从上涨幅度讲，他认为西水股份的涨幅会更凌厉。

事实证明，何学忠的判断是正确的。兴业银行的股价从40元左右涨到70.50元，上涨幅度为75%，而西水却从22元涨到了68.10元，上涨幅度高达200%以上。

何学忠是在21.80元至24元之间建仓的，持股五个半月。

其间，有好几次大的波动，许多人都被震出了局。大盘在2007年10月16日见到高点后一直处于回调阶段，西水股份在这之前的8月31日上冲至43.88元后，一直呈现旗形调整和震荡洗盘的走势，并没有随大盘在10月份创出新高。由于大盘从6124点不断下跌，很多人担心西水股份的未来走势，都离开了它。

大盘到6124点开始回调时，为了防止系统风险，何学忠暂时卖出了西水股份，并用出来的资金认购当时发行的中国石油，这就是他在中国石油上获利的原因。中国石油开盘后，他就马上卖出，光一个账户就在中国石油上获利56万多元。

在持有现金的时候，何学忠仍密切关注着西水股份，也用小部分资金买入西水。2007年11月12日，当西水股份的股价下探至29.90元后，开始横盘整理不再创新低，而且成交量大幅萎缩。至11月23日，西水股份最低成交量已缩到还不足53万股。其间，西水股份的股价一直在30元至33元间震荡。他意识到它的底部已非常坚实，于是在31元至32.25元之间再次重仓介入了西水股份。

此后，何学忠基本上一路持有，而且迎来了西水股份的主升浪。

凡买入西水股份的投资者，对西水股份持有的7600多万股兴业银行股票将于2008年2月5日解禁后会被获利抛售一直存有强烈的预期。这一市场预期促成了在2007年12月初该股的启动。当时，主升浪的攻势相当强劲。在短短的一个半月内，股价从31元多一直冲到2008年1月15日的68.10元的高峰。涨得持股者"心惊肉跳"，不敢拿它。

2007年12月28日，何学忠开始卖出。2008年1月2日，在西水股份再次上冲拉涨停的过程中他开始清仓，均价在50多元。一个账户就盈利1492万元，应该说，获利是非常丰厚的。（图4.9）

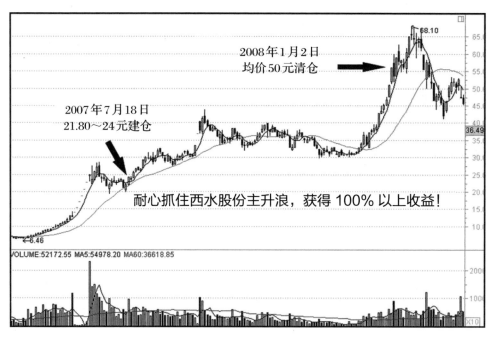

图4.9 西水股份走势图

从这只飙股的操作中，何学忠最大体会是：好股一定要捂住，一定要耐心等待主升浪的到来！他曾在西水吧里发出题为《耐心等待西水的主升浪》的帖子："大家不要骑着黑马找黑马，西水的主升浪还远没有到来，到来的时候就怕你捂不住呀，耐心等着吧，市场会给大家好的回报的！"

逆势操作，折翼"新希望"

股市风雨飘摇，在这个市场上投资不可能一帆风顺，再有水平的高手也不会例外。何学忠在2008年折翼新希望（000876）就是最大的一次逆势投资败笔，也是他在投资生涯中永远不能忘记的一幕。

2008年初，从西水股份的投资出来后，在2008年的1月2日，何学忠以20多元的价位买入了一直关注的新希望。其实，他在对岁宝热电建仓的时候，就发现新希望、东方集团、泛海建设同时也拥有大量的民生银行的原始股。

何学忠那时就把新希望列入了他的"股票池"中，只是因为它的盘子太大，平均到每股上的投资要远远小于岁宝热电和西水股份等，加上大盘股的股性一般都比较差，原来上市公司持有的民生银行股权不是直接放在上市公司手上，而是几经周折滑稽地将民生银行股权转放在其控股75%的新希望投资有限公司上，所以他一直没有大量投资它。

既然这样，那何学忠为何后来又买入了它？这是因为：

在做西水股份期间，新希望控股75%的新希望投资有限公司持有的民生银行股权于2008年10月26日全部解禁。也就说，当时大盘刚刚于2007年10月16日创出了6124点的新高，新希望也能像岁宝热电那样在市场上抛售解禁的民生银行股。那么，在市场对解禁股压力还没有充分意识到时，新希望公司完全可以以高于岁宝热电抛售民生银行价格的2倍，轻松地在15元之上抛售所持有的民生银行股票而获得巨大的解禁收益。

所以，在它解禁日前的一个半月，即2007年9月10日，何学忠在"新希望吧"里发帖子，主观地认为，新希望在2007年10月26日会像岁宝热电那样，抓住市场给予的黄金机会，以远高于岁宝抛出价格2倍以上的价格抛售民生银行股份，从而获取巨大的投资收益。

由于受解禁时间的限制，新希望持有的民生银行股权几乎是在2007年大盘最高点附近全部解禁，抛售价格要远远高于岁宝热电。新希望持有民生银行的投资成本，也和岁宝热电一样每股只有0.23元，如果加上历年民生银行给股东的分红，实际成本几乎是零。

当时持有1股新希望相当于持有1.11股民生银行，新希望的股价只有20多元，在当时5000多点的市场中也属于相对低估的股票。因而，他在卖出西水股份之后，于2008年1月2日重仓买入了新希望。

买入后，它的确曾给何学忠带来过新的希望。当时大盘处于6124点调整下来的B浪反弹之中，并于1月15日达到B浪反弹的高点5500点。新希望也因此创出25.50元的新高，他的账面已获利20%左右。

这个时候，市场上传出中国泛海建设的卢志强开始在15元左右大量抛售民生银行原始股权套现，可是新希望董事长的心好像根本不在这个上面，没有在高价区域抛售一股解禁的民生银行股权。

可是，大盘的B浪反弹很快走到了尽头，从2008年1月15日5500点左右开始了凶猛而惨烈的C浪调整。调整的速度和幅度都超过了历年的C浪调整幅度。很多投资者都指望反弹离场，可是市场却不给任何机会。最初，由于泛海建设抛售民生原始股权，新希望还逆势走了两波反弹，表现得坚挺硬朗。

此时，何学忠虽然适当减仓，但因为贪婪之心战胜了对市场的牛熊转化的理智判断，没有及时意识到大盘已彻底从牛转熊。新希望的股价很快跌破20元，把他留守的仓位全部套牢。

最后，他看到大势一路下跌反弹无望，只得在2008年3月下旬和4月初全部斩仓出局。相对于新希望的最高价25.50元，他的亏损接近43%；相对于买入时的20多元，亏损近30%。（图4.10）

这次失利不仅让何学忠在资金上遭受到很大损失，更重要的是让他从胜利的喜悦中尝到了苦涩和失败的滋味。他认为做股票是一个不断向失败学习的过程，有失败才会有成功。他原来放飞了许多好股票，这次又是逆大势而为，希望自己的股票能顶住大势带来的系统风险，是完全错误的。大势不好，即使再好的股票也会下跌，不能持有，这应该是一条铁律。

何学忠认为，趋势会是你的朋友，也会是你的敌人，要认清一年左右的长期趋势才能做好股票。另外，作为大股东的管理层是否能够善待中小股东也是投资前值得认真考虑的问题。

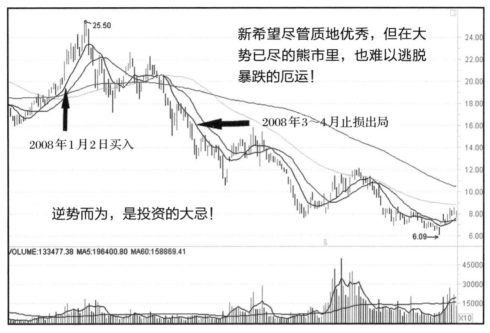

图 4.10　新希望走势图

　　此后，何学忠没有再操作，也没采取什么补救措施。他认为熊市最好是空仓不要做股票，耐心持有等待下一轮牛市的到来。为了彻底避免看盘时受到市场短期波动的影响，他干脆取消了网上委托，退回所有朋友委托代理的账户，一直坚持空仓。

　　2008年，政府不断有救市政策出台，何学忠也不为所动。2000年至2005年，在熊市的调整中，政府也试图救市，但是救市措施出台之后，往往成为市场利用反弹出货的机会。

　　2007年的"5·30"印花税调整，同样没有阻挡住大势冲击6124点的趋势。股票市场有其独特的运行方式，虽然从足够长的时间来看，股市还是上涨的，但是股票市场是在牛市和熊市的更迭中不断前行的。在牛市里，股价是从不合理向合理挺进，接着又从合理走向不合理；而在熊市当中，股票价格先是从不合理的高价来到政府认为的合理价格区域，再从合理低价区域退守到更不合理的低价区域。

也就是说，牛市不言顶，熊市不言底。不断地预测市场的顶和底，只有最后一次预测是正确的，因此既然是熊市，最好是让股市跌透了再说，股票市场的总值是需要一定的资金来支撑的。

何学忠曾于2008年6月6日在东方财富网的"吉林敖东吧"里发出了题为《今天敖东是建仓的良好机会》的帖子，谈了他的观点，在有人问他是否可以再买下跌很多的吉林敖东股票时，他的回答是不可以。

在他看来，1.7万亿元的资金统计是现在市场中的存量资金。上一年最高峰时，光打新的资金就曾经达到3.2万亿元，历经半年以后，实际上从去年到现在，已有大量资金撤离了A股市场。

如果仔细分析现在的1.7万亿元的资金构成，可以得出结论：有1万亿元左右的资金在打新股，不参与二级市场的股票买卖。那么只有剩下的0.7万亿元左右的资金在二级市场不断进出。根据何学忠的测算，这0.7万亿元的资金很快会被切成以下几块：

第一块，交易费和印花税。按每天700亿元的成交量，一年255个交易日计算，总额为：$700 \times 255 \times 1\% = 1785$（亿元）。

第二块，新股发行上市后吸收的二级市场资金至少有1500亿元。

第三块，大小非解禁估计至少需要套现3000亿元的资金。

以上三项消耗掉的资金至少有6000亿元，剩下只有不到1000亿元的资金。因此，A股市场如果不持续缩量探底，将对二级市场产生灾难性的后果。也就是说，股市要维持现在的活跃度，年底却只能以这不到1000亿元的资金来支持二级市场的17万亿元市值，这是绝对不可能的。所以，持续缩量是A股市场的必然选择。

按现在的3400点计算，2008年有6.8万亿股的大小非解禁，2009年有6.4万亿股解禁，2010年有0.8万亿股解禁。3000点是不可能被多方用这1.7万亿元资金守住的，况且其中的1万亿元资金在认购新股，剩下的0.7万亿元游离资金估计到年底也就被消耗得差不多了。

如果相信现行政策下的3000点就是市场的底部，那才是巧合。

熊市结束，抄底吉林敖东和浦东金桥

在2008年11月7日，何学忠感到大盘有些跌不动了，意识到此时是抄底的好时机。于是，他在这天对吉林敖东进行了狙击。这是他第三次买入它。当时的买入均价是15.96元，当天吉林敖东的收盘价为15.88元。现在回过头来看，那时抄底吉林敖东的价格多便宜呀。

记得那天，他在"吉林敖东吧"里发的帖子是《敖东跌得可真够惨的，当心敖东报复性反弹！》。（图4.11）

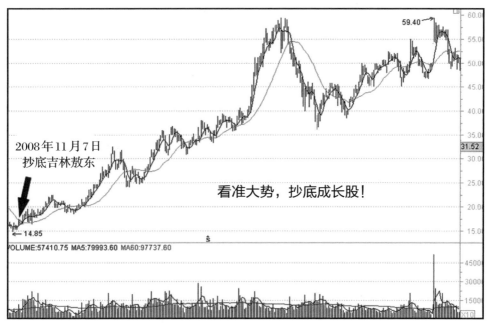

图4.11　吉林敖东走势图2

随着大势的趋好，吉林敖东股价也在逐步回升，只不过它上涨的幅度相对其他题材股来说较慢。何学忠在它涨到19元左右时卖掉了，只留有利润部分作为守仓。

这时，何学忠发现市场并没有走出熊市的阴影，绩优股涨不动，题材股倒是遍地开花，很活跃。他当时想到了上海的迪士尼板块，认为即使2009年经济状况不好，迪士尼概念的股票还是会有亮点的。于是，他在2008年年末以8元左右重仓买入了浦东金桥。

果如所愿，只十几天工夫，这只股连续上涨，让他很快赚了20%多的利润。（图4.12）

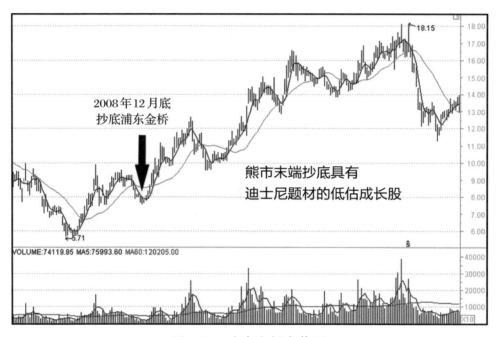

图4.12 浦东金桥走势图

卖出浦东金桥之后，何学忠就到海南参加中金公司2009年的投资研讨会。正在开会期间，南京高科于2009年1月16日突然涨停，他已观察它三年，知道它启动了，回上海后，他便立刻转战久已看好的南京高科了（见前文）。

调研市场，投资海信电器

可以说，南京高科是何学忠自2009年1月至2010年的重点投资目标。

但他在做南京高科期间，也经常看一些其他公司的财务报表。看报表时，他特别关注业绩增长的股票，把它们都挑出来。当时，他发现海信电器（600060）的业绩处于增长状态，并且有好多基金公司在里面。他感到很好奇，就开始对它进行调研。有两则媒体消息引起了他的注意。

其中一则是来自《第一财经日报》2009年7月23日的新闻报道：

今年上半年平板电视替代CRT（彩色显像管）电视的步伐进一步提速。国内彩电市场零售量为1511万台，同比减少20%。其销售CRT电视533万台，同比减少58%。销售平板电视978万台，同比增加58.3%。

另一则新闻来自上海《新民晚报》：

上海市场的电视销售量中，88%是平板电视，销售额中97.2%是平板电视。也就是说，传统的电视机几乎完全退出了上海市场。

看了这两则消息，何学忠专程去上海曲阳家电城调查。发现海信的产品系列全，款式新，价格合适，非常受消费者欢迎。它的蓝媒LED液晶电视涵盖了19~55英寸共10个液晶电视尺寸规格。除了具备高画质和强大的多媒体功能外，它在节能薄型化设计方面更具优势。

海信液晶电视以16.99%的市场占有率高居榜首，市场优势地位不断扩大。海信在液晶方面的研发，已经使其成为全球推出LED液晶电视产品规格最多、产品线最完整的企业。因此他断定海信的业绩在今后将迅速增长，和当年的四川长虹和江苏春兰非常相似，很具有投资的价值，只是盘子偏大了一点。

于是，何学忠从南京高科的投资中暂时抽调了一部分资金，在11元多买入了海信电器，并于2009年8月18日在东方财富网的"海信吧"里发了推荐买入海信的帖子，题目是《迅速替代CRT电视，上半年平板销量同比增长58.3%》。他写道："现在的海信电器（600060）股价在11.40元，本人坚决推荐海信电器，买入持有，下半年目标18元以上。"

此后，海信电器涨势喜人，何止涨18元，最高涨到了28.49元呢！何学忠出得较早一点，主要是看南京高科在回调，他想抓住它回调的机会，所以出掉了海信电器，重新把资金调入了南京高科。（图4.13）

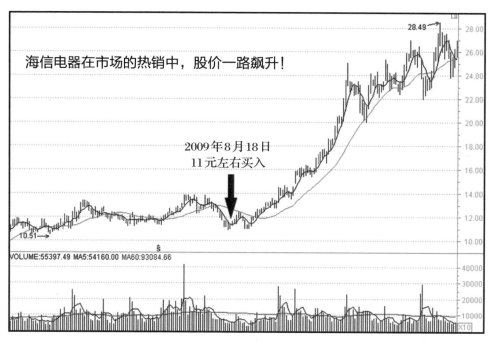

海信电器在市场的热销中，股价一路飙升！

28.49

2009年8月18日
11元左右买入

10.51

VOLUME:55397.49 MA5:541160.00 MA60:93084.66

图4.13　海信电器走势图

投资未来成长飙股的要诀

这几年，何学忠投资被市场低估的未来成长股，有成功也有失误，他的体会和感悟有如下几点：

选股重于选时，选股不慎会造成血本无归。做股票要做好选股与选时两门功课。若能很好地将两者结合并运用得当，将会在股市中长期立于不败之地。但是对于大多数人来讲，掌握其中一种都很难，不要说两种同时运用得很好了。股市中常常会出现70%亏钱、20%平手、10%赚钱的局面，这个规律是全世界股市普遍存在的。因此何学忠认为，对于大多数投资者而言，选股比选时更重要。因为股票选得好，可以克服你技术上的缺陷；股票选不好，技术很难发挥其作用。

股票的未来成长性是最重要的，可以以较高的价格买入成长性好的公司。这是选股中最重要的一条。在选股时一定要选低估的未来成长性好的股票，哪怕现在每股收益亏损，但只要未来具有成长性，就值得投资。比如当时他投资过的岁宝热电就曾是一只亏损股，两面针还被许多人当成一只牙膏股而不屑一顾。为了确定公司的成长性，可以先对其公开信息进行研究，必要时要亲自到上市公司调研。

盘子要小。小盘股容易出现飙股，这是被市场所证明的。比如何学忠以小部分资金买入了刚上市的东方财富（300059），他认为该股盘子比较小，盈利模式具有独占性和创新性，容易在市场中成为热门飙股。而且，他也是东方财富网的用户之一。

耐心等待，寻找好的买点。低买是投资成功的关键。在投资股票和投资企业上，何学忠一直都坚持这么做。比如在2000年，他曾趁房价处于低位时购进相当数量的房产；投资飙股他也力求做到低点买入，长期持有。因为寻找好的买点，对长期持有好股票有很大帮助。飙股在其潜伏期，一般都会给投资者许多从容的介入机会，要尽量低买。寻找好的买点有时需要相当大的耐心，千万不要盲目追高。常见一些投资者拿着好股票反而被套或割肉，就是买入时机不好，买点太高所致。当然，些飙股在启动后，为不错过投资时机，有时高价追进也是必要的。

在低估的股票上不要做差价，若技术不好就放弃波段操作，长期持有。不可能人人都能战胜市场。在低估的未来成长股上做差价，这是许多人放飞飙股的一个最主要原因。包括何学忠在内，也放飞了不少飙股。他放飞王府井、江苏春兰的教训就很深刻，尤其是岁宝热电。当时明知道岁宝热电已经抛出了3778万股的民生银行股票，2007年一季度的报表非常好，但就是经不起差价的诱惑，最终还是放飞了正在飙涨的岁宝热电。假如再多持有10天的话，他手中的资金在10天之内就又会翻倍。

飙股拿不住的几大原因。许多投资者大都曾买进过好股票，有许多在他们抛出后都大幅度地飙升，常使他们扼腕长叹。为什么呢？何学忠总结有如下几点：

对低估的未来飙股的内在价值缺乏真正的认识。对公司不了解，没有合理的预期，最易放飞飙股。

股票低估时，庄家常常会布下陷阱，引诱和威逼你上钩，目的就是让你卖出手中宝贵的廉价筹码。比如何学忠在王府井上的操作，在4.90元左右的低价买入后，主力不断洗筹，往下洗没有将他"洗"出，结果往上拉，把他"洗"出了局。

暴富心态。骑着黑马找黑马。好股在"磨"人时，一定要经得住煎熬。

刚愎自用。认为自己的技术水平可以战胜市场，不断地进行波段交易，结果造成踏空行情，错失飙股的主升浪。

缺乏战略性思维。没有战略性思维，往往就会缺乏耐心，目光太短，导致操作失误。

看错大盘的长期趋势。对股票的市场运行规律没有认识和掌握，许多人因大盘的短期波动，而放弃了持股。

投资组合不当。处理股票投资组合时，往往是卖掉上涨获利的股票，却将更多资金投入套牢的股票当中，不能快马加鞭获利，让利润奔跑。

大牛股并非一直"牛"。经济是周期性波动的，同样也有它的生命周期，有时成长快，有时成长慢，有时甚至会倒退。但这种变化不会像股票价格那样频繁波动，其波动的时间周期往往是以年为单位的。这使你有充足的时间去发现它，评估它，来决策自己的投资策略是买入还是放弃。千万不要以为一只牛股会永远只涨不跌，它的成长性一旦失去，在市场还期望很高的时候就要坚决离开，不能心存幻想。比如当年红极一时的四川长虹和江苏春兰，在发现它们的行情由好转坏时，就应该及时撤离。这是做企业与做股票的一大不同点。企业在行业不好的情况下，股东很难抽资离开，而股票市场恰恰提供了这个平台，在其他行业出现好企业时，你可以及时投入资金。

顺势而为，熊市学会空仓。投资低估的成长股，并非一直抱着股票不放手。在熊市到来时，再好的股票也要放弃，这时要学会空仓，规避系统性风险。因为熊市的杀伤力巨大，股票质地再好，也难以阻挡下跌的大趋势，此时，绝不要幻想自己拿的股票在熊市当中可以一枝独秀。只有顺势而为，才能在投资市场上长久地生存。

尾声：黄浦江畔的遐想

春雨，在淅沥地下着。窗外，屹立在黄浦江畔的东方明珠依稀可见。

"何总，这些年你投资股票、经营企业都很顺利，很成功，你对今后有些什么打算和期望？"当一周紧张的采访终于结束时，我问何学忠。

"我热爱投资，它将伴随我一生。"

望着窗外，透过那蒙蒙的雨雾，何学忠指着高耸在黄浦江畔那鳞次栉比的金融机构和金融大厦，兴奋地对我说：

"这里将很快成为未来的中国华尔街。中国正在强大起来，已成为世界经济的发动机。未来的20年，金融业将是中国发展最快的行业。上海作为国际金融中心，是热爱投资的有志之士奋斗的一块热土。今后，国民财富的持续增长，必然会伴随着金融服务业的快速发展。金融市场的进一步发展和壮大，必然导致更多的金融资产需要专业的金融机构打理。

"我有一个愿望和理想，就是像投资大师巴菲特和江恩那样，为自己钟爱的金融投资事业奋斗一生。为了这一目标，我在办企业和投资股票的同时，又成立了一家投资公司。为了给自己'充电'，我一边工作，一边到上海财大攻读金融硕士，丰富自己的金融专业知识，希望能在未来的金融市场上有所作为！"

说到此处，这位上海滩企业家的脸上，充满了对未来"中国华尔街"的憧憬，露出对中国金融证券市场美好未来的自信的笑容……

安 阳：

" 股市不会白给你一分钱，每一分钱都是用智慧和汗水换来的！"

他，从当年的"知青"，成长为"省级劳模"，再拼搏到"千万富翁"，继而追梦股海折翼重挫。然而，在失败面前，他不言放弃，啼血奋发，涅槃重生。

十多年来，他潜心研究股市涨跌规律，预测大盘的准确率高达95%；他独创的完整操作体系，尤其是制胜新股的百战绝技更胜人一筹。2010年3月，他在深圳举办的高级实战班上，狙击新股的成功率高达100%，令人惊叹！

本文首次披露的如何准确判断指数趋势、六大实战盈利套路、新股炒作的九大秘诀，正是他的"独门暗器"……

投资简历

个人信息

安阳，别名：脂研斋人。1957 年 4 月 21 日生，河南许昌人，大学文化。

入市时间

1996 年。

投资风格

看准大盘，出手果断。

投资感悟

人输得起钱，但最输不起的是心态。在股市要想制胜，保持阳光心态是第一位的。

第 5 章

△

啼血籍杜鹃

——记"新股猎豹"安阳从股市重挫中崛起，制胜股海的传奇

他坐在电脑前。满眼一片绿色。

一个小时过去了，他还坐在电脑前。眼前，仍是一片绿色。

大盘在暴跌。发疯似的狂泻着，看不到尽头……

他的目光里，呆滞和恐惧交融。

"怎么会是这样？！怎么会是这样……"

三天了，他把自己封闭在证券公司的贵宾室里，茶不思，饭不进，喃喃自语地，只有这一句话。

…………

几天后，眼前仍是冰冷的绿色世界。

坐在电脑前的他，木然，麻木，心疼，无奈……这时，他颤抖的手，终于打开了那满目疮痍不敢正视的账户：整整30只股票，全部被腰斩，一片惨绿，目不忍睹！

"离开了，也许会解脱！"想到此，他决意"大开杀戒"，了断心中的痛。

"嗖"地一刀下去，5万元没了！

"嚓"地又一刀下去，8万元飞了！

再一刀狠杀，15万元不见了！

…………

一个小时，30刀砍了下去！

刀刀见血，声声见泪！

看着当初投入的上千万元资金，瞬间500万元"烟消云散"了，他像做了一场噩梦。后背，在"嗖嗖"地抽着冷风；头上，却冒着热气，大颗大颗的汗珠往下掉，全身衣衫湿透……

他打开窗，想透一下气。抬眼望去，远方是弥漫着雾气的山，山那边是海。俯瞰窗外，那一丛丛不畏早春二月的寒气怒放的簕杜鹃，正向他伸姿展颜。那是他平时最欣赏的花，而此时，在他的眼里，它们似乎变得一片凄迷。

他呆呆地望着它们，大滴大滴的水珠，洒落在那娇艳的花瓣上。分不出，那是汗，还是泪……

引子：窗外，又是一片姹紫嫣红的簕杜鹃……

又是一个早春二月，窗外，照样是一片姹紫嫣红的簕杜鹃。

触景生情。十多年前的惊魂一梦，如现眼前。当他再次回望那不堪回首的一幕时，如今已50多岁的他哽咽了……

回忆痛苦的过去，是最残忍的事。我不忍心看他，我把目光移向了窗外的簕杜鹃。半晌，他哽咽无语，室内一片寂静。

我凝望着那红似火的簕杜鹃，仿佛又听到那雨打杜鹃的声音——嘀嘀嗒嗒，嘀嘀嗒嗒，时而悲凄，时而高昂……我知道，那是啼血的簕杜鹃在向我叙说着眼前这位男子那如泣如诉的14年股海风雨录……

他叫安阳，时年53岁。

从"劳模"到"千万富翁"

在那个特殊的年代，他，一个名人之后，自愿下乡当"农民"，成了著名的"劳模"，受到国家领导人的接见。进城后，他又先后经历工、商、学，最后，竟意想不到地成了一名年轻的千万富翁。五彩的人生之路，在他面前伸展⋯⋯

名人之后，甘愿务农

说起安阳的人生轨迹，套用炒股人的一句"行话"来讲，应该说是"基本面"非常优秀。

1957年4月21日，安阳出生在河南省鄢陵县的一个戏曲之家。父母是豫剧的一代名角，剧团里的"台柱子"。他出生后，年轻的父母虽然宠爱他，但由于常年在外演出，无暇照顾他，出生1个月零7天，他就被外婆抱到安阳市养大。

1974年，安阳高中毕业。看到聪颖俊朗的儿子，父母希望他子承父业，走上艺术道路。然而，安阳却没有这方面的兴趣。后来，父母想通过"路子"给他安排一个好工作，留在身边，他也拒绝了。

当时，正是激情燃烧的岁月。安阳那颗炽热的心，早已深深地被毛主席发出的伟大号召所激荡着："知识青年到农村去，接受贫下中农的再教育，很有必要。""农村是一个广阔的天地，在那里是可以大有作为的。"他决心响应毛主席的号召，到农村去，滚一身泥巴，炼一颗红心，干一辈子革命，做一辈子毛主席的好学生。

他告别了大城市舒适的家，到千里之外的一个偏僻山村落户。他虚心向贫下中农学习，肯出力，能吃苦。很快，犁耧锄耙，开拖拉机，赶马车，样样他都学会了。他还爱社如家。一次，在他驾驭马车的烈马突然受惊之际，为保住集体财产不遭受损失，他紧抓缰绳和刹车把不松手，被撞昏在地，质朴的老乡们抱着奋不顾身的他，感动得落泪了，都说他是"欧阳海式的英雄"。

他以一颗赤子之心，赢得众人的信任与拥戴。插队仅仅半年，19岁的他就入了党，担任了生产队长，成了2300户人家的"当家人"。他不仅被评为省级劳模，还光荣地受到国家领导人的亲切接见。

"这种磨砺，是我一生中最宝贵的一段经历。"安阳回忆这段往事，感慨地对我说，"现在，虽然几十年过去了，但那时培养出的奋斗不息的精神，却永远鼓舞着我。它使我在今后的人生中什么难都不怕，什么苦都能吃。在股市的博弈中，尽管风雨无常，险恶重重，饱受重挫，但这种精神一直支持着我在这条充满艰难曲折的征途上不断地攀登前行。"

含泪的誓言

下乡5年后，一批批知青都早已返城。最后，安阳才依依不舍地告别他视为父母的乡亲和那块浸染了他5年汗水和心血的山村热土。回城后，他先是当了两年工人，接着，他又考进了大学的中文专业。几年后，他以优异成绩毕业，被辗转分配到一所煤炭大学教书。

他是个干什么都尽心的人。他教书很努力，除了在本科部、成人高教部担任教职外，他晚上还跑到母校去辅导参加高考的学生。他整天加班加点玩命似的连轴转，所带的班年年都被评为学校模范班集体，但当时他的收入却极其微薄。

有一件事对他触动极大。

那已经是20多年前的事了，但至今，他还清楚地记得。一天，他刚刚两岁的儿子病了，而且病得很严重。他急忙抱着孩子去医院。医院要他立刻交800元钱的住院费。可是，他搜遍全身，也拿不出来800元钱。他口袋里只有300元，那还是全家一个月的糊口钱呀。没办法，为救孩子，他让妹妹帮他借500元钱。然而，还没等到妹妹借来钱，儿子的病危通知书已下达了。

眼看着怀中昏迷的儿子，望着手里攥着的那张夺命的"病危通知书"，作为父亲的他心如刀绞：自己整天拼命地工作，却连儿子的命都救不了！他的泪水禁不住夺眶而出……

那一刻，被贫寒刺痛的他，暗暗地在心底里立下誓言：这辈子一定要有钱！

玩命打拼成"千万富翁"

这件事给安阳上了一课。采访中，他对我说，他不是贪图大富大贵的人。他从小爱读方志敏的《可爱的中国》，追求清贫平淡的生活。他也永远忘不了，在山村插队时，和贫穷的乡亲一起啃窝头、住牲口棚那段充满艰辛和欢乐的日子。但生活的重负，逼迫他不能不正视清贫给他带来的严酷现实。

于是，在教书之余，他挤出休息时间开始搞"副业"。他先帮妹妹卖水产。后来，大学里学中文专业的他又担任了报社的兼职记者。他下农村，赴大寨，采访的稿件写得很精彩，一炮走红。有一次，报社老总让他"顺带拉广告"，没想到他一拉一个版，为报社增加了不少效益。那个月，他的稿费和广告提成，竟有1万多元！这对一开始一个月只拿33元工资，后来大学教书月薪满打满算也只提高到500多元的安阳来说，1万元，真是一个天文数字！

不久，他的一个朋友创办了一份报纸《休闲周末》，请他帮忙搞发行。刚开始才发行几千份，安阳不辞辛苦，四处奔波，很快使这份报纸的发行量剧增。几年下来，靠着智慧和辛劳，他这个总发行人使这份报纸飞速传遍大江南北，从几万份，最高发行突破了70万份。他成了到处"热抢"的广告发行人。他先后应邀为四家报纸搞发行。10多年下来，他人消瘦了很多，但也实现了自己的誓言：用辛劳的汗水，终于使自己进入了"千万富翁"的行列，让生活有了质的飞跃。

追梦股海，在"重挫"中"涅槃"

股海无涯，恶浪滔天。他带着梦想入市，几近"毁灭"。在经历了漫长的炼狱般痛苦之后，他决意走向重生之路，在重挫中涅槃。

大牛行情，涉足股市

1996年四、五月份，沪深股市正演绎着如火如荼的大牛行情。此时，安阳正想为辛辛苦苦挣来的钱找出路，他炒股的妹妹便顺势把他拉进了整日人头攒动的证券营业部。

口袋里有钱，安阳入市很高调。他没有经历散户大厅火热行情中那拥挤不堪的场景，首次开户，一开就是三个60万元，还聘了两名曾跟随自己搞广告发行的朋友做助手，煞有介事一次性地便坐进了"贵宾室"。

那时的他，虽然投资理念一片空白，但行情好，加上运气好，首次买的东北电"呼呼"地往上蹿，一天竟涨了60%，直赚得他心里发怵，不敢相信：我的天老爷呀，这简直是钞票天天往口袋里掉呀！想不到，炒股这么容易赚钱！

他欣喜若狂地盘算着：我要是多投入些，100万元一天10%就是10万元，200万元、300万元呢！要是投500万元，一天就是50万元！这多带劲，多爽啊！

入市当初，他本想只要输10万元就收手不干了，可是，"进入股市就像进入赌场一样，只要沾上，就很难罢休！"安阳说。

从此，他一发而不可收。

追逐"涨停"，遭遇"灭顶之灾"

在股市赚钱还没赚几天，钱在口袋里还没"焐热"，噩运就开始向只有金钱没有理念的安阳扑来。

他开始赔钱了。一开始他并不在乎，赔30万元，他就往账户里填30万元；赔50万元，他再补50万元。他觉得自己有本钱，输得起！

"正是这种'输得起'，害死了我！"回忆往事，安阳说，"如果一个人在没有大赔时，比如开始亏一两万，他就很谨慎，操作中也会加以节制。但如果赔大了，他往往会在焦虑中丧失理智。大赔，大赌；越大赌，就会越大赔，甚至遭遇'灭顶之灾'！"

那时，在失败面前，安阳并没有去审视自己的投资理念和操作体系有什么问题，只是一味地加大投资力度。

他不甘心，想尽快扳回损失。为了走捷径，赚快钱，他开始专门追逐每天涨停板的股票。结果追了一年，追得精疲力竭，不仅一分钱没有捞回来，反而又亏掉了百万元。

"舍不了孩子套不住狼！"在巨大的损失面前，他失去了理智，采取"大买大割、越亏越买"的极端操作手法。但幸运之神并没眷顾于他。很快，他的资金被腰斩一半。

痛苦无奈的他，眼前一片迷茫。他整日不是昏睡，就是疯狂地飙车，或是坐上火车无目的地漫游，用逃避来排遣自己的痛苦。

在那迷惘的日子里，他不知道，自己的黑夜为何如此漫长，何时才能见黎明？

上善若水，宁静致远

逃避不是办法，也不是安阳的个性。他是个做什么事都非常专心并且一定要做成的人。插队，他当上劳模；教书，他年年是先进；搞报纸发行，他成为同行的佼佼者。"生当作人杰，死亦为鬼雄"是他人生的追求。然而，投资股市，他却屡战屡败。

为什么在股市，总摆脱不了赔钱的噩运和亏损的魔咒呢？究竟如何才能走向成功的彼岸？在人生的重挫面前，他开始冷静地审视自己。

隆冬，他来到了山西五台山。在漫天飞雪中，睡在寺院里，听着寒夜的钟声，他的心绪宁静了许多。

二十多天的"修心"历程，使他以平常心态重新投入股市。

他不再追涨杀跌，也不再患得患失，不再像过去那样强求买在最低点，卖在最高点。"要记住，不要把炒股这件事看得太重，你只当是在做一场游戏，卖股票时永远不要想'它还会涨'，要永远为别人留段利润。只有这样，才算有了一颗平常心，你才能成为赢家！"安阳说。

噩梦醒来倍感春阳暖。从重挫中走出的安阳，决意走向重生之路，在股市的雷电霹雳中涅槃。他冷静了，理智了，不再整天为小利而盲动。他要把握住真正属于自己的值得一搏的机会。

1999年底，安阳激战网络龙头综艺股份（600770）的漂亮一仗，便是他以理智冷静的心态取得反击战辉煌胜利的体现。

那是1999年的12月27日，他看见综艺股份这只股票一条阳线穿越了多条均线，知道这只股"有戏"。当天该股的收盘价是26.66元。他开始盯上了它，并耐着性子观察。

2000年1月24日，安阳见综艺股份拉回洗盘结束，再次起涨，于是在33元孤注一掷地满仓杀入。但万万没有想到第二天，该股来了一个"跌停板"的回马枪，报收29.78元！第三天最低跌到28元。这真又是个暗无天日的时刻啊！只两天，他的百万元资金又灰飞烟灭。但此时已理智的安阳没再恐慌杀跌，而是坚守。

结果，第四天、第五天，综艺股份雄起：连拉两个涨停，报收于36.28元。在度过了17天的春节假期后，这只网络的龙头股再续升势，强劲狂飙，又连续拉出6个涨停板，股价直冲64.27元的高峰，让市场瞠目。此时，安阳觉得翻一番了，该走了，就在63元挂单，全部派发！

"真的是，在生死存亡之际，综艺股份不仅救了我一命，还给了我在股市拼下去的勇气！狙击这只股票的经历而今已成为历史。回顾往昔，之所以获得成功，是因为我认为除沾了趋势和市场热点的光之外，有一点和别人不同的感想就是，股市对于人来说，就是一座残酷的炼狱。生存在这里的人，是一批最不肯向命运低头的人，也是经受心灵磨难最深重的一批人。"从多年股市的"浩劫"中走过来的安阳，对我说。

找寻迷失的"罗盘"

股海茫茫，征途险恶，路在哪里？怎样才能不迷失方向？他从失利中找到症结。6年来，他把看大势、研大盘一直放在首位，坚持每天早晨写"解盘"，准确率达95%以上，为股海的行进，找到了一个辨别方向的罗盘。

总结失败的根由

"安阳，你的股市人生路一路走来，真不平坦。入市初期把那么多的钱赔掉，真够让人心疼的。你总结过没有，千万元资金腰斩一半，失败的主要原因在哪儿呢？"采访中，我问。

"失败之后，我痛苦过，反思过。"安阳回答说，"记得有一次，在大盘狂泻的日子，当我和助手在斩完仓之后，我曾认真地问过她们：这么多年，我们赢的没有亏的多，说明了什么？说明我们的投资理念、思想方法，还有我们自己以为正确的一套东西是经不起市场检验的。所以必须彻底摒弃以前的投资思路、操作方法，代之以新的理念、技术以及完整的交易系统。"

"你们从哪儿着手改正呢？"

"从研判大势入手。"安阳说，"判明大盘的涨跌趋势是非常重要的。过去，不懂得大盘分析的重要性，明明大盘在跌，我们还在那里不停地买股票，哪有不输的道理呢？应该说，弄不清趋势的方向、位置，是过去我们失利的主要根由。"

"判断大盘的涨跌，把握好其趋势，就像是找寻大海的航海图一样，的确十分重要，但研判大盘是件很复杂的事，不容易呀！你们是怎么做的呢？"我问。

"要明确地研判清楚大盘的走势，的确很难。最初，我们尝试着早间练习对当天的大盘收阴线还是收阳线做出虚拟。结果，一个月下来，也只不过蒙对了三五天。这怎能行呢？于是，我开始了苦练硬功。主要就是摸索出了从整体上综合地理解指数的方法，即建立了自己的盘势分析流程。每天都要对趋势的位置、量能对趋势的保护等方面，深入观察分析。过了一段时间后，有了明显提高，逐渐地做到了不再出大的错误了。认清了指数的性质，心里就有了底，就好像心中装上了一只罗盘。"安阳回答。

"有人说，炒股要轻大盘、重个股，你怎么看？"

"我认为那些说轻大盘、重个股的人，只是片面地看到在大盘不好的情况下仍有走强的牛股这一现象。的确，我们可以看到，在大盘下跌的时候，仍有个股飘红，甚至逆势走得很强，但这不足以说明大盘不重要。这类个股往往是一些强庄股。主力借着盘势疲软的机会，为吸引人们的眼球，而采取逆势拉升。如果我们因此而得出一种结论说个股重要大盘无所谓，那就错了。

　　"其实，大盘和个股的关系是辩证统一关系。大盘反映的是趋势。在一个适合操作的趋势下，如果你不能把握好主流资金介入的热点板块和个股，那么，你大盘看得再准确也没有意义。我们强调重大盘的本意，并不意味着可以轻视个股。指数绝不是无关紧要的东西。它是在本质上表现着趋势，揭示着趋势的方向。我觉得，对指数轻慢不得，重指数就是敬畏市场的具体表现。

　　"在实战中，我们完全可以做到重大盘即把握好趋势，同时也能把握热点，选准个股。事实上，真正的赢家是把这两方面完美结合的人。就我个人体会来说，在遭受了重创之后，我更觉得把握好大盘、看准趋势再去操作股票更重要一点。"

研判大盘案例举要

　　"从网上经常能看到你对盘势分析的早间解盘。你是什么时候开始写这种'解盘'的？"我问。

　　"从2004年。算起来有6年了。"

　　"准确率有多高？"

　　"据近两年来的初步统计，准确率大约在95%吧。"安阳说。

　　"我听不少投资者说，很喜欢你的早间'解盘'。甚至有的人说，如果没看安阳的早解盘，都不知道今天怎么做股票啦！"

　　"呵呵，那有点过奖了。几年来，我每天都用心研读大盘，力争准确些，能为投资者提供一些有价值的参考，就很满足了。"安阳笑答。

　　"能举些近期你研判大盘的案例吗？"

"可以。那就以上证指数从1664.93点走向3478点的过程中，我做过的三次虚拟预测为例来说明吧。"

实战案例：在终结1664点噩梦行情的启动点上

时间：2008年11月7日

结论：大盘见底，黄金买点到来！

分析过程：2008年年底，大盘在经历了大跌后，开始企稳。11月7日之前，沪指在10月27日有一个下跳的缺口。次日，即2008年10月28日，便出现了大跌的最低点1664.93点。但在当时，人们无从知道这就是大底。按照一般的认识，10月27日周线缺口的整理需要13天左右。到11月7日，整理才只有10天。他本来也认为再等两天才会起涨。

11月7日这天早晨，安阳打开电脑后，看到了前夜美国道琼斯指数下跌4.85%，标准普尔指数下跌3.03%，香港恒生指数前一天也下跌了1050点。加上11月7日是周末，沪深两市面临着巨大的压力。所以，他并不看好当天的走势，认为调整的时间还不够。

但是，就在当天，他在深圳市深南大道南京证券讲实盘课时，临收盘前15分钟，他突然发现盘口的异动。然后他告诉大家，他近日偏空，但是现在要提醒大家，此时此刻指数给出了一个重要信号，这里就是一个黄金买入点！但在当时临近收盘，大家一时不知道买什么品种，他就建议大家关注50 ETF指数基金（当时正在讲解指数研判的基础知识课）。

结果：沪指于2008年10月27日跳空下探，并于10月28日创出1664.93点低点，至11月7日经过8天的盘整，于11月10日（周一）跳空放量上涨，从此拉开了一波涨势。50 ETF从2008年11月7日涨到2009年7月28日时，涨幅达100%以上。

"你这次对大盘黄金买点判断得很准，那么，你在判断大盘出现黄金买点时，主要依据是什么呢？"

"单纯从技术层面讲，主要是看到在15分钟的分时K线图上，多条均线趋于黏合的状态，这是最好的出手打击点。另外，此时在日K线的级别上，同时出现了箱底企稳的形态。这样，可信度就更强了。"安阳回答说。

打开安阳的电脑，我发现，在他的第一套操作体系中有四条均线，这四条均线分别是10天线、20天线、62天线和133天线。他介绍道，当这四条线在分时图上黏合到一起并且方向向上时，就是短线的重要买入点。如果此刻还有成交量的配合，就会更好。

他还指出，这种研判大盘的技术，不仅适用于大盘，也同样适用于个股。同时他说，技术分析并不排斥基本面。当时基本面的情况是，国务院4万亿元经济刺激政策出台，就是一个最大的利好。基本面应服从技术形态，形态不仅涵盖了市场的全部信息，还能够及时地纠正我们认识上的某些错误。

最终的事实也证明，2009年这一波终结了1664点的噩梦行情，最佳起步点位，就在2009年的11月7日。次日留下的上跳缺口，迄今都没有被回补。

实战案例：神奇预测2009年2月17日至3月2日的大波动

时间：2009年2月16日预测"逃顶"、3月2日提示"抄底"

结论：2009年2月16日早晨判断：警惕吓你一跳的大阴线！ 3月2日提示：珍惜市场跌出来的机会！

2009年2月17日见顶的分析过程：2009年2月，特别是春节过后，大盘逐渐转暖，越走越好。到了2009年2月16日，沪指已涨至2389.39点，一片莺歌燕舞。就在这天早晨，安阳对当时的盘势做了分析后有种不祥的预感，在当天的早间解盘中，他以《警惕吓你一跳的大阴线》为题，警示大家避开阶段性调整顶部的风险。

结果：上证指数从第二天开始，在10个交易日内下跌约16%。个股跌幅达20%、30%者皆有之。市场在一片"涨声"之后，突然出现猝不及防的"寒流"。

2009年3月2日抄底的分析过程：2009年3月2日，经过了8个交易日的连续下跌之后，市场上人们的心态再次触及冰点。不少朋友开始担忧，有的人又看到了1500点。这时安阳却说，大盘没那么恐慌，当大家都割得血肉模糊时，你正应该流出口水来（贪婪），在本周之内，只要有急跌就可大胆进场抄一把底；本周不再怕跌停，一堆跌停板，将会变成满眼的涨停板。在这天早晨他写下了题为《珍惜市场跌出来的机会》的"早解盘"，并在最后写道：让我们期待即将出现的那一条长阳！

结果：果不其然，当天大盘结束了连续的急跌，以阳线报收。次日再次收阳，两市涨停板超过了50个。第三天，大盘爆出了一条涨幅为6.91%的长阳线，应验了安阳对大盘的精确预测。（图5.1）

图5.1　上证指数走势图1

采访中，我看着指数这段大幅度下跌的盘势，不禁问安阳："2009年2月17日至3月2日的这次大波动，你预测得相当准。如果2月17日不逃顶的话，将遭受此后指数约16%的跌幅。记得仅在2月27日那天，虽然大盘指数跌幅只有1.8%，但盘中跌停的两市股票却有500多只，惨不忍睹！而3月2日如果不抄底的话，将会被震出局外，痛失指数后来65%的涨幅。你这么精准的预测，一定不会是蒙对的。那么，能透露一些你判断的依据吗？"

"我在2月16日判断'顶部'即将来临的依据，主要有以下几条。"安阳回答。

◆大盘从1664点上涨到此刻，沪指已有40%的涨幅，指数的乖离率越来越大，有调整的要求。

◆指数面临着上升通道线上轨的压力。

◆从波浪理论看，第三浪过一浪头之后，已经涨过了黄金分割位的1.618倍。

◆2008年2月27日，大盘大跌的阴影仍会对人们的心理产生影响。

◆在安阳的K线理论中，有一种独创的发明叫"二阳必杀"。它是指连续开两条中阳或长阳后，市场就会对这两条阳线做一种最后的"确认"或者叫"清算"。这在平衡市或者下跌的市道里尤为明显。二阳必杀，甚至还会祸及一阳。（在2009年2月17日前，连续出现了两条长阳线。——作者注）

◆2月18日，是农历的雨水节气前后，容易发生变盘。

◆外盘的影响也不能忽视。头一天晚上，美国道琼斯指数再次狂跌3.79%，纳斯达克指数也跌了4.15%。

◆上周的周K线，放出了创历史的天量纪录。上周的最低点恰恰报收在2248点。大家都记得2245点，那是2001年大盘头部的敏感位置。

◆安阳还有一个小的秘密，他管它叫"松盘过前头，冲过没劲头"。这说的是当指数冲过前期的"头部"后，如果是"紧盘"（小阴小阳窄幅波动），后市涨升幅度会较大；如果是"松盘"（长阳长阴宽幅震荡），则后市上涨会乏力，随时可能遭遇调整。

"2009年3月2日，你在早解盘发出'珍惜市场跌出来的机会'提示大家抄底，又依据的是什么呢？"我问。

安阳回答道："在大跌之后，我看到恐慌盘已经杀出。从2月27日的盘口显示看，当天1300亿元中，有500多亿元是最后一个小时成交的。另外，从跌幅上看，自2月17日的高点算起，已跌了300多点，风险已有释放。常言道，机会总是跌出来的。再者，时间提示：自从2402点或放天量的2月16日以来，大盘运行已历时12天。惊蛰（2009年3月5日是农历二月初八，惊蛰）无疑是敏感的时间之窗。据此，可断定，上涨的机会来临。"

实战案例：提前18天准确预测2009年的大顶

时间：2009年7月11日

结论：2009年大顶在即，3333点要防范风险！

分析过程：2009年7月11日（周六），《股市动态分析》周刊在深圳市圣廷苑酒店举办2009年中期投资策略报告会，安阳说在会上，大盘将在近期作头。值得警惕的点位是3333点，提醒大家在3333点上方至少要减掉一半的仓位。他认为市场将进入一个中期调整。这段发言，被收录到《股市动态分析》周刊第961期的会议纪实中。

其实，就在此前两天，即周五（7月9日），安阳在早间解盘中写道："股市的下一步走势，还是要涨的，但却充满了变数和曲折，正像李琼的歌曲《山路十八弯》那样，弯弯环环，环环弯弯，但股市的'十八弯'却没那么浪漫了。这里的每一弯，都记录着股民的悲和欢，都揪着股民的心和肝。简言之，隐忧犹在！通往3333点的路程，将注定是一次艰辛的曲折之路。"

7月15日，他在早解盘中说道："我有一种很不放心的感觉，我劝自己多一分谨慎。尽管沪指今天必创新高，但我认为在加速赶顶的时刻，正是风险随时到来的时候。每向3333点走一步，危险就增加一分！"

7月16日，他在题为《高处不胜寒》的解盘中写道："2000亿元以上的沪量，尽管会连续放出，但一步步接近危险。今天在美股大涨的作用下，沪指必然会高开，但将要冲高回落。如果今天不这么做，日后还要这么做。风险在积累过程中，正所谓'高处不胜寒'。现在到了控制资金风险的时候了。特别是每天满仓杀进杀出的朋友，一定要逐步把自己的仓位减下来。"

7月20日，安阳在广州讲课时指出，从今天开始算，截至月底前，市场必有一次强烈的震荡，不能掉以轻心！

7月21日，安阳指出，今天，指数给人一种加速和拼命的印象，一路摧枯拉朽，无坚不克，轻扬飘逸，直上3333点。但同时又给人一种透不过气来的感觉，甚至不像在炒股，倒是像在赶路。好像要在创业板登陆前，必须封堵2008年6月10日留下3329点的周线缺口。现在离缺口只剩63点空间，一鼓作气，就要登上"珠峰"了。就在大盘涨得如火如荼时，安阳提示大家：一、不追买股票；二、逐步减轻自己的仓位；三、利用大盘将要疯狂的机会，看看"夏季高台跳水"赛或者出去旅游……

第二天，安阳以身作则，踏上了赴京的行程。7月27日，安阳在早7时的新浪网上作了题为《3400点将成为一个驿站》的解盘。他在该文中说："市场已经改变了上涨的斜率，把大家伙的兴致调到了老高。按照惯例，指数会在这里变一副面孔了。这里将会是一个驿站。即使今天再去攻击3404点，冲上即下，短线而言，3400点上方的点位，将会被定格！"

7月28日，他在"股市动态分析"网站上继续唱空，甚至还遭到了网友的攻击。有一位匿名的网友说：安阳除了会看空，还有什么本事？

"事情也凑巧，7月28日骂我，7月29日就大跌。由于我们提前预测出了高点，不仅我们自己减仓避险，还有许多看到报道的读者也及时规避了短期风险。"安阳回忆着。

结果：在经历了一波"摧枯拉朽"般的涨势后，沪指终于在2009年7月29日大跌，并于4天后的8月4日"赶顶"创出了3478点的新高。与安阳预测的3333点相差100余点，但纯属强弩之末，是最后疯狂的一跳。此后至今（2010年4月）上证指数陷入长达9个月的调整，再也没有创出新高。

我问安阳："7月29日大跌后，股市不是又强劲上涨了几天吗？当时你是否承受了判断错了的压力？"

"的确如此。那两天，我正在北京的中国人民大学讲股市投资的风险教育课。大跌后，沪指确实又连续三天拉出阳线，并于2009年8月4日创出了

3478.01点的新高。看上去，似乎不可一世，当时说空是要遭到讥笑的，听课的学员和网上相关人士也提出不少质疑。但当时我仔细察看了大盘的诸多技术指标，尤其是KD指标，表现为明显的顶部背离迹象。（图5.2）

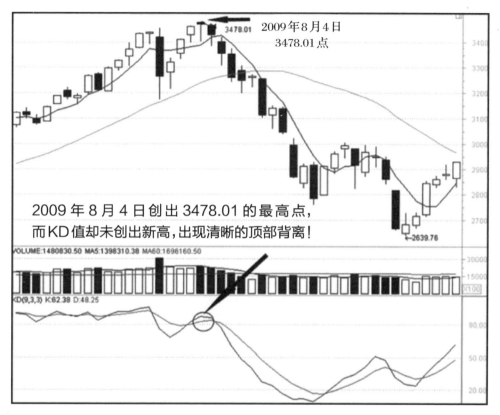

图5.2　上证指数走势图2

　　"因此，我坚定地认为其上涨有诱多之嫌，属刻意作秀，再加上当时的成交量堆积得如山一样高，我坚持要大家短线减仓或轻仓，顶背离已向我们敲响了警钟：大跌的日子不远了！"

　　"安阳，你是怎么提前十多天感觉到大盘在'筑头'的，有什么秘诀？"我问。

　　安阳答道："其实不是感觉，而是有迹可循的。"接着，他向我一一详细说明：

第一，2008年6月周K线向下的跳空大缺口（3329点）始终未能被回补。它告诉我们，自1664点上涨以来的这一波迅猛反弹的走势将会在这里遇阻。经典的K线缺口理论说："折返走势，止步于缺口。"一般来说，在缺口处，往往是中短线的一个重要卖出点，也是我们需要警觉的位置。

第二，依据切线理论的黄金分割原则，到达这个缺口附近时，指数正好面临着从6124点至1664点的0.382压力位。

第三，依据切线理论的甘氏线原理，指数在此缺口附近也正好是一条重要斜边线的压力点。此线与黄金分割线产生共振，阻力会更强劲。（图5.3）

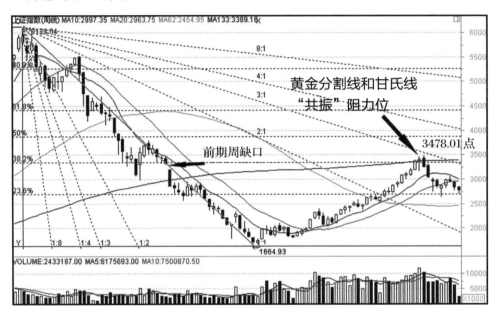

图5.3　上证指数周K线图

第四，非常重要也是最简单明了的道理，就是指数从1664点的起涨点到达此位，涨幅已超106%。而且，市盈率已重返6124点时的高度。古人云："飘风不终朝，骤雨不终日。"股票的飙涨也像飘风骤雨，没有只涨不跌的，跌多了就要涨，涨多了就要跌。

第五，依据波浪理论的"五浪延伸"，此刻也已经完成了量度升幅。

第六，成交量决定一切。这条是最为重要的。在对大盘进行趋势判断的时候，最好的也是最直接的方法，就是要看成交量是否依旧支持这个趋势向上。指数循环的能量分为四个区："打底""上涨""盘头""下跌"。在不同的区域，要有不同的交易动作。在不同的区域，对量能有着不同的要求。

以顶底为例，目前沪市"打底"区的量为700亿元至1000亿元；"盘头"区的量在2200亿元至3000亿元。那么，回到上证的实盘分析上来看，就在指数进入2009年7月份以后，日成交量每天都在2500亿元左右，不断刷新着纪录。在7月29日大跌那天，沪量暴出了3000亿元的天量，达到了顶峰，这就是下跌前的重要征兆。

"研判大盘的顶底，除了以上所述的，综合起来说，你认为还有哪些关键点？在研判大盘顶底时，投资者应该把握哪些技术细节和技巧？"我紧追不舍地问道。

安阳回答说："除了以上说到的以外，我认为，我们分析指数和大盘的目的，主要是为了弄明白大盘现在是处在什么样的趋势位置，以便于提示我们采取不同的动作。是买，还是卖；是重仓，轻仓，还是空仓；还包括资金的控制等。"

关于这一点，他特别强调以下几点：

要对趋势位置有个精准判断，首先看总成交量。趋势的位置和总成交量是否对现有趋势保驾护航，是关乎全局与整体的问题。

安阳之前提到，2200亿元到3000亿元是"打顶"的量，很可怕。比如，2007年5月9日，沪量达2572亿元，5天内跌了5%。2007年5月21日至5月29日，连续7天沪量超2000亿元，导致5月30日发生众所周知的"雪崩"！5天内沪指跌了20%。多少人把上半年的收入悉数奉还给了市场，一些新股民出现了严重的亏损。

由于一大批权重股票上市，今天沪市2000亿元的日量，或许与当年的2000亿元有所区别；或许当你看到沪量天天超2000亿元，股市就是不跌。但是，安阳认为，市场已经走上了悬崖，高潮的后面就是尾声。连续的日成交

2000多亿元，也就快到了关门叫你买单的时刻了。

所以说，当沪量逾越2500亿元以后，就是一个超级危险的信号。它说明，股市已经"太热"了。

因此，谁把握住了指数的成交量，谁就把握住了解读大盘的钥匙。

要重视形态和趋势线。这里强调的是K线的大形态。要搞清楚目前是底部的反转形态，还是腰部的整理形态或者可能是在筑头。趋势线在对指数的研判中所起的作用也不能忽视。某条重要的趋势线或压力线附近，往往是我们进出场的黄金点位。

不可忽略K线所给出的转折信号。我们学习蜡烛线理论，一定要学会发现反常的现象。例如，每天都有新高出来，你就不用急着卖。因为这很正常，市场上涨的趋势一直在延续。什么时候要小心呢？就是出现了反常现象时，出现了需要刹车的状况时，趋势有可能反转向下。所以，我们要重视K线小形态传递给我们的转折信号。

关注MACD、RSI、KD等技术指标的预警作用。这是要求我们应重视技术指标的"超买超卖""顶底背离"的预警。要对自己准备做的交易动作来一次确认。在顶部时，可能MACD已经背离多次了，你硬要冲进去就很危险。或者是在一个相对底部，KD指标多次发生底背离，你还要杀跌，那你就上当了。

判断大盘当日收阴、收阳的五大要诀

采访中，我问安阳："我们之前一直在讨论从宏观角度对大盘趋势进行研判，即对大盘运行的顶和底或波段调整点位的把握，这很重要。事实证明，你对此把握得很准确。但我听说，你对每天大盘收阴线还是收阳线，也有独到的研究，有时甚至判断得一点不差。常言道'短线难测，短线莫测'，你怎么敢向这个领域挑战？能说说你在判断大盘当天收阴还是收阳这方面有什么诀窍？"

"由于实战的需要，每天早晨7点前，我都会俯身于电脑前，把当天沪深股市大盘所处的位置，结合前一天量能的状况以及政策与消息对市场的影响，从宏观到微观提出当日可能的指数运行区间。包括最高与最低点位，K线收阴与收阳，均作出简明扼要的虚拟。我这种日复一日的劳作已有6年了，没想过要拿出来公开。

"2008年5月，在深圳讲授'指数波动性质'课程时，我发现一些学员还没摸透大盘，却天天忙着买卖，在'轻大盘，重个股'的口号鼓动下杀进杀出。这让我甚感惊异，就把自己指导实盘操作用的'早盘简析'提供给学员。没想到它很受大家欢迎，并赢得了一致的好评。"

安阳对于当日指数的预测，用他的话说叫"虚拟"。那么，它到底有没有那么神奇呢？在采访他的20多天里，刚好他的"高级实战研讨班"开课，我和他的全体学员都目睹和见证了他真实的一面：

2010年3月31日，由于此前大盘连续三天都收出了阳线，全体学员便一致认为这天还会收阳。安阳却说，当天将收阴线，最低点在3100点。结果，当天果然报收阴线，最低点为3101点，大家啧啧称奇。

4月1日，安阳说沪指将收阳线，当天果然收出了一条中阳线。当大家看到阳线后，都认为后边会连续收阳时，没想到仅过了一个交易日，安阳便在4月6日早晨告诫大家："不要忘记对大季线的回抽还没有做。我们的股市向太阳，但随时会下起一阵太阳雨。"当天果然收出了一条高开阴线。

4月7日，他说："我总觉得有一条中阴线像幽灵一样在眼前晃来晃去……不会有人在当天为市场点起红蜡烛。"果然，这天再收阴线。

4月16日，对沪深股市来说，是个不寻常的日子。这天是沪深300股指期货四个合约挂牌的日子。这无疑是个重要的历史时刻。它标志着经过20年的发展历程，中国金融市场逐渐走向成熟。从此，单边市成为双边市，结束了沪深股市只有靠做多才能赚钱的历史。

在这一天，安阳又是怎样做的"早间解盘"呢？他认为，股指期货上市后，短期内向下带动指数的可能性偏大。300指数将会日益显示出它的神气，"从此如果谁敢小看300指数，它一旦发起脾气来，会搅得市场乌烟瘴气"。

当日的实际走势上下震荡没有超过40个点。就在这天，他还说道："沪指还会杀回到3080点（或不在今天）。"

岂知，一语成谶。就在股指期货开张的第二个交易日，即2010年4月19日（周一），他在这天的早间解盘中说道："在最近的一段时间我一直保持了谨慎的心态。我认为今日随时会杀向3000点的下方（前一个交易日的收盘点是3130.30点）。破整数关，往下走30个点是小菜一碟。"说实话，开盘前，对安阳如此悲观的预测，我真的不敢苟同。

但，当天上证指数罕见地大跳空34个点低开，真像是按照安阳"画"就的走势一般，狂泻不止。下午收盘，上证指数竟真的出现了最低点为2977.77点的"奇观"。与安阳的虚拟预测只差7个点。沪市全天大跌了150个点，跌幅为4.79%。深市跌了772点，跌幅为6.22%。这次暴跌是骇人听闻的。而安阳却神奇地提前做了虚拟预测，并在事先对投资者反复做出了警示。（安阳所做的这些虚拟预测，均在每天早晨开盘前发表于《股市动态分析》周刊网站首页。——作者注）

…………

看到这些神奇的虚拟预测，我不禁为之惊叹。在我随访的20多个交易日中，尽管上证指数起起伏伏、上上下下，安阳的虚拟预测竟没有一天出现过大的偏差。

一天课余，我对安阳说："现在我终于明白了你研判的套路，不仅包括对大盘趋势的顶和底的宏观分析，还包括在开盘之前对当天走势的虚拟预测。除此之外，据说你还擅长在运行盘中对当天指数的波动走势做出更精确的判断，甚至你在深圳的20多次指数实盘课上，从无差错。你能不能再给投资者透露一些诀窍呢？"

"可以。"对我的"穷追猛打"，安阳笑了，"你真是投资者心中最亲善的朋友呀，非要榨干我呀？也好，我把家底全抖给你。也谈不上什么诀窍，只是我在盘中判定大盘走势的五种方法吧。"

接着，他向我一一讲解这几种方法具体怎么用。

依据开盘之后，前三个15分钟分时曲线的涨跌走势，结合成交量，看是同步还是背离，即可大致判断出当日收阴还是收阳。如某日前三个15分钟为跌、跌、跌，并且成交量逐步放大，即可判断当天是单边下行；再比如，某天开盘第一个15分钟下跌，第二个15分钟上涨，但并没有涨出当天的新高点，在下跌的时候，成交量是携量，上涨时，却没有相应的放出量来，如果第三个15分钟不能带量创出新高，则当天收阴的概率大大提高。

依据第二个半小时（10点～10点30分）是否走出了新低或者新高点，就可以判断出当天的最低点或最高点。这一条对当日的指数研判异常重要。如果当天在第二个半小时创了新低，则意味着当日还将会有比该低点更低的点位出现。反之亦然。有时，第二个半小时出新低后，指数会拉起来，看上去走得很好，实则是诱骗人们追买，往往会在下午突然变脸，返身向下打出新低，将当天的追买盘全部套住。如果能在此时辅之以"跳空开盘倍数计量方法"，即关注当天10点30分是否回补了开盘留下的向上或向下的缺口，则当日准确的最低或最高点便可预知。

依据开盘第一个小时的成交量。根据这一小时的成交量，便可以虚拟出全天市场的大致的成交量。然后，根据这个量预测指数是涨还是跌。

依据下午两点时，指数处在全天中心值的上方或是下方，可以预判尾市乃至次日的强弱。下午两点时，往往是全天多空搏杀的一个平衡点。主力资金如果不想让指数下跌，会在此时把指数拉至全天最低最高点的中心值上方。这将预示着尾盘收红，保持平衡。反过来说，如果主力资金认为指数下探还没到位，就会放任不管，使指数萎缩在中心值底下，说明尾盘趋软，次日可能继续调整。

依据正、逆序榜排名。根据正、逆序榜在开盘后不同时段的排名，可以预判当日是否有短线机会。

听完安阳对大盘研判的一整套方法，我问他："有人说，看对了大盘的方向，就把握住了胜率。有人甚至说，看对了每天大盘的运行方向，便富可敌国。是这样的吗？"

"从某种意义上说，这不无道理。但我并不完全认可，也不以自己看得比较准确为快事。因为日K线杂波频频，干扰过多。在这里，我只愿和有缘的朋友们一起去承受股海风波的一次次洗礼。这就如同每天清晨站在大海边看那远处的波浪与潮涌一样，旨在寻求那种感觉。在此，再次强调'重在把握趋势'并以此自勉及与大家共勉。"

六大实战盈利绝招

在沪深两市中，每天众多的个股千姿百态，涨跌变化无穷。如何能提前识得"黑马相"，捕捉到即将狂奔的飙涨股呢？他透露的六大实战盈利绝技，将会引领你走向"黑马天地"！

我和安阳结识后，每天都读他的早解盘，对他精确的判断十分佩服。那么，他对个股的操作又有什么妙方呢？

一日，我问他："你对指数判断的研究和实盘分析果然了得，据说，你在股市里博弈也有自己的一整套盈利模式和体系。这一次的高级实战研讨班，你一下子就讲了100多种实战的套路和绝招。都是哪些方面的？有关个股实战技术的多吗？"

"呵呵，"安阳笑道，"您的眼神告诉我，您想问在我的博弈体系里，不会只有关于大盘的内容吧？您分明想套出我的讲课内容，哈哈！"

"对。"我如实说。

"在我的交易系统中，关于大盘的内容只占到总篇幅的20%，其余80%都是关于个股实战制胜的。"安阳说。

"80%？那内容也太多了。借此机会，你能否给大家支几招呢？"

"好，那就在此介绍六种盈利的招数。"安阳爽快地说。

辉煌制胜的"黑太阳"

这是一个几乎人人都能学得会，并且用得上的常规战法。

制胜"黑太阳"核心技术关键词：涨停板—跳空高开—恐怖的大阴线—同步放出巨量—洗盘—再创新高！

制胜"黑太阳"解读：个股经过一段较长时间的调整后，等多条均线都逐渐走平理顺了并且接近于黏合时，股价会在某一天突然启动，拉出一个或两个涨停板。然后，突然来个跳空的高开，高开的幅度要超过5%。但高开之后并不高走，而是掉头向下，拉出来一条看上去很是瘆人的大阴线，并且同步放出巨量，给人一种这只股在大量出货的感觉。

但是，这种大阴线出现后，用不了多久，股价就会再次越过长阴线的高点，并创新高，走出一轮波澜壮阔的行情。因为高开的长阴线是一条用来吓人的洗盘线。放的量越大，说明洗盘越彻底，后市会涨升得越高。

由于这条阴线高悬头顶，看上去黑乎乎的，令人感到恐惧，但实质上却能给人以惊喜，让你获得巨大的收益，故将其誉为一颗"黑色的太阳"，简称"黑太阳"。只要这种"黑太阳"一升起来，后面就会助你收获成功和光明。

实战案例：渝开发

买入时间：2009年6月8日、6月9日

买入理由：

成渝板块是近一年来市场反复炒作的热点之一。

渝开发（000514）2009年5月27日因消息停牌，2009年6月4日复牌即涨停。

6月5日高开约5%，放出大量，当天拉出一根长阴，走成了一个标准的"黑太阳"技术形态。

买入价格：11.20元左右

结果：17个交易日后，在2009年7月3日卖出，获利近70%。（图5.4）

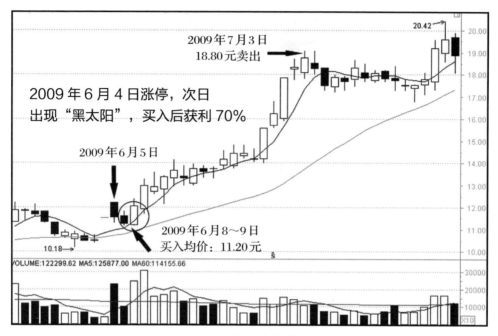

图5.4 渝开发走势图

实战案例: 中铁二局

买入时间: 2009年6月12日至17日

买入理由:

2008年底, 国务院4万亿元刺激经济的政策出台后, 曾经促使 A 股市场掀起过一波炒作声浪, 然后便开始了调整。当时, 中铁二局 (600528) 是那波行情的龙头股之一。

2009年5月25日, 中铁二局走出一条标准的探底回升长下影十字星, 这是要有大动作的前兆。该股此时横盘整理已历时半年, 这个概念会不会卷土重来呢? 安阳开始对它密切关注。

十天后, 即2009年6月10日, 安阳发现它悄然站上了季线, 并拉出一个涨停板。接着, 在2009年6月11日走出一个高开的阴线来。这个较长的阴线没有高开在5%以上, 算不得经典。但是, 该股在当天放出了近期最大的成交量。安阳仍旧把它按照"黑太阳"来解读, 因而果断买入。

买入价格：10.50～10.88元

结果：21个交易日后，在2009年7月16日，以16.50元价格卖出。盈利近60%。（图5.5）

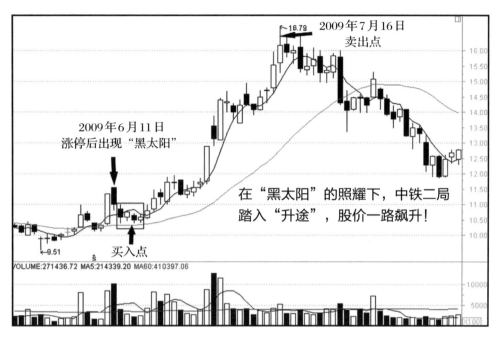

图5.5　中铁二局走势图

实战案例：南京化纤

买入时间：2009年6月23日至6月29日

买入理由：

随着黏胶纤维市场逐步回暖，产品价格明显上升，南京化纤（600889）净利润同比增长500%以上。

2009年6月19日，该股突然拉出涨停板。次日高开约5%，然后回撤，出现长长的阴线，呈现放量的"黑太阳"特征。

买入价格：6.66元左右

结果：因该股的流通盘稍大，在长阴回打之后，安阳采取了较长时间调整的策略。有少数朋友还是耐不住寂寞，提前出局。该股从7月1日开始发

力，在25个交易日中，一口气涨了55%。（图5.6）

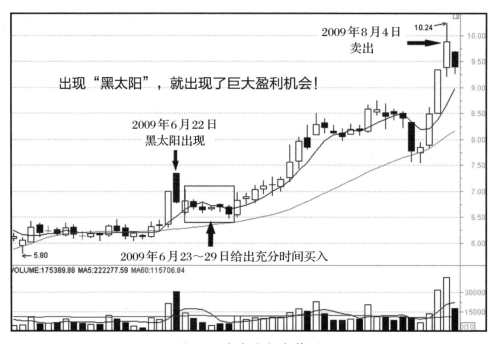

图5.6　南京化纤走势图

　　"黑太阳"操作套路对股票的流通盘大小、股票分时图上的K线形态等条件要求相对严格，但如符合条件，操作的成功率会很高。

神奇的"倍量吞噬阳"

　　这是一个在实战中我们需要经常使用的技巧。难度不大，易学易用。

　　"倍量吞噬阳"核心技术关键词：长阳线—连续3天缩量回调—"吞噬阳线"收盘—倍量出现。

　　"倍量吞噬阳"解读：个股上涨的途中，因升幅较大，便会出现一轮正常的调整。调整将结束时，个股会以重新站上季线作为新一轮上升的标志性动作，并且往往收出一条长阳线。接着，会出现连续3天的缩量回落（不超过3天）。在第5天，放出比第4天调整的量大一倍左右的阳量，将最后调整的阴线（或者小阳线）吞噬，以一条高过4天前阳线收盘价的"吞噬阳线"

收盘。这是结束调整，股价再次上涨的信号。如果股价紧靠在多条均价线附近，那么上涨的力度更大。

实战案例：ST雄震

买入时间：2010年3月22日

买入理由：

2010年3月16日ST雄震（600711）拉出阳线，随后连续整理了3个交易日。次日，一条长阳线"吞并"了前面的3条整理的K线。

调整第3天的换手率为1.55%，次日放出4.40%的换手率，实现了前一天换手的"倍量"。

买入价格：11.80元左右

结果：出现"倍量吞噬阳"的技术特征后，该股就连续拉出了5个涨停板。仅7个交易日，股价就狂涨了37%，显示了这种"倍量吞噬阳"的威力。从本质上说，这是一个如何对待调整将结束的"上升三部曲"的问题，也是一个常用的套路。（图5.7）

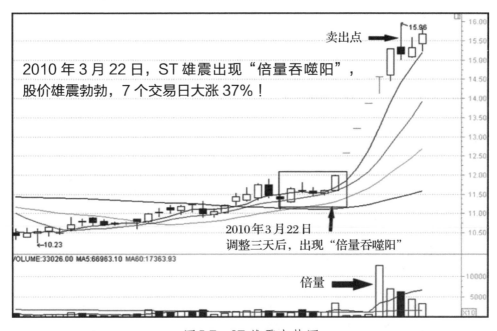

图5.7 ST雄震走势图

实战案例：皖通高速

买入时间：2010年1月18日

买入理由：

在安徽板块飙起的日子里，皖通高速（600012）算得上是一只可以信赖的强势股票。

2010年1月11日，该股从大季线上跳空起涨。第二天，收出了一条中阳线，随后连续3天调整，在1月18日皖通高速报收"倍量吞噬阳"。

买入价格：6.50元

结果：买入4天后，短线涨幅28%。（图5.8）

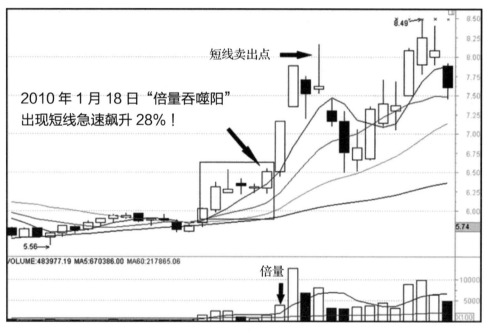

图5.8　皖通高速走势图

实战案例：宜科科技

买入时间：2010年3月25日

买入理由：

2010年3月份，在神州泰岳等小盘股飙升的示范带领下，中小板纷纷跟进。名不见经传的宜科科技（002036）在2010年3月25日走出了典型的"倍量吞噬阳"。

"吞噬阳"出现的当日，成交量约为前一天的4倍。

买入价格：8.95元

结果：11个交易日短线涨幅约40%。（图5.9）

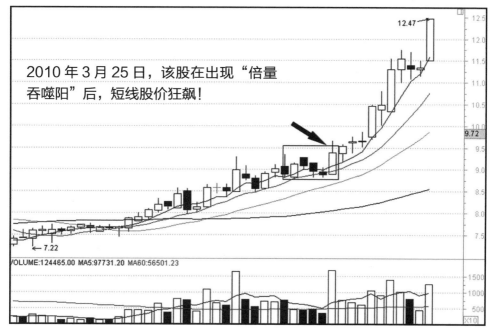

图5.9　宜科科技走势图

狂飙的"夜星十字线"

这是一个寻找超级强势股票最佳入场点的实战套路。

"夜星十字线"核心技术关键词：趋势向上—巨量—上影夜星—再创新高。

"夜星十字线"解读：当一只股票开始了低位上涨之后，一路将低点悄悄地抬高。来到大级别的均价线附近时，用放量中阳线向上做突破动作。次日，又收出了一条放出巨量的"长上影夜星十字线"。如果是在中期均线附近，这颗"夜星",非但不是短期见顶的信号,反而是为多头的攻击指明了方向。

实战案例:熊猫烟花

买入时间:2009年7月29日

买入理由:

熊猫烟花(600599)在长期横盘整理之后,一路悄然抬高股价。

2009年7月29日,股市狂跌,两市有500多只个股触及跌停板。在此背景下,该股主力利用人们的恐惧心理,开始"发难"。表现为放出此前半年未见的巨量:12.85%的日换手率。

该股当天报收一条"夜星十字线"。这种线,往往会被人们当成短期"见顶"转折向下的"射击之星"信号。但实际上恰好相反,在此紧靠大季线的位置,一个相对的底部价位,不仅没有危险,反而是一个绝佳的买进时机。

买入价格:12.20元左右

结果:该股在第二天拉出涨停板后,一口气暴涨了100%,成为当时市场中一只最亮丽的明星股。(图5.10)

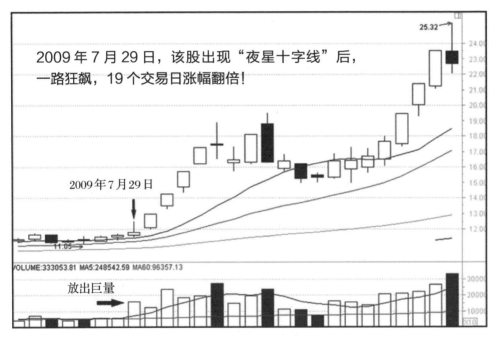

图5.10 熊猫烟花走势图

实战案例：东方雨虹

买入时间：2009年10月15日

买入理由：

东方雨虹（002271）是一只题材独特的小盘绩优股，建筑防水材料的龙头，受益于高铁建设。

2009年10月15日，该股收出一个"上影高浪"打回的"夜星十字线"，并同步放出13%换手率的大量。

该股此时距大季线只有11%的距离。

这只股票在收出增量"高浪星线"（即夜星十字）之前，曾经有一个大量洗盘的"黑太阳"出现。经过这般连续的宽幅震荡，股价已经夯实。该股在10月15日出现上跳缺口拒不回补，昂扬向上。

买入价格：29.68元

结果：买入后该股股价稳步上升，34个交易日内涨幅达60%。（图5.11）

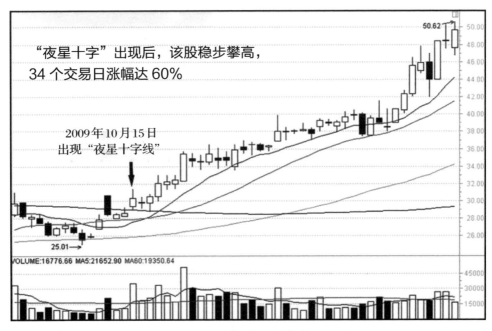

图5.11 东方雨虹走势图

实战案例：上海辅仁

买入时间：2009年10月29日

买入理由：

上海辅仁（600781）在2009年10月29日这天，从133天线上突然跳空起涨，并且放出21.29%换手率的巨量。

该股当日报收标准的"夜星十字线"，并拒绝回补缺口。

买入价格：7.77元

结果：买入20天后，涨幅逾60%。（图5.12）

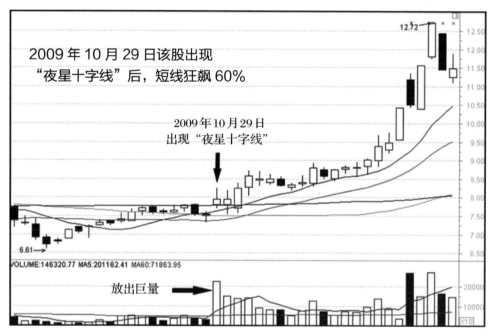

图5.12　上海辅仁走势图

稳健的"长阳起涨点"

这是寻找最佳黄金买点的一个套路。

"长阳起涨点"核心技术关键词：涨停长阳线—回撤起涨点—多成本共振。

"长阳起涨点"解读：个股在上涨的趋势里，一旦升幅偏大时，就会有一个缩量的横盘整理，整理的时间一般在2～3个月。整理后的某日，会爆出一条"涨停长阳线"，但这并非最佳的介入点。接着，股价开始震荡回落。当回撤到拉出的涨停阳线的价位附近，且成交量也极度萎缩时，股价也往往回到了大季线附近。这就是标准的"长阳起涨点"攻击形态，是短线的一个最佳买入点。此时，如果成交量5日均线向上金叉60日均量线，效果更好。

实战案例：包钢稀土

买入时间：2010年2月8日

买入理由：

包钢稀土（600111）在2009年9月2日，曾经拉出一条涨幅7.57%的长阳线。一阳穿越了10日均线、20日均线、60日均线共三条均线。随后一口气涨了50%。

可以认为，9月2日的中阳线明显是中期多头的成本区，是它们在未来要竭力维护的价格区间。

从时间上看，2010年2月8日前后，股价经过半年的回调，再次跌回了这条起涨阳线的位置，这就是我们所说的重要的成本共振点。

买入价格：22.30元

结果：买入后约40个交易日，至2010年4月12日，该股涨幅达40%。（图5.13）

实战案例：罗顿发展

买入时间：2009年12月23日

买入理由：

罗顿发展（600209）是大家公认的海南板块龙头股。早在2009年7月15日至2009年11月3日，该股就开始了长达4个月的整理。11月3日出现了"涨停长阳线"。但这并非最佳的介入点。

接着，股价开始震荡回落。2009年12月23日，当股价回撤到11月3日拉出的"涨停阳线"的价位附近时，也就到达了前期的成本共振点。

这时，股价已撤到了大季线附近。随着成交量温和放大，该股出现了理想的黄金买入点，甚至可以说，此后一波声势浩大的飙涨，就源自这个并不起眼的回撤起涨阳线。

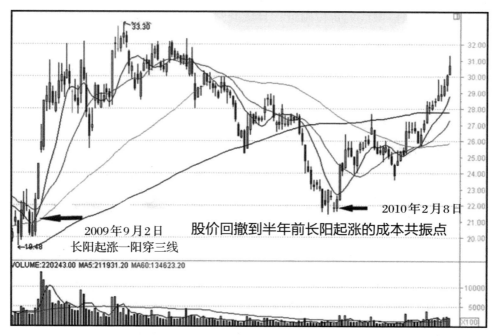

图5.13　包钢稀土走势图

买入价格：6元左右

结果：当股价回撤到"长阳起涨点"后，该股便如脱缰的野马一路狂奔，股价很快翻番，成为两市最耀眼的明星股。（图5.14）

实战案例：津劝业

买入时间：2010年2月3日

买入理由：

津劝业（600821）是天津滨海新区概念的龙头股之一。

该股在2009年11月2日结束了调整，走出一条"一阳穿四线"的中阳线，随后涨约30%，再次开始了调整。

2010年2月3日，随着量能的极度萎缩，股价回踩133半年线。这个点位，正好是前期"长阳起涨点"的位置。在这个位置，出现了成本的多极共振。

买入价格：5.50元

结果：14个交易日后，涨幅逾50%。（图5.15）

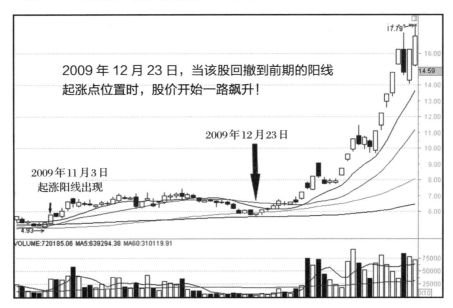

2009年12月23日，当该股回撤到前期的阳线
起涨点位置时，股价开始一路飙升！

2009年12月23日

2009年11月3日
起涨阳线出现

VOLUME:720185.06 MA5:639294.38 MA60:310119.91

图5.14　罗顿发展走势图

2009年11月2日
长阳起涨

VOLUME:738832.94 MA5:584837.19 MA60:175807.03

2010年2月3日
回撤起涨点，介入

图5.15　津劝业走势图

后发先制的"量线回稳点"

在股市征战中，安阳最为重视的技术要件就是成交量。在成交量的把握上，除了高度重视大盘的总量变化之外，他还格外看重个股的量能变化，"量在价先"是他的口头禅。在成交量分析上，多年的股海浸润，使他总结和整理了大量的技术套路。其中极为重要的一种叫作"量线回稳点"。

"量线回稳点"核心技术关键词：5天均量线金叉60天均量线—5天均量线回落至60天均量线—新一波行情起涨。

"量线回稳点"解读：当一只强势的个股启动之后，必然会携带大的成交量。伴随量能的放大，其5天的均量线就会向上金叉60天均量线。而此刻去追涨，风险往往较大。因为你不知道它能不能走出趋势来。只有那些形成了趋势的股票才具备操作的价值。

哪只股票会形成趋势？关键在哪里？这就要看它的5天均量线是否回落到了60天的均量线上，即所谓的"量线回稳"战术。也就是说，只有当短期均量线回落在长期均量线上的时候，才是最佳的出手买入点位。因为此刻，随着成交量的萎缩，换手达到了一种新的平衡，这才是新一波涨势的启动点。（图5.16）

实战案例：罗牛山

买入时间：2010年1月18日

买入理由：

罗牛山（000735）于2010年初启动后，成交量温和放大。1月4日，5天均量线上穿60天均量线，出现了黄金交叉。

2010年1月15日和1月27日，该股的成交量5天线两次回靠60天均量线，立即返身向上。

这种量线的回稳，反映出了成交量的一种新的平衡。

买入价格：6.66元

结果：买入后，该股一口气飙涨了逾90%，证明了量线回稳黄金买点的巨大威力。（图5.17）

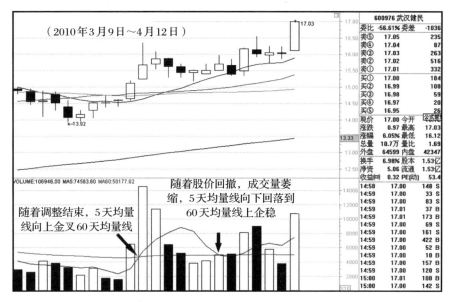

图5.16　武汉健民价格与量线走势图

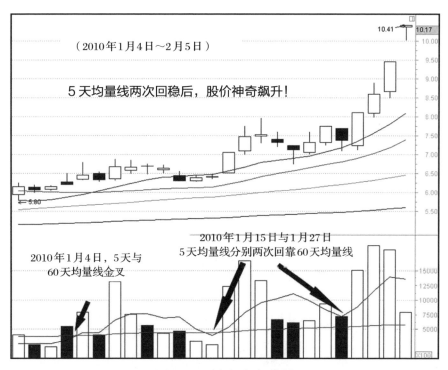

图5.17　罗牛山走势图

实战案例：重庆港九

买入时间：2010年2月3日

买入理由：

成渝板块中强势股之一的重庆港九（600279），在2010年1月8日出现了成交量5天线向上金叉60天线后，一路温和放量走高。

1月8日，股价也同步出现了一条阳线穿越三条均线的强势特征。

该股在1月20日放出了一个20%换手率的巨量，随后步入了跌幅为18%的调整。

2010年1月29日至2月3日，5天均量线向下回撤并紧紧地依傍住60天均量线，显示浮筹已清，换手达到新的平衡。

买入价格：11元

结果：14个交易日之后，重庆港九涨升了50%。该股如此强势的上涨，可以说与5天、60天均量线长久地黏合为一的技术特点，是分不开的。（图5.18）

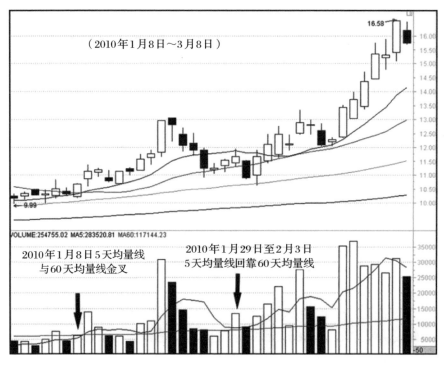

图5.18　重庆港九走势图

实战案例：双钱股份

买入时间：2009年8月12日至14日

买入理由：

双钱股份（600623）自2009年初到2009年7月10日前，一直在一个窄幅的上升通道中盘整，缓慢推高。

2009年7月13日，该股的5天与60天均量线出现金叉。此时，能否走出凌厉的攻势，无法知晓。7月27日至8月11日，该股的5天均量线与60天均量线长久地黏合，反映了成交换手的充分平衡。股价的腾空飞起，一触即发！

该股8月12日至8月19日，携量创出新高。K线形态连续出现两组"镊子线"，是难得的黄金介入点。

买入价格：8.50～8.80元

结果：该股短线连拉涨停，12个交易日股价翻番，成为当年两市最亮丽牛股之一！（图5.19）

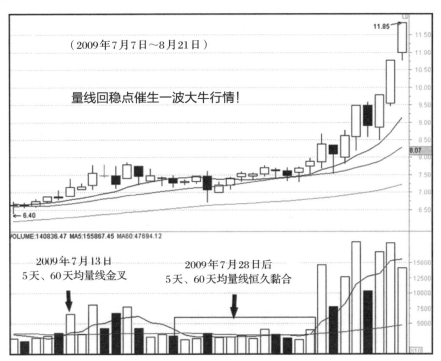

图5.19 双钱股份走势图

实战案例：赛迪传媒

买入时间：2009年3月16日

买入理由：

赛迪传媒（000504）自2010年2月底股价站上大季线后，成交量温和放大，3月2日，5天与60天均量线金叉。

随着股价走高后回落，3月16日，该股的5天均量线将触60天均量线，回稳点即黄金买点出现。

从K线的小形态看，2010年3月16日走出了"阴孕阳"，次日高开高走"三内升"，标志着后市看涨。

买入价格：9.50元

结果：12个交易日短线获利35%。（图5.20）

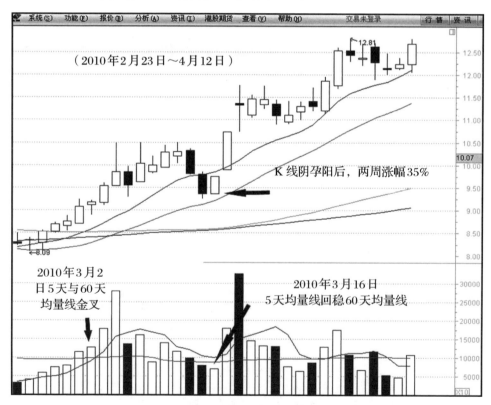

图5.20　赛迪传媒走势图

妙算后市的"纺锤线＋阴"

这是提前妙算大盘下跌的一种套路。

"纺锤线＋阴"核心技术关键词：升势遇阻—纺锤星线—阴线—短期趋势转跌。

"纺锤线＋阴"解读：当市场连续出现了3天的阳线之后，如果第三天的阳线短小，像一个纺锤形或星线，那么，这是一个涨势遇到了麻烦的K线组合形态。倘若随后又出现一条阴线，这就更进一步明确了短期的走势很可能会出现一个逆转。它表明市场在"喘息"。既然市场"累"了，那它就会有回撤，就会去走一条先整理再上攻的路线。

实战案例：上证指数2009年8月20日至8月25日K线图

分析与结论：2009年8月20日起，沪指连续3天收出阳线，但一条比一条短小，呈现出"升势遇阻"的K线小形态。特别是最后一天，即8月24日，收出了一条纺锤星线，表明市场的犹豫和彷徨。8月25日，沪市收一条跌幅为2.59%的小阴线。凡此种种，走出一个典型的"纺锤线＋阴"形态，后市看跌。

结果：4天后（8月31日）果然出现了下跌的长阴线，沪市跌幅6.74%，一举跌破133天的半年线，证实了之前预判的准确性。（图5.21）

实战案例：上证指数2009年12月2日至2009年12月22日

分析与结论：

上证指数于2009年11月30日开始连拉三阳，但一条短似一条，12月2日收出一条振幅极窄的小纺锤线。

次日，即12月3日，低开后，沪指向下填补了前一天的缺口，最后收出了一条阴星线。虽然不是中阴线，但意义等同。

前两天的"纺锤线＋阴"已经构成了向下的趋势转换态势。但在本案例中，主力资金却反向操作，非但不跌，还要再拉出一条阳线来，让你以为"天下太平了"，然后才转为急跌，终归没有逃脱"纺锤线＋阴"的魔咒。

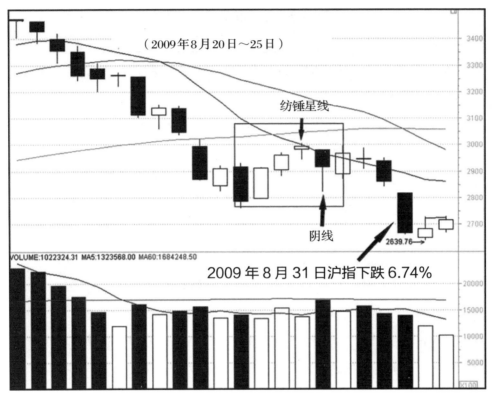

（2009年8月20日～25日）

纺锤星线

阴线

2639.76→

2009年8月31日沪指下跌6.74%

VOLUME:1022324.31 MA5:1323568.00 MA60:1684248.50

图5.21 "纺锤线＋阴"的上证指数走势图1

结果：从2009年12月8日开始，11个交易日沪指跌幅近9%。（图5.22）

实战案例：上证指数2007年1月24日至2007年2月6日

分析与结论：

2007年1月19日至1月24日，上证指数连收四阳（1月23日视为"假阴线"），可以把1月24日的K线看成升势遇阻的纺锤星。

次日，即1月25日报收跌幅为3.96%的中阴线。至此，"纺锤线＋阴"构筑完毕。

结果：三日后开跌，6个交易日上证指数跌幅近15%。（图5.23）

沪深两市自1664点起涨以来，反复出现这种"纺锤线＋阴"或类似形态达7次之多，每回都伴随一波下跌调整。如能根据该形态的警示，采取相应措施，便能做到"快半拍"，从而规避市场短期的风险。

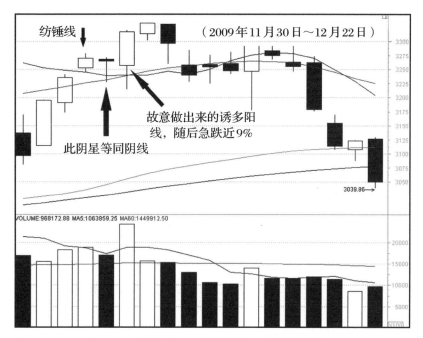

图5.22 "纺锤线＋阴"的上证指数走势图2

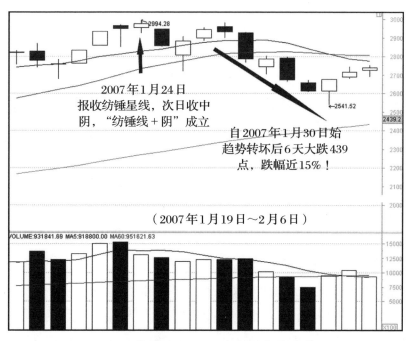

图5.23 "纺锤线＋阴"的上证指数走势图3

"新股猎豹"的炒"新"艺术

新股上市没有历史K线依据，涨跌难测，安阳为何能料事如神，神奇地在实战中"百发百中"？他6年来潜心研究新股的扎实功力和凝聚着他心血的狙击新股的"三条基本原则""九大战术要点"，向你揭示了炒"新"成功的秘密……

寒夜里，那束诱人的光亮……

其实，对于安阳，我并不陌生。他虽不是我《民间股神》前几集中写进的人物，但自从2008年5月深圳《股市动态分析》周刊开始连载他写的炒新股绝技，他就进入了我的视线，我被他朴实无华的文风和篇篇出新的文章所吸引。

2008年大熊市末期，安阳在深圳授课。这时，我刚从美国探亲回来，受朋友相邀前去听课。在我滞留美国的半年里，正是世界金融风暴席卷全球的时候。我漫步华尔街，目睹雷曼兄弟倒台；在次贷危机的影响下，沪深股市一泻千里，从2007年10月的6124点跌至1664点，10个月跌幅达72.8%，时间之短，跌势之惨烈，为沪深股市历史所罕见。

回国后，我看到往日热闹的股市冷冷清清，炒股沙龙也散了，投资者信心丧失殆尽。在这"冰雪寒冷"的冬夜，难道还会有人来听人说教？前往听课前，我心里直打鼓。

但，就在我怀着疑惑的心情步入安阳讲课的会场时，一下子竟为眼前的景象所惊叹：偌大的会议室，满满当当，座无虚席。台下，一个个股民细心地听，认真地记；台上，安阳正激情满怀地讲着课。据说，他已连续8个夜晚为股民加班上课了。听得出，他的声音都嘶哑了。

这是多么感人的一个场景！如此惨淡的"市道"，有如此热烈的学习场面，真犹如寒夜里一束光亮，令人振奋和激动！

我认真地听着安阳的课，他的激情，他的坦诚，深深打动着我。他把多年对新股操作的全部经验和盘托出，没有噱头，没有遮掩，更没有炫耀与夸张。尤其是他独创的"新股盈利模式"，对上市首日的新股做到了本质性的把握。透过他设置的分时换手率及完美的振幅标准，便可摸准主力操作新股的生命线，揭示新股上涨的核心动力及其内在的涨跌规律。在国内，这无疑堪称炒新顶尖技术，既实用，又简单。

他给大家传授的"狙击新股六招"和他的"新股六大盈利模式"，是他近年来对上市的400多只新股进行追踪分类研究的结晶。他的学生们都称，那是难得的一把打开股市财富大门的金钥匙。

当然，安阳的炒新秘招，不只是他的一种理论成果，更是他多年实战的真切体验。他是业内公认的权威炒新（股）实战派专家，是炒新现场实盘三分钟即能定输赢的一位奇人。其炒新理论操作的准确率之高，令众人称道。

当时，我真期待着能亲眼看到他实盘操作的一幕。只是，之后我采访的时间总是与他的炒新股实战班开课时间阴差阳错地擦肩而过，令我不无遗憾。

亲历安阳炒"新"实战

等了两年，这一天终于等来了。2010年3月，安阳准备在深圳举办高级实战研讨班。当时，我恰巧在深圳采访，便应邀出席了开幕式，从而有机会亲自见证他炒新的秘招。为此，我感到十分高兴。

学员们来自北京、上海、深圳等地。最大的学员张先生74岁，最小的丹丹小姐23岁，他们都是慕名前来跟安阳学"看家本事"的。

安阳这次并非只卖"嘴皮子"，讲"理论"，而要真刀实枪地干，用真金白银进行实盘买卖。

他能否赚到钱？大盘给不给他面子？真难说。我的心一直悬着。

可一个月下来，我悬着的心总算落地了。虽然大盘并没有"配合"他，一个月仅上涨了1.87%，而安阳在这种"不太好的环境"下，却带领实战班的全体学员取得了人均盈利23%的不凡成绩。况且，仅仅是用了最后10余天，让每人都赚得钵满盆满。

当一张张红彤彤的交易单摆在面前，当我看到学员们喜悦的笑脸，那浸染着安阳团队智慧和汗水的"炒新激战"，一幕幕再现眼前……

智战"亚厦"："不该发生故事"的故事

操作亚厦股份（002375）是安阳在高级实战研讨班上打响的"第一仗"。这只新股原本是安阳"淘汰"的，后又被安阳再次"捡起"，出乎意料地助他大获全胜，也成为安阳炒新最经典的实战案例之一。

时间是2010年3月23日。

就在亚厦股份上市前几天，安阳和他团队的助手们把这只装饰行业的龙头新股反复"掰开揉碎"，研究了个底朝天。他们发现，这只发行价为31.86元的新股，其每股净资产竟高达10.16元，2009年的每股收益为0.62元。这无疑是一个质地优良的上市公司。在评估时，安阳团队给出的合理价位区域是38～40元。他们认为，只要股价不离谱地高开，就有机会。

这天上午九点半。当亚厦股份上市的"锣声"刚一敲响，不出所料，这只新股正好开在安阳团队的价格评估区内，以38.02元亮相！股价距发行价的涨幅只有19.33%，连20%都不到，真是天赐良机呀！看来，亚厦股份真是给足了安阳面子。第一次带大家实盘操作，就像是让他们捡钱一样，开得这么低。

在场的学员们个个精神抖擞、信心饱满：往日他们从不敢碰新股，现在有老师在指挥，多难得！他们摩拳擦掌，只等老师一声令下，马上敲单买进！

然而，亚厦股份像有意逗安阳"玩"，就是不给他们"吃"：开盘第一笔换手率仅2.32%；第二笔虽稍有放大，也只有3.14%。两笔加起来才5.46%，只相当于平常新股的第一笔量。

这意味着，主力资金对它兴趣不大，换手清淡。按安阳的新股理论判断：不达标，要剔除掉！

根据多年的实战经验和跟踪新股的长期观察，安阳非常重视新股上市后第一小时的"分时换手"。他给亚厦股份这只新股首日"分时换手"的标准是——

5分钟的标准换手（简称"标换"）应为619万股，而亚厦股份的5分钟换手为517万股，不合格；

15分钟标换应为1238万股，而亚厦股份的15分钟换手为808万股；

30分钟标换应为1548万股，而亚厦股份的30分钟换手仅1038万股，差约500万股；

45分钟标换应为1857万股，而亚厦股份的45分钟换手仅1218万股，差约600万股；

60分钟标换应为2167万股，而亚厦股份的60分钟换手仅为1369万股，远远不达标！

分时换手不合要求，且情况如此严重，说明主力"冷淡它"。这只新股已无操作价值，基本属于"救不活"的"死"股了。

眼看着本应演绎的一段精彩故事，此时已铁定没戏了。安阳"出师"可谓不利！

难道，它真的就这样被打入"冷宫"了吗？

这时，安阳的助手把集合竞价记录再次拿出来给大家审视。结果发现，亚厦股份从上午9点16分（9点15分至9点25分为集合竞价时间。——作者注）出现一笔42元的报价后，就一路向下打压股价，最低打到了36元。

为什么要打压股票的开盘价？安阳引导大家思考：恐怕还是为了打开上市后未来在二级市场的发展空间吧？！

"你来看，它的5分钟图。"采访中，安阳再次打开亚厦股份的首日分时图，回顾当时决策情景，"它的第一个5分钟收了个长上影星线。你看，多难看，简直是个'射击之星'，真瘆人！可我拿'尺子'一量，它的长上影线振幅仅有2%，这几乎是没有见过的新股亮相后首个5分钟内的小振幅！"

"它的第一个5分钟收出这么一条难看的长上影星线，又为什么呢？"安阳问大家。

"吓人呗！"安阳的一位助手抢先答道。

"对。但它摆错位置了，我们不怕！"安阳说。

是的。狡猾的主力的小伎俩，怎能逃脱"新股猎豹"的眼睛？

看出了点名堂后的安阳团队，没有放弃亚厦股份，而是更加密切地关注着它，盯着它的一举一动。

他们发现，亚厦股份以38.02元开盘价做出一个平底的保护价之后，在9点30分到10点30分的整整一个小时内，一直死守着这个价格不动。

然而，就在第一小时结束后，出人意料的事情出现：第二个小时刚一开局，亚厦股份就向下跌破了38.02元的开盘价，最低为38.01元。打穿开盘价1分钱！（图5.24）

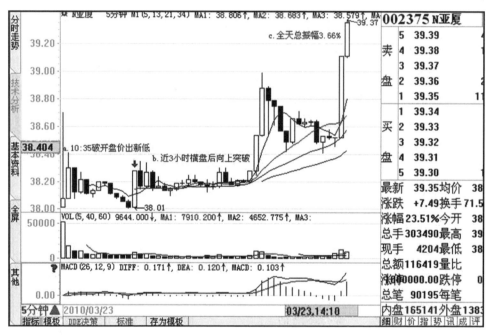

图5.24　N亚厦分时走势图

安阳的新股理论有条原则："价不露底"，即一旦盘中打穿了开盘价，后市难以预料！

"这时，按常理，'价露底'后，不能向下超过0.10元，若能收回，说明是主力有意向下的'吓人'洗筹动作。"安阳说，"但亚厦股份当时向下只打穿了1分钱。"

只破了1分钱,只破了1分钟。然后,快速拉出了一条阳线!当看到阳线拉出,素有"新股猎豹"之称的安阳,那犀利的目光似看到了猎物出现。

"快买!快买!"他兴奋地敲击着桌子下达指令。不一会儿,他见分时图上的阳线开始上蹿,再也抑制不住激动,站起身来,指着课堂里大屏幕上的亚厦股份,有点发疯似的吼叫着:"快,加仓!加仓!38块2毛挂单!不要错过最佳买点!"

嗒嗒嗒嗒……嗒嗒嗒嗒……

此刻的实战班,如同安阳的战斗指挥部。他一改平日书生的文雅气质,瞬间成了一位智勇双全的沙场大将。他洪亮果断的号令声和学员们敲击键盘的声音汇成一片,一场无声的"厮杀"在激烈地进行着……

号令下达后,学员们以38.20元的均价,快速吃进了亚厦股份。(图5.25)

			买入	卖出	撤单	成交	持仓	刷新			历史成交
股票	开放式基金		起始日期:	2010/ 2/25 ▼	终止日期:	2010/ 4/ 2 ▼					
买入											
卖出			成交日期	成交时间	证券代码	证券名称	买卖标志	委托价格	委托数量	委托编号	成交价格
撤单			20100323	11:11:18	002375	N亚厦	证券买入	38.200	1000	69463	38.200
查询			20100323	10:35:01	002375	N亚厦	证券买入	38.290	4000	53808	38.290
资金股份			20100323	10:01:47	002375	N亚厦	证券买入	38.200	1000	34220	38.190
当日委托			20100323	09:47:19	002375	N亚厦	证券买入	38.200	1000	23142	38.196
当日成交			20100323	09:35:35	002375	N亚厦	证券买入	38.300	5000	12581	38.300
历史成交											

图5.25　买入N亚厦部分交割单

但是,待大家买进后,亚厦股份却不再"动弹"了。一直到13点35分,长达一个半小时,再也没有一丝拉升的意思,而是像沉睡过去一样,横在盘中,一动不动。第一次跟着安阳买新股的学员,哪受得了这般折磨?有的人头上沁出了汗。

这是一场比智慧、比耐心的战役。13点40分,在全天近3个小时的横盘之后,亚厦股份猛然异军突起,股价翘头向上,向39元发起了攻击。10分钟内,迅猛的涨势把开盘时的上影线一下子"吃掉"!这天,亚厦股份以39.35元报收,高出了安阳实战班的买入成本1元钱。

收盘后,安阳用"尺子"给大家量了一下亚厦股份全天的最高点和最低点，测出当日总振幅仅3.66%。

"这说明什么？"安阳问大家。

学员小项回答说："买盘不活跃。"另一个学员说："这有点像安老师说的主力在'窄幅吸筹'，因为总换手率基本达标了。"

安阳接过话茬儿说："对。这是今天亚厦股份上市最重要的一个亮点。它说明这只新股全天成交换手的71.58%都被压缩在了一个很窄的空间内实现。也就是说，大家的成本基本趋于一致。成本的共振，将成为未来股价进一步上涨的良好基础，我们可拭目以待。"

果然不出所料，亚厦股份次日大涨了6.63%。4月7日，该股开盘后继续上冲，安阳让大家在47元上方挂单卖出一部分。他觉得这只股票短期已涨了近10元，即使再涨，也该调两天了。（图5.26）

20100407	09:54:19	002375	亚厦股份	证券卖出	47.600	5000	31791	47.600
20100407	09:54:21	002375	亚厦股份	证券卖出	47.600	5000	31791	47.600
20100407	09:56:21	002375	亚厦股份	证券卖出	47.400	3000	33500	47.400

图5.26　卖出亚厦股份部分交割单

事实也确如此。14个交易日之后，这只股在调整后向上攻击了50.55元。已经从实战班毕业的学员丹丹小姐想学到更多的实战技术，又恋恋不舍地回来请安阳老师再行指导。她看到自己在38.20元买的亚厦股份冲上了50元，一阵狂喜。

没想到，此时安阳果断下令让她在50元附近出掉大部分筹码，并调侃道："股票只是一个工具，可不能对它有感情啊！跌下来以后还可以再买回来嘛！"丹丹立即按照要求下单卖出。结果，第二天该股就收了条长阴线，股价像塌方似的最低跌到了45.20元。见此，我从心底里对安阳炒新股能如此精准把握尺度感到佩服。

"那么，从这只新股的操作中，你究竟看透了什么呢？主力究竟有什么把戏？你们胜，又胜在什么地方？"采访中，我问安阳。

"若要用一句话概括，我们赢的根本原因，就是反向思维和反向操作。"安阳说。对这句话，他用下文的《看似无招胜有招》来做详细的诠释。

📖 *画外音*

看似无招胜有招

对亚厦股份的成功操作，我似乎没有什么招法。其实，我体会到我们赢就赢在对主力瞬间转换操作手法的伎俩洞察入微和对它的一举一动的反向思维。在一天的交易中，我一直在思考：为什么它开盘只涨19%？为什么主力死死压住振幅不松手？又为什么上市第一小时终结，要刻意打穿开盘价……为什么？为什么？一个个疑问始终在我脑海中萦绕着，我不停地问自己，也在问大家。

一般说来，新股开盘的第一个小时，机构的大资金会在开盘伊始鲸吞筹码，这会让第一个小时出现56%以上的换手。但这只股票一个上午才换手43%，这应该是只被否定的，不具备操作价值的新股，因为它的换手不足。换手不足，就说明日后上涨的动力不足。这应该说是炒新的一个大忌。然而，股市总是在不停地发生着一些意外。亚厦股份用前三个小时做了正常情况下人们用前一个小时做的事。介入的主力刻意让开盘后第一个小时的5个关键时间段的标准换手"全部失准"，让按常规出牌的人"全部做错"。它在最后一小时异军突起，完成了别人喜欢在第一个小时做的动作。主力这种虚实结合的手法，在这里可以说得到了淋漓尽致的诠释。

常言说："兵无常势，水无常形。"股票市场云遮雾罩，我们只有眼明心亮，随时洞察各种骗术，才能拥有先机。因此，我认为炒股票，既要有招法、套路，又要善动脑筋。既要有勇气，又要有智慧，有时无招还真胜得过有招！

擒拿"海兰信"：真功夫解密"黑匣子"

擒拿新股海兰信（300065），是安阳继智战亚厦股份后打的第二场战役，也是他带领实战班成功操作新股的又一个经典案例。

时间：2010年3月26日。

如果说，智战亚厦股份，靠的是逆向思维，灵活应变，那么擒拿海兰信，应该说靠的是6年矢志不渝研究新股的扎实功力和对新股本质规律的透彻理解。

海兰信是一家专门生产船用黑匣子的上市公司。2010年3月23日这只新股上市，也恰像一只神秘莫测的黑匣子摆在了实战高级研讨班全体学员的面前，也摆在了安阳团队的面前，等待他们做出正确的解读。

从基本面来说，这家主产黑匣子的公司，业绩还真不错，2009年每股收益0.50元。该行业还占尽技术人才、市场准入资格、客户关系等多方面的优势，具一定的垄断性。按理说，这本是一只值得看好、有操作价值的新股。但是，它的流通盘却只有1108万股，加上偏高的发行市盈率和开盘后距发行价68%的涨幅，不由得令人望而生畏。因此，安阳起初并没有把海兰信列入必炒的行列。

但是这只新股挂牌亮相后，安阳却扭转了对它的看法。

一开盘，安阳的助手提示安阳，海兰信在集合竞价时段明显有"一压"。所谓"一压"，是指在该股竞价的22笔报价中，呈现出从最高价60元，逐笔向下降价的走势。到上午9点24分，股价最低降到50.80元。它的开盘价虽然仍被推高到55元，但盘中毕竟显示出打压股价的痕迹。这种开局就向下杀价的行为，也就是俗称的"一压"。它表示主力资金想在开盘之前，借抛出自己手中筹码，把股价尽可能地压低到一个理想价位，以便未来在二级市场上开拓出尽可能大的空间。

接着，安阳的助手又把该股首笔换手率4%和第二笔换手率5.9%做了比较。他说，这符合我们对新股前两笔换手递增的技术要求。

然后，安阳实战班的全体参战学员，根据老师的布置，对自己手上的"新股指令依据表"做了确认。

这时，大家看到，海兰信这只新股出现了令人刮目相看的亮点：

5分钟标准换手应为162万股，实盘换手228万股，正超66万股；

15分钟标准换手应为324万股，实盘换手330万股，正超6万股；

30分钟标准换手应为404万股，实盘换手408万股，正超4万股；

45分钟标准换手应为485万股，实盘换手506万股，正超21万股；

60分钟标准换手应为566万股，实盘换手554万股，负离12万股。

看到这一切，安阳兴奋地给大家分析道："以上'分时换手'的数据告诉我们，该股的介入者实力非凡，张弛有序。透露了介入资金必胜的信心与娴熟的控盘技巧。另外，该股在第一小时结束时，总换手率已至50%，完成了新股换手应该达到的目标要求。"（图5.27）

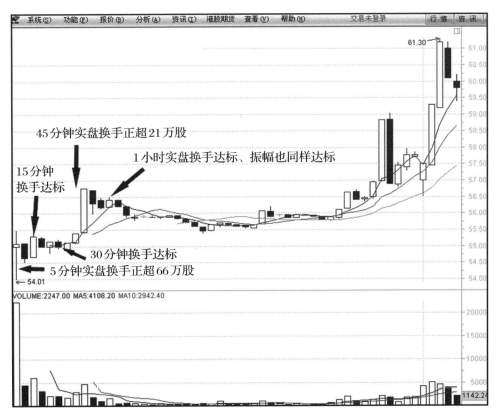

图5.27　海兰信走势图1

除此之外，在安阳的炒新股理论中，有一个确定新股上市后是否值得炒作的"看家法宝"——在"分时换手"达标的同时，它的"分时振幅"也要臻于完美。海兰信在第一个小时里，总振幅被严格地控制在5.18%的范围内（上午前两个小时的振幅不可超过7%，全天总振幅不可超过10%，海兰信全天总振幅为9.37%。——作者注）。

还有一个让安阳炒新团队惊喜的预兆：海兰信在实现"分时换手""分时振幅"双双达标的同时，还出现了开盘后第一个5分钟K线和15分钟K线均为阳线的"双阳"景观，这是一个令人放心的吉兆。

至此，海兰信这只"黑匣子"里面的密码，仿佛被安阳炒新团队鹰隼般锐利的目光预先窥视到了。这相当于，无论海兰信这艘"船"将来怎么行驶，都难以脱离安阳团队为它既定的"航道"。

正式擒拿的"指令"，是在14点15分发出的。安阳之所以没有立即下达指令，是因为他多年征战新股的经验告诉他，14点前后，新股通常会经历一段难以躲过的"迷惘期"。这就类似航天飞船返回大陆时必经的"黑障区"，又犹如航船驶入了"百慕大"的魔鬼三角洲。这时的股价会莫明其妙地急速下跌，使人产生失控的紧张感。直到穿越"黑障区"后，它才会重新返回正常的航道上。

当海兰信的股价在"黑障区"中下跌到56元时，安阳认为这是个难得的黄金介入点，果断要求大家快速挂单……

当天，海兰信的股价报收57.76元。

第二天，收盘价61.90元。

第四天，收盘价64.90元。

第五天早晨，即2010年4月1日开盘前的8点30分，安阳在做当天实盘操作策略安排时，像指挥员一般下达了当天相关个股的"操作指令"：

指令一：亚厦股份若高开5%以上，卖出1/2，平开或低开继续持有；

指令二：科远股份高开全部卖出，跌停买回；

指令三：昊华能源持有不动；

指令四：海兰信预先挂卖单，67.48元全部出掉。

…………

结果当天，海兰信不负众望，股价最高冲至67.84元，完成了其上市后25%的涨幅。安阳高级实战班的学员以67.48元事先埋单，全部成交。（图5.28）

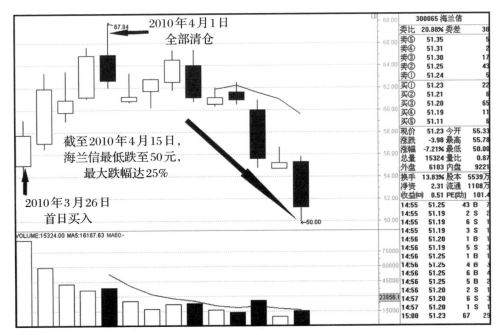

图5.28　买卖海兰信部分交割单

截至我采访的4月15日，海兰信当天最低跌至50元，从4月1日67.84元的高点算，跌幅达25%。而安阳团队带领实战班学员却从海兰信身上5天赚得了21%的利润。（图5.29）

图5.29　海兰信走势图2

真正的功夫在盘外

每只新股上市，其"黑匣子"中都负载着许多的秘密。而要破解它们的秘密，绝非盘中"一刹那"的事。为了准确无误，"下单"的那一瞬间，安阳常常付出很多。应该说，成功的操作是来自6年炒新凝聚的智慧和汗水。

比如，对每一只新股上市后的表现，安阳都会事先用一个完整的标准来衡量它：分时换手是否达标？分时振幅合不合格？5分钟、15分钟、45分钟、60分钟应达到什么标准？我们心中都有一杆"秤"，一本完整的"教科书"。哪些能操作，哪些不能操作？用我们的"标准"一量，就一清二楚了。

古人云："凡事预则立，不预则废。"解读海兰信这只"黑匣子"的秘密，答案均在我们炒新的"教科书"中。它走得中规中矩，非常标准，非常经典，无论是分时换手还是分时振幅，都在安阳为它设计好的"航道"之中。因此，如果说，智取"亚厦"，他是赢在逆向思维，而擒拿"海兰信"的成功之点，则完全应归于他"盘外"的功夫。

除盘外的真功夫外，盘中还要细心地洞察盘口变化的蛛丝马迹。如海兰信开盘价偏高，就在它要游离安阳的视野时，他细心地发现了它的"一压""阳阳双达标"的细节，及时扭转了对它的看法，这才确保解读出海兰信这只"黑匣子"隐藏的秘密。

勇战"昊华"：在"煤海"里淘金

勇战昊华能源（601101），是安阳带领实战班学员炒新获得大胜的又一个经典案例，也是他靠智慧识破主力做盘玄机打的一场漂亮仗。

时间：2010年3月31日。

此前，安阳团队在分析它时看到，昊华能源是只非常优秀的煤炭股。在它的身上有明显的两大亮点：一是它的业绩好，每股收益1.03元，每股净资产高达10.63元；二是它的流通盘为8800万股，是沪市"601家族"（主板股票）中的"袖珍小盘股"。这种盘子，极适合机构介入，便于上下腾挪、进出自如。安阳团队认为，这只新股上市前的发行价是29.80元，如果开盘价的涨幅在30%左右，也就是开在40元附近，为合理的价位区，可以考虑进行操作。

3月31日上午9点30分，昊华能源以41元开盘，涨幅为37%，安阳首先认定了它的可操作性。他让全体学员在38.95元至39.98元之间埋单，拉开了煤海"淘金"的序幕。

为何在此区间预埋买单呢？

"在开盘价之下，低挂3%～5%承接。"这是安阳炒新的一个小诀窍。

没想到，这只股却与安阳在"斗法"，开盘后一路阴跌，当股价最低跌到38.73元时，埋单的学员们全部成交。

他们更没料到，这只新股首日的表现会这样差：没有丝毫煤炭"新贵"的样子，简直是一条懒洋洋的"小毛毛虫"，躺在那儿，蠕来蠕去，一副半死不活的样子。

他们急了，有点坐不住了。

"继续买！越跌越买！"安阳看出了学员们的犹豫，大声地下着指令。

因为他看到该股跌至38.73元时，其距发行价的涨幅就剩下29%了，这是非常安全合理的价位区。而盘中的走势，是主力"以弱示形"，让你误以为它没戏所制造的假象。

"这么优秀的一只煤炭新贵，一个大盘中的小盘股，价格开得又不高，为何不涨呢？"安阳引导大家思考。

"我看这是主力在做'换手'吧？"安阳一位助手回答。

"一点没错。"安阳说，"炒新的人都知道，一只新股换手不到位，就说明在一级市场申购中签的'惜售'，主力千方百计要在不断制造的下跌中逼你交出筹码。一般来说，小盘股的当日换手率75%为达标，而大盘股可适当放宽，稍低一点在70%上下均可。我们从昊华能源的走势，可窥视到两大秘密：一是从换手上看，主力在'打压吸筹'，扩大换手，以便使他们在二级市场中获得更多的筹码；二是给人以'弱不禁风'的假象，造成'大势已去'，吓你出局，逼你交出手中的筹码。所以它越跌，我们越要买！"（见图5.30）

20100331	14:18:02	601101	N昊华	买入	200	39.150
20100331	10:40:14	601101	N昊华	买入	500	39.630
20100331	10:12:22	601101	N昊华	买入	1000	39.790
20100331	14:18:32	601101	N昊华	买入	500	39.170
20100331	11:08:14	601101	N昊华	买入	1000	39.460
20100331	10:07:42	601101	N昊华	买入	500	39.390
20100331	13:56:21	601101	N昊华	买入	1000	39.260
20100331	14:04:46	601101	N昊华	买入	1000	39.190

图5.30　买入 N 昊华部分交割单

安阳透彻的分析，坚定了大家继续吃进昊华能源的信心。一些学员见老师分析得如此到位，竟不按规定"悄悄加大仓位"买进。

但收盘后，他们看到的是昊华能源上市首日耸立盘中的一根大阴棒，原本兴奋的脸，此刻个个都拉长了。有的悄悄买了一两万股的，在盘算着明天来个跌停，自己可就亏大了。

刹那间，他们郁闷的目光，一齐射向了面前的安阳老师。

不言而喻，他们是要百战新股6年的安阳来解读这根大阴棒。

此时的安阳，看透了学员的心。他没说一句话，而是用大智慧软件上的那把"尺子"，量了这根阴线的高低振幅。一量，是7.75%，并不高，在标准之内。这些知识安阳都教给了学生：凡是首日出阴线次日下跌的，都和这根阴线振幅超过10%有关。振幅越大，跌的概率越高。而昊华能源却不是这样。再看看该股的最后换手率：68%，又是理想的达标。首日的收盘价38.96元，涨幅并不高，完全在安全的边际线内。

"大家不要郁闷，你们今晚大可抱上昊华能源这块'黑金子'睡个安稳觉！"安阳风趣地对全体学员说。

当日收盘后的下午5时，安阳的授课正在进行。突然，广州学员金先生大叫一声："哇，昊华能源有三大机构杀进去啦！共买了1.3亿元呢！"

原来，他在下午5点钟上交所公布的"龙虎榜"中看到了机构的身影。

不用多说，多家机构资金的介入意味着什么。至此，学员们打开了紧锁的愁眉：他们丰收的日子又要来临了。

次日的结果不言而喻。昊华能源在半小时内快速拉至涨停，而且全天死死封涨，没有打开。

第三天，安阳让学员挂44.45元的价位卖出，那是他测算的1.618涨幅的位置。成交后，短短3天，学员们均获利15%左右。而少数大胆的学员，竟在第五天上冲2.618的黄金分割位卖出了48元的高价。自这天起，安阳带领的团队全部撤离了昊华能源。而该股也在这天步入了调整。

📑 *画外音*

识破"阴棒"中的"玄机"

股谚云："长阴之下有风险。"长阴K线往往预示着调整或下跌。而主力资金利用的正是人们这种惯性思维，用以虚掩实、以弱示形的伎俩，上市首日以一根吓人的大阴棒演绎出了骇人的一幕。孙子说："兵以诈立。"从心理层面上说，昊华能源主力用的就是心理上的一种诈术。

从技术层面上说，主要看长阴棒出现在什么位置。在价值区域的底部起涨时，长阴线正是机构洗盘抢筹的重要手段，不仅不可怕，反而是最佳的买入时机。

在股海博弈中，陷阱很多，诈术不断，人们只有具有大智慧和扎实的操作功力，方可洞察秋毫，拨云挑瘴，识破一切魔术的"玄机"。

狙击新股的"三大基本原则""九大战术要点"

在一个月的实战操作中，安阳除了带领学员成功买卖了亚厦股份、海兰信和昊华能源之外，还操作了康力电梯（002367）、伟星新材（002372）、科远股份（002380）、章源钨业（002378）、天龙集团（300063）、蓝帆股份（002382）等新股。令人吃惊的是，在9只新股的操作中，虽然买入的点位和价位各有不同，却没有出现任何差错，成功率高达100%！

采访中，我看了这个班的一张实战成绩单：学员中，无一人亏损。他们获利最少的是4万元，最多的高达25万元（真正用以实战的时间仅为最后的10余个交易日），人均获利13.6万元。在允许使用的资金范围内，盈利率在23%左右。

"为什么会有100%这么高的成功率？有哪些主要的绝技？"采访中，我把自己心中的疑问向安阳提出，"你可否对投资者谈谈在新股的操作中应该把握些什么？"

"新股与老股相比，不像老股有历史的K线参考和其他许多可借鉴的东西摆在你的面前。相对来说，如何判断哪些新股可以操作，哪些新股不可以操作，在操作中又应把握些什么，的确是一个难题。"安阳说，"2004年6月25日，以新和成（002001）为首的8只中小企新股正式上市大跌50%以上，我开始关注新股，研究新股。6年来，我和我的团队积累了大量的数据资料和操作经验。这里，我可以无私地奉献给中国广大的投资者。"

新股操作的"三大基本原则"

原则1：价值区间的正确评估，是新股操作的罗盘。操作新股首先强调的是它的质地是否优秀，是否具有操作价值，要想对它有个准确的评估，就需要做好战前的综合分析，具体有以下10点：

◆ 目标新股是否具有第一题材或具垄断性、稀缺性、唯一性，也就是只选具有"单打冠军"品质的新股。如獐子岛（002069）、全聚德（002186）、信立泰（002294）等。

◆ 市场可比性小，国家重点扶持。

◆ 基本面好，成长性高。如2009年上市的神州泰岳（300002）。

◆ 发行价低，具备远景题材和动力。如亚太股份（002284）。

◆ 承销商实力强，有短线控盘能力。

◆地域位置好，有特定优势。如京沪深及少数民族地区。

◆流通盘适中。流通盘最好在2000万股至1.2亿股之间。

◆股本结构独特，有股权之争，有独特背景。

◆具有新产品特征及技术壁垒因素。

◆符合当前市场热点。

依据上述10条，对每只上市的新股都要给出自己的独立判断。胜率的大小，往往取决于对其价值区间的研判和定位。必须强调，基本面是新股炒作的基石。

原则2：以逸待劳，后发先制。经过长期跟踪和实战总结，我们发现约3/4的新股不适宜首日介入。这就告诉我们，只有1/4的新股可以首日去炒作。对于绝大多数的新股而言，需要我们"避其锐气，击其惰归"，也就是要树立"以迂为直，后发先制"的炒新理念。比如，2009年8月28日上市的世联地产，上市首日的振幅为12.45%，就不适合介入。3日后该股回撤了15%，我们看到这是个"后发"的绝佳机会。买入后，11个交易日涨幅80%。

原则3：踏准实力机构的入场节拍。正确判断机构的进场，是炒新一族梦寐以求的境界。你若能确定机构进入，知晓他们买了多少，乃至其成本区间，你就胜券在握。要想做到这一点，最重要的一招就是要看得懂新股3分钟的换手。这是唯一能在第一时间把握机构动向的技术指标。

新股操作的"九大战术要点"

要点1：集合竞价有"一压"，涨跌就看开盘价。集合竞价出来的第一笔，是一只新股的"亮相"。在这个亮相之前，有一场不为人知的殊死博斗，目的就是主力资金争夺新股开盘定价的话语权。这是一场只有短短10分钟（上午9点15分到9点25分）的多空双方的生死决斗。

未来的涨跌，取决于此刻是否出现了股价被刻意的"打压"上，我们称之为"一压"。例如，信立泰（002294）上市首日的集合竞价首笔亮相68.88

元，在9点18分，被砸到60元，"一压"了12.9%。通过打压之后，未来的多方最大限度地开拓了空间。

在本质上说，新股开盘价是多空交战之后的一个收盘价。开盘价如果在合理的估值区间，就给未来的上涨奠定了基础。如果开得过高，就难以涨起来，甚至陷入漫长的价值回归路，如众所周知的中国石油就是这样。

要点2：首笔换手最重要，5%不宜少。凡是首笔超过5%者，说明该股的成交踊跃。人们看好其后市，在开盘的竞价阶段抢入，导致换手放大，后市看涨。如果低于5%的换手，一般说来，表示人们对它的关注度低，在上市首日难以走出像样的行情。

要点3：二笔换手辨真假，不宜减少只能加。通常新股开盘第二笔换手，应在第一笔较理想换手基础上"锦上添花"，即略高于首笔换手。只有在实力资金介入的情况下，第二笔换手才会超过第一笔。虽然实盘中很多时候第二笔没有超过第一笔，但是超过者是首选。在新股交易系统中，首笔和第二笔换手率占据着重要的地位。

要点4：胜负只在三分钟，倍量关系要记清。在实战中，对一只新股首日3分钟换手的精确把握，是我们决定进场还是放弃的重要依据。这是因为，只需要3分钟我们便可以感知是否有机构以及是什么级别的机构在介入。在这层意义上，我们甚至可以说，3分钟就可知输赢了。那么，"3分钟就可知输赢"，最核心的内容是指什么呢？在新股开盘后3分钟时，该股的实盘换手率，至少应是其第一笔与第二笔换手之和的倍量（或接近）才是可信的。这是唯一能在第一时间把握机构动向的重要判据。

要点5：分时换手不离标，全天换手75%。新股上市首日，全天换手应实现75%左右。除此之外，更为重要的是在其开盘的第一个小时的5个时间段内，要基本完成预先计算好的分时换手。无论超过还是不足，都对这只新股的后市不利。

要点6：分时振幅不逾7%，全天振幅不超10%。新股上市的首日，在其分时的K线图上，尤其是第一个小时的5个时间段之内，要求分时振幅不得超过7%（5%为最佳），全天的振幅不宜超过10%。对振幅限定的本质意义是：它揭示了介入主力控盘的手法老道与否、实力的大小。凡振幅失控的新股，后市很难走出像样的行情来。

要点7：分时换手"负离"，K线"双阴"不碰。在上市新股开盘的第一个小时之内，其换手率既不可以不足，也不能够太多。我们管分时换手不足的现象叫作"负离"，管超出的现象叫"正超"。此外，新股第一个5分钟和第一个15钟的K线都收出阳线为好。如果是两条阴线，便叫"双阴"。倘若这时其分时换手又不足，那么最好别去碰它。

比如博深工具（002282）首日5分钟和15分钟K线呈现为"双阴"；其5分钟标准换手应为507万股，实盘换手511万股，正超4万股；其15分钟标准换手为1014万股，实盘换手851万股，"负离"163万股。这就构成了一个"换手负离，双阴不碰"的走弱定式。结果是：博深工具首日跌幅近8%收长阴，次日跳空低开，后来连续下跌了28个交易日。

要点8：艳丽无比罂粟花，急升拉死不归路。如果某只新股严重地超越了分时振幅的限制，像一匹脱缰的野马发疯似的上涨，就意味着这只新股被送上了不归路。我们强调，新股上市首日振幅超越10%之后，就凶多吉少。一般说来，这种纸上富贵，几乎百分之百地后市看跌。除非有强大的实力机构介入，次日大多数都会被封于跌停板上。如水晶光电（002273）上市首日急拉涨幅175%，随后连续10个跌停板，甚至跌破了首日开盘价，令介入者痛苦万状。

要点9：貌似强盛首日凶，后发先制更主动。新股上市第一天来势凶猛，不可一世。第二天低开低走，常常触碰跌停板。这种新股，给人的落差感极强，从大涨到大跌，多数人难以适应。往往是第一大追高抢筹码，第二天看见跌停再把筹码割肉交还给主力，这是主力机构炒作新股常用的招数。其实，在跌停板的位置，只要其基本面和价值评估达标，恰恰是我们后发先制买进的黄金时机。

尾声：簕杜鹃，在欢笑中吟唱……

深圳湾畔。海浪拍打着海岸。簕杜鹃怒放着。

在一所宁静别致的花园酒店，我于2010年4月3日，应邀参加了在这里举办的安阳高级实战班的结业典礼。

这是一次欢乐的聚会，也是一次难忘的告别。

学习了一个月，征战了28天，如今他们将满载而归，就要离开深圳，离开老师。师生们难舍难分，那情景感人至深。

74岁的张先生激动地对我说："我虽然70多岁了，可我在股市征战才刚开始，是个新兵。我不喜欢他们唤我'老'，我不服老，我一直要师兄师姐们喊我'小师弟'。我跟安阳老师学习一个月，受益真大，不光赚了钱，更重要的是懂得炒股要有一颗无邪的童心，要淡泊人生，才能最终走向成功……"

此刻，他无法抑制内心的激动，以洪亮的声音，朗诵起毛泽东主席写的气势磅礴的《沁园春·雪》。那句"数风流人物，还看今朝！"震撼着在场所有人的心。

来自北京的朱先生，是在2006年的大牛市中入市的。在火红的行情中，他曾用400万元赚了1200万元。但他说他并不懂股票，完全是沾牛市的光。2008年股市暴跌中，他又把千万的盈利悉数还给了股市。他说，安阳大起大落的股市人生给了他极大的启发。他今后要像安阳老师那样，在失败面前不言放弃，要以扎实的功底，赢得属于自己的真正胜利。

广东佛山的帅哥小卢是个性情中人，过去喜欢追涨杀跌。此次跟着安阳系统地学习，一招一式都非常踏实认真，操作再不盲目。在本次学习和实盘操作中，他盈利算不上多，但也赚了约16万元。在结业典礼上，他兴致盎然地用标准的粤语和广州的金先生放歌一曲《爱拼才会赢》，表达他博弈股市的信心。

北京的祝女士因故提前返京，这天特意寄来了一封给安阳的感谢信。上面写着她谱写的一首词："洹水俊杰功夫深，泳游江河知浅深。滔天大浪敢搏水，艺高胆壮惊鬼神！"

深圳的丹丹和几位女学员激情演唱的《谢谢你的爱》，更加表达了她们对老师一个月来辛苦教诲的感激之情。

而此时的安阳，更是激情满怀。他舍不得朝夕相处一个月的学生们。再次回望着窗外那盛开在南疆的红彤彤的簕杜鹃，他以一首《敢问路在何方》激励大家：扎扎实实"走好脚下的每一步路"！

此刻，望着眼前焕发着欢乐神采的全体学员，望着那好像和大家一道畅吟怒放的簕杜鹃，安阳没有了昔日的悲情，脸上的笑容很灿烂。我知道，他为自己多年的付出能换来今天的欢歌而感到欣慰。

在结束采访时，安阳深情地对我说："14年的股市征战实在不容易。我走过的每一步，都曾付出很多艰辛和劳累，也都离不开亲人和朋友的帮助。"

看得出，安阳是一个重情义的汉子。

我祝愿他和他的团队在未来的征途上，一步一个脚印，走得更远……

后记

当《民间股神》第6集付梓之际，我仍感到意犹未尽，似有许多话要对广大读者诉说。而我最想说的，就是如何向民间高手学习和向他们学习些什么。

在深圳、广州、上海和北京举办的签售仪式和投资报告会上，我曾就此问题多次阐述我的观点：一是学习高手们正确的投资理念；二是学习他们执着追求、永不言败的精神；三是要学习他们制胜股市的操作技术与方法；四是要学习他们良好的心态。

投资股市如果没有正确的理念，整天懵懵懂懂的，只知追涨杀跌，是难以摆脱失败的命运和走出股海的"地狱之门"的。几年来，我收录于《民间股神》的近60位高手，虽说每位高手的技术特色各异，但他们却有着一个共同特点，即他们都有着正确的投资理念，尤其是本书中几位守望价值的投资高手，非常值得推崇和借鉴。

还有，就是不要怕失败，不要怕摔跤。股海风雨飘摇，没有一位高手走向成功的路是平坦的，他们无一例外地都曾经历过失败，有的甚至是惨败。如本书中的安阳就是这样一位从重挫中走出的高手。战胜失败也正是他身上最亮丽的地方。投资者在向高手学习时，不光要学习他们身上永不言败的那种可贵精神，更重要的是要像他们那样，善于向错误学习，不断总结自己的经验教训。正如英国著名作家塞缪尔·斯迈尔斯（Samuel Smiles）有句名言所说："我们从失败中学到的东西比在成功中学到的东西要多得多。"

再有，想要做好股票，一定要有一个良好的心态。这虽是一句"老话"，却是非常重要的。有时，心态决定输赢。我曾目睹本书中的"选股大王"彭大帅指挥不少散户操作新宙邦的过程。跟进者，心态各异：买进后套牢而怨声载道的，有之；解套即赶快逃跑出局的，有之；真正以平稳的心态持有者，则获大利笑到了最后。可见，心态在投资中的重要性非同一般。

另外，向高手学习还有一点是最重要的，就是绝不要单纯地模仿，也不要简单地照葫芦画瓢、生搬硬套。每个人的特点和操作风格不同，学习时一定要结合自己的实际，最终建立一套适合自己的操作模式。这也是把高手的经验真正学到手的关键。

回想四个月的采访，我得到了全国各地热心读者的支持，有的主动向我推荐高手，有的在我工作累病时安慰我、鼓励我，使我很感动。在这里，我不仅要感谢本书五位高手的无私奉献，还要诚挚地感谢全国厚爱着《民间股神》系列书的广大读者朋友。正是你们热情的支持与鞭策，给予了我极大的鼓舞与力量，谢谢你们！

深圳出版社
策划出版
《民间股神》系列新装上市！

全系列畅销超20年！累计销量近百万册！
《民间股神》系列曾5次荣获全国优秀畅销书奖！

◎ 20多年股海沉浮
◎ 近60位投资高手口述
◎ 150余万现场采访文字
◎ 500多幅真实交易截图
◎ 3000多页大容量读本

白青山 著

深圳出版社
装帧：软精装
定价：78.00元/册（8集共624.00元）

个个传奇，字字精彩，本本经典！

民间股神（典藏版）

第1集　股林传奇　谁与争锋

白青山 著

深圳出版社
装帧：软精装
定价：78.00元

内容简介

鲜花与泪水相伴的股海，暗潮涌动，跌宕起伏，险恶重重，迅速而无情地改变着在这个市场上博弈的每一个人的命运。如何才能走出失败的麦城？怎样才能摸准市场的脉搏，擒到耀眼飙涨的"黑马"？本集10多位股林高手奉献的智慧，是用金钱都难以买到的财富。

职业投资人施伟的操盘绝技与成功之路 ◎
股林高手冯毅在熊市中创造业绩翻番奇迹的传奇故事 ◎
证券投资英杰王笑在弱市中靠智慧赢钱的传奇故事 ◎
机构操盘手薛枫捕捉"黑马"绝技 ◎
机构操盘手刘鸿制胜股海的成功之钥 ◎
民间高手马春弟在股海博弈中精准破译主力"底牌"的绝活 ◎
"黑马王子"杜军凭借六大绝技创造年平均收益100%的传奇 ◎
职业投资经理吴海斌以独特视角透析投资成败与种种误区 ◎
股市"规律派"创始人高竹楼探索股市规律的传奇故事 ◎
民间高手聂明晖股海博弈的制胜密码 ◎
民间高手邓一伟稳健盈利的十大操盘绝招 ◎
股林短线高手邹刚龙叱咤股海的速胜秘诀 ◎
陈维钢破释股市疑云、稳操胜券的秘密武器 ◎
"短线快枪手"海洋赚快钱的操盘绝技 ◎

民间股神（典藏版）

第2集　博弈密码　跟庄神器

内容简介

火红的股市，涌现出众多鲜为人知的证券英雄：叱咤国际股坛数十载的"台湾黑马王"，道破主力做盘玄机的机构操盘手，神秘的中华股坛"小女孩"刘颖，多次荣获"全国选股冠军"的静远……他们奉献的赢钱秘技，招招实用，引你走向辉煌"钱途"。

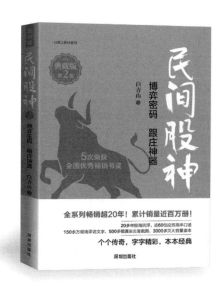

白青山 著

深圳出版社
装帧：软精装
定价：78.00元

◎国际投资大师郑焜今的股市艺术

◎民间高手阳春阳独到的投资视角与操盘绝技

◎私募基金高手江汉擒拿黑马的独门绝技

◎深圳职业投资人杨帆的操盘技艺

◎机构操盘手刘颖的股市传奇

◎"桌球老板"束伟平的操盘绝技

◎深圳专业投资者蒋政制胜股海的秘诀

◎"全国选股冠军"静远相"飚马"的创新经典战法

民间股神（典藏版）

第3集　擒牛绝技　招招制胜

白青山 著

深圳出版社
装帧：软精装
定价：78.00元

内容简介

"得一金受惠一时，得掘金术获益一生！"中国股神林园的独特选股秘诀，"黄金K线大师"李丰的神奇制胜法，"躲"在乡下捉"飙马"的"田园股神"，"涨停王"组合的绝杀技，顺手黑马赢在股市的法宝……众多高手的百般神器，定能助你获利不断，笑傲股林。

林园从8000元起家到掌管300多亿元基金市值的股市传奇 ◎

"黄金K线大师"李丰的操盘秘诀 ◎

职业投资人刘磊、俞斌杰捕捉涨停板九大绝招 ◎

私募资金操盘手王伟半年狂赚300%的传奇 ◎

民间高手何谦益在短兵相接激战中的十八种短线绝技 ◎

职业投资人王雷的操盘八大神技 ◎

民间高手"顺手黑马"彭乃顺捕捉市场主流板块龙头流程纪实 ◎

民间股神（典藏版）

第4集　赢家技艺 操盘必备

内容简介

坎坷征途，熊气漫漫。在罕见的"暴风雪"肆虐下，路在哪里？博弈在"狼的世界"里的制胜法则，"山城股侠"的70倍传奇及从千元到亿万富豪的神话故事，在这本书里，全部为你揭秘。

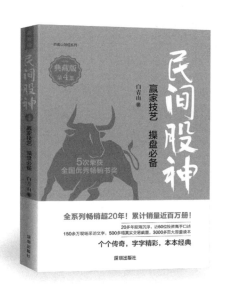

白青山 著

深圳出版社
装帧：软精装
定价：78.00元

◎ "猎庄大鳄"钟麟的股市传奇
◎ 羊城"小黎飞刀"股市生存赚钱的6大法则9大绝招
◎ 重庆职业投资人徐蓓22月狂赚7000%的股市传奇
◎ "深圳推手"、私募基金经理王先春的操盘绝技
◎ 著名投资家安妮的投资哲学及制胜之道
◎ "股市神算"赵中胜的"价格DNA"神奇预测术

民间股神（典藏版）

第5集　顶尖高手　熊市翻倍

白青山 著

深圳出版社
装帧：软精装
定价：78.00元

内容简介

如果说，在牛市中赚到大钱的人是高手，那么，这些不仅在牛市中赚到大钱，而且在熊市中同样赚到大钱的人，才是真正的顶尖高手，是名副其实的股市英豪！

落升：熊气弥漫，抓住市场热点，业绩何止翻倍◎

东莞小文：采用"麻雀啄食"的策略，熊市屡创佳绩◎

阿杜：狙击飙涨牛股，在熊市实现利润翻番的佳绩◎

翻倍黑马：4年间夺得12次炒股大赛冠军◎

麦挺之：在熊步沉沉的年份创造了收益翻倍的奇迹◎

君山居士：准确预测熊市"大顶"，吹响"集结号"，成功抄底◎

民间股神（典藏版）

第6集　股市奇人　鉴股密码

内容简介

五位民间高手，从创业板中淘金、在期指
战场上以小博大、在守望价值中拥抱低价
股、在炒"新"中赚取快钱。

白青山 著

深圳出版社

装帧：软精装

定价：78.00元

◎彭大帅：价值投资和趋势投资相结合，"新股天地"硕果累累

◎李扬：专注于香港恒指期货的交易，利剑鏖战期指

◎张卫东：理学博士设计投资公式，探寻"股市基因"

◎何学忠：以巴菲特式的价值投资理念，挖掘被严重低估的小盘股

◎安阳：准确判断指数趋势，揭示新股炒作的九大秘诀

民间股神（典藏版）

第7集 草根英杰 惊世奇迹

内容简介

他们都是风险控制的高手，尤其深深地懂得，"把钱留住"对于"活着"是何等的重要；他们勤奋、执着，都拥有一套适合自己的操作方法和"独门暗器"。

白青山 著

深圳出版社
装帧：软精装
定价：78.00元

李旭东："中原股神"6年创造翻倍奇迹的神奇密码 ◎

黄志伟：从1.8万元"滚"到500万元的传奇故事 ◎

安农："股市农民"滚雪球，从十万元到千万元的投资故事 ◎

冯刚、邹刚：江城"草根双杰"的超短线技艺 ◎

硝烟："军工黑马专业户"的传奇 ◎

李华军：躲在渔村中净捕"大鱼"，身处弱市资产翻番 ◎

张斌：快乐"背包客"，屡次预测"大顶"，"胜利大逃亡" ◎

李永强：身怀绝技的"期市奇人"3个月盈利940.63% ◎

民间股神（典藏版）

第8集 寒夜亮剑 砥砺辉煌

内容简介

他们在股市里都曾赔得一塌糊涂，穷困潦倒、妻离子散，甚至沦为"天桥乞丐"。然而，他们最终却都不屈地站立了起来，业绩翻了千倍甚至万倍之多！

白青山 著

深圳出版社

装帧：软精装

定价： 78.00元

◎炼就"成长股千里眼"的丘建棠跻身亿万富豪行列的传奇故事

◎杭州杰出的"交易天才"添博从2万元到3亿元的股市传奇人生

◎"价值投机"高手杨济源在"股灾"中连拉"光头大阳"的传奇故事

◎股市奇才田建宁创造从3万元到1亿元的财富裂变传奇

◎技术心理学盈利模式创始人程万青，10年创造千倍业绩的传奇